세상이
학교다,
여행이
공부다

세상이
학교다,

옥 패밀리 545일 세상 학교 이야기

여행이
공부다

박임순 지음

북노마드

차례

prologue 절망의 끝에서 '길'을 나서다 • 06

Road 1. Asia
서툰 여행, 그 첫걸음

아, 인생은 갈등의 연속이어라 • 10
두 갈래 길, 두 가지 질문 • 16
괜찮아, 걱정하지 마, 이건 연습이니까 • 22
히말라야에서 '비움'을 배우다 • 28
인도 속 티베트, 그 슬픈 운명 • 36
아이들의 힘! • 42
배낭의 무게, 인생의 무게 • 50

Road 2. Africa
지도 한 장 달랑 들고 아프리카로 떠나다

버마재비가 수레를 막는다 • 60
천천히 천천히, 느리게 느리게…… • 66
3박 4일의 아프리카 기차여행 • 74
아프리카에서 귀인을 만나다 • 82
도대체 목숨이 몇 개인가요? • 88
나미브 사막, 그 3박 4일의 호사 • 96
'희망봉'에서 가족의 의미를 되찾다 • 106

Road 3. South America
남아메리카에서 '마음의 눈'을 뜨다

우노, 도스, 뜨레스? • 116
이과수 폭포에서 인생 교향곡을 연주하다 • 124
청춘은 아름다워 • 132
페루의 자전거여행자 • 142
우리 딸은 빠뻬용? • 152
볼리비아에서 만난 귀한 인연 • 160
우유니 소금사막에서의 환생 • 166
길은 끝나지 않는다 • 176

Road 4. **North America**
북아메리카에서의 '새로운 시작'

'여행'이라는 넛지의 법칙 • 186
안티구아의 '전기 사건' • 192
'실버 미션'과의 아름다운 동행 • 200
네 새끼, 내 새끼, 우리 새끼 • 206
우리 엄마 아빠는 '4차원 어른' • 212
다양성, 다문화, 그리고 열린 마음 • 222

Road 5. **Europe**
가족, 그 아름다운 이름을 위하여

런던이 가르쳐준 세 가지 삶의 원칙 • 232
로마에서 세계사에 눈을 뜨다 • 240
아들아, 내 말 좀 들어볼래? • 248
우리 집의 톰과 제리 • 254
우리 집 보스가 바뀌었어요 • 260
산토리니에서 가족여행 365일을 기념하다 • 266
예전의 우리가 아니잖아요 • 276

epilogue 가족 안에 잠든 거인을 깨워라 • 284
부록 자녀교육 십계명 • 291

prologue

절망의 끝에서 '길'을 나서다

"미쳤니?"

단 1초의 오차도 없이 두 사람이 동시에 말했다. 친구들의 이해할 수 없다는 표정을 보는 순간, 나 역시 미친 결정으로 되돌리고 싶다는 말이 입가에서 맴돌았다. 그런 마음을 들키기라도 할까봐 웃음을 지어 보였지만, 소용돌이치는 마음 때문에 이내 눈물이 핑 돌았다. 그런 나는 안중에도 없다는 듯이 한 친구가 연타를 날렸다.

"남들은 교사를 못해서 난리인데, 어째서 너희들은 멀쩡하게 잘하고 있던 교사를 때려치우겠다는 것인지……. 우리 나이에 그런 꿈은 가슴에 묻어두고 그저 한 번씩 상상하는 것만으로 충분하지 않을까?"

그래도 친구들은 우리의 결정을 조금은 이해하리라 생각했는데, 다시 외톨이가 되는 듯한 느낌이었다. 친구들과 헤어지고 돌아오는 길, 집이 가까워질수록 마음은 점점 무거워졌다. 엉켜버린 실타래를 풀려다가 더 꼬여서 나중에는 그냥 휙 집어던지고 싶은 심정이랄까? 가슴속으로 다시 싸한 바람이 밀려왔다.

'친구들 말이 맞아. 아이들의 사춘기는 결국 한순간의 열병일 텐데, 우리 부부가 유별난 건지도 몰라.'

이런저런 마음에 바로 집으로 들어가지를 못하고, 일부러 몇 정거장 먼저 버스에서 내려 걷기 시작했다. 남편의 말이 떠올랐다.

"여보, 한번 정면 승부 해봅시다. 지금의 상황은 아무리 생각해도 진정으로 행복한 가정이 아닌 것 같소."

몇 년만 지나면 '시간'이라는 치료제가 효과를 발휘할 거라는 친구들과 달리, 남편은 가정의 행복과 아이들을 다시 찾고 싶다며 계속 정면 승부를 하자고 했다. 남편 못지않게 나 역시 몇 년간 지속되어온 문제의 회오리바람 속에서 '이대로는 안 된다'는 마음이 있었기에 동의했다. 하지만 역시 또 흔들리고 있는 것이다.

우리 부부의 나이 어느덧 마흔일곱 살, 부부교사로 중학교에서 22년을 근무했다. 쉰이라는 경계선에 근접해 있는 '나이'라는 녀석이 내 마음을 휘저었다. 이제 고등학교 2학년인 첫째, 고등학교 1학년에 올라가는 둘째, 그리고 중학교 2학년이 될 막내까지, 한창 공부할 세 아이가 학교를 아예 그만두어야 한다는 것은 결코 쉬운 일이 아니다.

그런데 이보다 더한 두려움은 따로 있었다. 그건 바로 교사를 바라보는 세상의 시선이었다. 흔히 교사는 세상 돌아가는 물정 모르는 우물 안 개구리 같다고들 한다. 그래서일까. 교사를 그만두고 세상 밖으로 나가려 하는 우리 부부를 사람들은 무모한 결정이라며 도시락을 싸들고 말리는 분위기다. 어찌 보면 당연한 얘기다. 차라리 아이들과 남편만 보내고 나 혼자만이라도 학교에 남는 게 어떠냐는 친구들의 조언이 맞을지도 모르겠다. 백번을 생각해도 결론은 같았다.

그러나 중요한 건, 그리고 분명한 사실은 우리 가족 다섯 명이 동시에 학교를 '그만두고' 길을 나섰다는 것이다. 무엇이 그리 좋았는지 당초 예상한 1년을 훨씬 뛰어넘어 1년 6개월 동안 33개국을 누비고 다녔다. 두렵지 않았을까? 그럴 사람이 있겠는가? 난생처음 해보는 배낭여행이었던 만큼, 그 무모함을 비웃듯 당혹스러운 상황들이 도처에서 우리를 반겨주었다. 그때마다 돌아갈 수 없어서 앞으로 한 발 한 발 나아갔다는 말이 맞을 것이다. 그럼에도 불구하고 신통방통하게 545일간 새로운 세계를 향해 거침없이 하이킥을 하고 돌아온 우리 가족, 검게 그을린 얼굴 등 조금은 촌스러운 모습으로 변했지만, 두려움을 떨쳐버리고 더 큰 마음으로 세상을 품고 변화된 모습으로 돌아온 우리 가족이 너무도 자랑스럽다.

누가 그랬던가. '아무것도 기대하지 않으면 실망은 하지 않을 수 있다. 하지만 실망하는 것보다 아무것도 기대하지 않는 것이 더 나쁘다'라고. 강렬히 기대하니 발길이 옮겨졌고, 발길을 옮기고 보니 상상 속의 바람이 현실이 되었다.

강렬하게 상상하고 꿈꾸자. 미리 상상하는 것은 인간에게 주어진 자유이니……. 어느 날 그 상상이 겹겹이 쌓이고 쌓여 참을 수 없을 만큼의 떨림으로 다가온다면 바보처럼 무모하게 덤벼보자. 이 세상은 그래도 좋을 만큼 나를 새롭게 하는 마력이 있으니 말이다.

Road 1.
Asia

서툰 여행, 그 첫걸음

아, 인생은 갈등의 연속이어라

"헉, 헉, 헉……."
 "빨리 좀 와라. 시간 없어."
 출발을 하루 앞두고 우리 가족은 국립보건원 구석구석을 정신없이 돌아다녔다. 말라리아, 황열, A형 간염, 파상풍, 장티푸스……. 무슨 놈의 예방접종 사항이 이다지 많은 걸까? 진작 챙기지 못한 우리의 게으름 탓이지만, 어느새 몸은 녹초가 되어 갔다.
 "정말 여행 가는 게 맞긴 맞지요?"
 딸의 이 말에 굳어진 남편의 표정이 점점 더 어두워졌다. '게으른 새가 석양에 바쁘다'고 출발 하루 전에 이러고 있으니, 왕꼼꼼이 남편으로서는 수긍하기 힘든 상황일 수밖에 없을 것이다. 이런 남편을 가족 중 한 명이라도 받쳐주면 좋으련만, 아쉽게도 나머지 네 명은 모두 반대의 기질을 품고 태어났다. 실컷 미룰 만큼 미루다가 마지막에 정신이 번쩍 들고 에너지를 팍팍 쏟으며 문제 해결에 나서는 우리 때문에 남편의 수명이 적잖이 단축됐을 것이다.

"원래 선행학습을 많이 하면 실제 수업에서 흥미를 못 느끼잖아요. 실제 상황이 되면 애들이 누구보다 잘할 거예요."

남편의 마음을 도닥이고 싶어 말을 건넸지만, 그런 말을 위로라고 하냐는 듯 볼멘소리로 남편이 말했다.

"세계여행이 어디 동네 뒷산 산보 가는 건가?"

남편의 이 한마디에, 꿈속에서 현실로 돌아온 듯 두려움이 밀려왔다. 찰칵찰칵 빠르게 지나가는 영사기의 필름처럼, 수많은 갈등으로 얼룩진 지난 4년의 시간들이 한꺼번에 떠올랐다.

✈

"행복한 가정을 꾸립시다."

발령 동기로 만난 남편과 결혼을 준비하며 약속한 말이었다. 2년간의 연애를 거쳐 결혼했고 달콤한 신혼은 시작되었다. 세상의 모든 행복이 우리 것인 양 기뻤다. 아이들이 태어났지만 두 사람의 교육적인 가치관은 동일하다고 생각했고, 처음에는 모든 일이 순조로워 보였다.

"아이들에게 스스로 자신의 인생을 살아갈 힘을 키워주고, 몸과 마음이 건강하도록 키우는 것이 가장 중요하다고 생각하오."

이런 남편의 말에 전적으로 동의했다. 그래서 아이들을 어릴 적부터 학원이 아닌 산과 들로 데리고 다니며 건강하게 자랄 수 있는 밑바탕을 만들어주려 했다. 학원에 의존하기보다 비록 힘들더라도 스스로 해보도록 지도했고, 책을 읽고 집안일을 거들며 건강한 정신을 갖도록 이끌었다. 덕분에 우리 부부도 행복했고, 세 명의 아이들은 누구보다 잘 자라주었다.

하지만 딸이 중학교에 입학한 뒤로 모든 것이 바뀌어버렸다.

'215 / 350'

지금도 또렷이 생각나는 이 숫자 앞에서 모든 것이 흔들렸다. 태어나서 단 한 번도 상상해보지 못한 숫자를 딸의 첫 중간고사 성적표에서 보는 순간, 지금까지 가져왔던 교육에 대한 신념이 하루아침에 무너져버렸다.

"첫 성적인데 뭘 그렇게 민감하게 반응하나?"

좀 늦더라도 스스로 공부하는 힘을 길러주면 언젠가는 자신의 길을 찾을 수 있을 것이라는 남편의 말도 아무런 위로가 되지 못했다. 그건 허울 좋은 책에 나오는 한낱 이론에 불과하다고 생각했으니. '공부에는 다 때가 있고, 그때를 맞추어나가는 것이 중요하다고 여겼다. 때를 놓치면 아이는 자신감을 잃게 되고 결국 다른 아이들을 따라갈 수 없기에 지금 어떤 일이 있어도 바로잡아줘야 한다는 생각뿐이었다. 그때부터 '딸과의 전쟁'이 시작되었다. 시험기간만 되면 우리 집은 삭막함 그 자체였다.

딸은 유난히 사람들을 좋아하고, 사람들 사이에서 에너지를 얻는 성격이다. 그걸 잘 알면서도 딸의 기질을 고려하지 않은 채 오로지 성적만 강조했다. 자연히 딸은 반항했고, 늦은 시간까지 집 밖을 돌아다니기 일쑤였다. 늦은 귀가, 가출 등 예상치 못한 딸의 일탈을 보면서 딸을 향한 분노감과 나 자신에 대한 연민으로 괴로웠다. 학교에서는 고상하고 여유 있게 학부모를 상담하면서 모든 문제의 해법을 아는 양 말해왔지만, 정작 내게는 내 맘대로 되지 않는 열네 살짜리 딸이 있었다. 딸아이를 생각할 때면 나도 모르게 온몸이 부들부들 떨리고, 그 결과 내 자신이 끝없는 나락으로 빠지는 듯 초라하기만 했다.

"너만 사춘기냐? 나는 오춘기다!"

오춘기. 나의 자존심이 딸로 인해 갈기갈기 찢어지는 듯했다. 결국 딸이 중학교를 마치자 도피처를 찾은 듯, 집에서 멀리 떨어진 대안학교로 보내버렸다. 딸도 홀가분하게 떠났고 우리도 미련이 없었다.

그런데 고심 끝에 결심한 대안학교조차 해답이 되지는 못했다. 딸이 없으면 모든 문제가 해결될 줄 알았건만, 어느 날 문득 둘러보니 마치 낯선 집에 와 있는 듯한 느낌이 들었다. 서로 징그러운 인연의 끈을 놓지 못해 함께 살고 있지만 따뜻한 온기는 전혀 느껴지지 않는 삭막함. 같은 지붕 아래 살아도 다섯 명이 다섯 개의 다른 공간에서 따로 살아가는 현실. '참 외롭구나'라는 마음이 들었다.

왜일까?
이유가 뭘까?
대체 어디서부터 잘못된 걸까?

누나의 전철을 밟지 않게 하려는 엄마의 눈빛을 부담스러워 하는 두 아들이 눈에 들어왔다. 부모의 말이 끝나기가 무섭게 시위하듯 '쾅!' 하고 거세게 문을 닫고 들어가는 아이들의 모습. 부모의 관심은 공허한 잔소리로 메아리가 되어 돌아왔고, 남편 또한 이런 아이들의 모습에 극도로 힘들어했다.

그렇다. 아이들과의 문제는 부부 사이의 거리마저 멀어지게 만들었다. 어느새 나와 남편과의 거리는 붙잡을 수 없을 만큼 멀어져 있었다. 우리 두 사람은 각자의 일과 모임 등으로 바빴다. 기껏 나누는 대화도 돈, 부모님, 친인척 행사, 그리고 자식들의 공부 문제에 관한 것이 전부였다. 연애 시절의 뜨거운 감정을 기대하는 것은 욕심이겠지만, 점점 남남처럼 무심하게 지내는 시간들이 많아졌다. 겉으로만 보면 모든 것이 정상인 것처럼 보였지만, 솔직하게 내면을 바라보면 커다란 문제를 안고 있었다.

그러던 어느 날 좀처럼 자신을 표현하지 않는 남편이 초점 없는 눈빛으로 말했다.

"우리, 지금의 가정 모습에 솔직해집시다."

남편의 이 한마디가 불편하면서도 아련한 아픔이 되어 맘속으로 파고들었다. 감히 반박할 수 없는 남편의 제안이 마지막 남은 해결의 실마리처럼 여겨졌다. 4년간 우리 가족이 겪은 고통들을 똑바로 바라보기 시작했다. 청소년기 아이를 둔 집이라면 다 겪는 일이라고 말하지만, 왠지 우리 두 사람에게는 한순간의 문제로만 여겨지지 않았다.

새롭게 시작하는 마음으로 솔직한 대화가 오가기를 1년, 우리 부부는 퇴직을 결심함과 동시에 가족 배낭 세계일주라는 거대한 계획을 세우게 되었다.

"넓은 세상을 아이들에게 보여줍시다. 상식적으로 생각하면 지금이 가장 아이들이 열심히 공부해야 할 시기겠지만, 세상이라는 더 넓은 교실은 위대한 스승을 만나게 해줄 거요."

배낭여행이 힘들기는 하겠지만, 같이 헤쳐나가다보면 깨어진 가족관계가 회복될 것이라는 마음이 들어 흔쾌히 남편의 제안에 동의했다. 그러자 남편이 더 깊은 속마음을 털어 놓았다.

"여보, 아이들을 위한 마음도 있지만, 우리의 남은 인생을 새롭게 하기 위해서도 세계를 한번 둘러보고 싶소."

남편은 아이들은 물론 쉰을 앞둔 우리 부부의 여생에 대해서도 고민하고 있었던 것이다. 남편과 세계일주에 대해 같은 마음을 갖게 된 후,

아이들의 동의를 얻기 위해 6개월간의 가족회의가 이어졌다. 우리는 그 시간 동안 서로의 생각을 나누고 또 나누었다. 결국 아이들도 동의하기에 이르렀고 드디어 출발을 앞두게 되었다.

✈

'정말 모든 짐을 잘 챙긴 걸까?'

새벽까지 배낭을 챙기고 잠시 잠을 청한 가족들을 바라보니, 비로소 출발이 현실로 다가오는 듯했다. 동네 뒷산을 어슬렁어슬렁 걷는 산보가 아니기에, 여행이라는 녀석이 더 큰 갈등으로 몸집을 불린 채 입을 쩌억 벌리고 기다리고 있는 게 아닐까 하는 두려움이 밀려왔다.

하지만 이미 한걸음을 옮긴 상태. 어차피 우리네 인생은 갈등의 연속이니, 까짓것 여기서 싸우나 밖에 나가서 싸우나 매한가지라고 스스로를 위로해보았다. 잠은 오질 않고 정신은 더욱 말짱해져갔다. 아, 단순히 출발을 앞둔 하나의 기우에 불과하기를……. 까만 밤을 하얗게 새우며 몇 번을 기도했는지 모른다.

두 갈래 길,
두 가지 질문

노란 숲속에 길이 두 갈래로 났었습니다.
나는 두 길을 다 가지 못하는 것을 안타깝게 생각하면서,
오랫동안 서서 한 길이 굽어 꺾여 내려간 데까지,
바라다볼 수 있는 데까지 멀리 바라다보았습니다.

그리고 똑같이 아름다운 다른 길을 택했습니다.
그 길에는 풀이 더 있고 사람이 걸은 자취가 적어,
아마 더 걸어야 될 길이라고 나는 생각했었던 게지요.

(중략)

훗날에 훗날에 나는 어디선가
한숨을 쉬며 이야기할 것입니다.
숲속에 두 갈래 길이 있었다고,

나는 사람이 적게 간 길을 택하였다고,
그리고 그것 때문에 모든 것이 달라졌다고.

학창시절 외웠던 로버트 프로스트의 시 「가지 않은 길」의 일부다. 평생을 살면서 무수한 선택을 해야 하는 것이 인생이지만, 하나의 선택 뒤에는 다른 하나에 대한 미련이 남기 마련이다. 그러나 막상 아무도 가지 않은 길을 가라고 하면 미련보다는 두려움이 앞서곤 한다. 우리 역시 그런 두려움이 담긴 질문을 받았다. 두 갈래의 길에서 받은, 모두의 공통적인 고민을 담고 있는 두 가지 질문을…….

✈

"어떻게 40대 부부가 한마음이 되었습니까?"

많은 부부들로부터 받은 첫번째 질문은 바로 이것이었다.

한창 연애중인 커플이나 갓 결혼한 신혼부부라면 좀처럼 이해할 수 없겠지만, 적잖은 시간을 함께해온 부부들이라면 이 말에 무릎을 치게 될 것이다. '아, 이들 역시 우리와 별반 다르지 않구나'라며 많은 부부가 수긍했지만, 그렇다고 마땅한 해결책도 찾을 수 없는 중증을 앓고 있었다. 중요한 건, 불과 1년 전까지 같은 질문을 던지던 우리 부부가 이제는 질문을 받는 입장에 서게 되었다는 것이다.

지금 생각해보면 이 모든 것이 '문제를 솔직하게 함께 해결해나가자'라는 마음에서 시작된 것 같다. 진심으로 마음을 열어 함께 의논하는 동안 세계일주라는 다소 황당해 보이는 여행 계획에 대해서까지도 서로 의기투합할 수 있었다. 그리고 그것은 우리에게 기존의 문제를 내려놓고 그 문제가 제기된 본질 속으로 들어가는 계기가 되었다. 아이들 문제 앞에서 솔직해지자며 남편과 의논한 1년은 결혼해서 함께 살아온 지난 20년보다도 더 많은 이야기를 나눈 시간이었다. 연애 시절의 사랑하는 감정과는 또 다른, 성숙한 사랑의 감정이 우리 안에 자라고 있음을 나와 남편은 어렴풋이 느낄 수 있었다.

"이제야 부부가 하나라는 의미를 알 것 같소."

"여보, 그렇게 말해주니 정말 고마워요."

그동안 살아오면서 나와는 360도 다른 기질을 가진 남편에 대해 불평만 했는데, 바꾸어 생각하니 내 부족한 점을 남편이 보완해주고 있었다. 대답을 듣는 남편의 얼굴에서 미소를 보았다. '이런 것이 진정한 행복이구나' 하는 마음이 들었다. 부부가 사랑을 회복하니 천국이 따로 없었다. 그동안 고민하던 모든 문제가 눈 녹듯이 사라지는 것을 느꼈다.

우리의 달라진 모습을 가장 먼저 눈치챈 것은 아이들이었다. 어느 날 가족회의를 하는데 둘째가 뭔가 중요한 걸 발견했다는 듯이 웃으며 말했다.

"요즘 엄마 아빠가 많이 달라지신 것 같아요!"

기다렸다는 듯 막내가 구체적으로 캐물었다.

"두 분은 무슨 이야기를 그렇게 많이 하세요?"

대답도 하기 전에 대안학교에서 오랜만에 집에 온 첫째가 행복한 듯 말했다.

"엄마 아빠가 웃으시는 모습을 보니 정말 좋아요."

부부가 한마음이 되자 시너지 효과가 생겼다. 예전에 일상다반사였던 가족 간의 의견 다툼은 사라지고, 아이들도 부모의 눈치를 보지 않고 편하게 자신의 의견을 개진했다. 그 과정에서 우리 부부는 오늘날 가정의 수많은 문제들은 아이들이 아닌, 깨어진 부부 관계로부터 시작된다는 것을 깨달았다. 아이들이 원하는 것은 자신들 때문에 다투는 부모가 아니라, 부모가 서로 사랑하는 것이다. 세상에 이유 없는 문제가 있던가? 문제만 바라볼 때는 막막했지만, 그 문제의 근원을 알아차리고 해결하려는 의지를 갖는 순간, 제대로 길을 들어섰다는 안도감을 느꼈다.

✈

"어떻게 10대 아이들이 부모의 의견을 따를 수 있었죠?"

두번째로 자주 들었던 질문은 아이들에 관한 것이었다.

아이들에게 학교를 그만두게 하고 홈스쿨을 한다고 했을 때, 많은 이들이 우리에게 물었다. 하지만 우리 가정 역시 여느 가정과 다르지 않았다.

"엄마, 이번 집안 행사에 우리가 꼭 가야 해요?"

"토요일에는 친구와 약속이 있단 말이에요. 아빠는 나한테 묻지도 않고……."

아이들이 초등학교 고학년이 되면서부터 부모에게 던진 말이었다. 자신들의 스케줄을 공지(?)하며 부모가 미리 일정을 말해주지 않은 데 대해 이의를 제기하는 모습, 이것을 어른이 되는 과정이라고 그냥 넘겨야 하는 것인지 당혹스러웠다. 아이들이 중학교에 들어가면서부터는 한 달에 한 번씩 하던 가족회의도 사라졌다. 부모는 부모대로 바빴고, 아이들은 친구들과 함께하는 시간이 많아지면서 나타난 결과였다. 사정이 이렇다보니 서로의 대화는 사라지고 각자의 사고방식대로 일상을 살아가게 되었다.

처음에는 별로 심각한 문제라고 생각하지 않았다. 청소년이니까 대화가 되지 않고 문화와 사고방식이 다르다는 것을 너무도 당연하게 받아들였기 때문이다. 하지만 이런 상황을 개선해야 한다는 생각이 들자 조급해지기 시작했고, 그 조급증은 잔소리로 나타났다.

"컴퓨터 좀 그만할 수 없니?"
"지금이 몇 시인데 게임을 하고 있는 거냐?"
"TV 좀 그만 볼 수 없니?"
"지금이 몇 시니? 밤 12시에 집에 들어오다니……."

이런 종류의 잔소리가 아이들에게 할 수 있는 몇 마디 안 되는 말이었다. 대화 내용이 이러하니 피차 피곤해질 수밖에 없었고, 서로가 서로를 부담스러운 존재로 인식하게 되었다. 그때의 절망감과 분노는 사춘기 아이를 키워본 부모라면 누구나 공감할 것이다. 오랜 시간을 두고 문제를 고민하던 중, 더 늦기 전에 처음에 가졌던 교육관으로 돌아가야 한다는 생각이 들었다.

홈스쿨을 염두에 두고서 본격적으로 가족회의를 시작했다. 가족회의를 할 때마다 아이들 입맛에 맞는 맛있는 간식을 준비했는데 이것은 뜻밖의 좋은 반응을 얻었다. 이전의 가족회의는 결국 싸움으로 끝날 때가 많았는데, 좋아하는 간식을 먹으며 대화를 나누니 훨씬 부드럽게 이어졌다. 평소에는 인스턴트식품을 거의 안 먹였지만 아이들의 눈높이에 맞추기 위해 피자, 치킨 등도 준비했다.

부모의 일방적인 의견을 주지시키려 하기보다 생각할 시간을 주며 기다려주려고 노력했다. 아이들의 의견이 우리 기준에 미흡해도 즉각 반박하거나 수정하지 않고 충분히 경청했다. 대화를 방해하던 문제들을 고쳐나가면서, 반복해서 주기적으로 가족회의를 열었다. 그렇게 인내를 갖고 노력하기를 6개월, 드디어 아이들이 입을 열었다.

"우리 삼남매, 부모님의 뜻을 따를게요. 엄마 아빠와 함께하기로 했어요."

세상에 이런 일이! 이 과정을 통해 우리 부부는 깨달았다. 아이들도 부모 못지않게 충분히 고민하고 노력하고 있다는 것을. 어른은 자신의 어린 시절을 쉽게 잊어버린다. 오늘날 가정에서 발생하는 부모와 자녀 간의 문제는 바로 이 '부모의 망각'에서 비롯된다는 것을 알았다. 다행히 우리의 노력은 아이들을 있는 모습대로 바라보게 해주었고, 그 결과 아이들도 굳게 닫혀 있던 마음의 문을 열 수 있었다.

아무도 가지 않은 길을 간다는 것은 두려움을 동반하기 마련이다. 학교라는 안정된 직장을 포기한 우리 부부의 명퇴, 아이들이 학교를 그만두고 시작한 홈스쿨, 그리고 온 가족의 세계일주 계획은 어쩌면 너무도 무모해 보인다. 하지만 우리 부부, 아니 가족의 믿음은 확고했다. '배가 항구에 있을 때 안전하지만 그것이 배가 존재하는 진정한 이유는 아니다'라는 말처럼 우리 부부는 교직이라는 항구가 진정한 삶의 목적이 아님을 발견했다. 그렇게 우리는 세상의 기준을 뿌리치고 아이들의 동의를 얻어 먼 대양으로 떠날 것을 결정했다. 우리가 태어난 진정한 이유를 찾아서 말이다.

괜찮아,
걱정하지 마,
이건 연습이니까

"제대로 못 불러서 속상하지? 선생님도 정말 속상하구나."

아직도 생생하게 떠오르는 초등학교 1학년 때의 기억 하나. 라디오 방송국에서 학교마다 찾아다니며 노래 경연을 하던 프로그램이 있었다. 전 학년 반별 대표들 중에서 다시 선발한 학교 대표들이 무대에 나갔으니 그 열기는 대단했다. 난 우리 반 대표로 독창 부문에 출전하게 되었다. 한 명 한 명 순서대로 노래를 부르고, 무대에 설 시간이 가까워지자 콩당콩당 가슴이 뛰고 열이 나면서 얼굴이 붉게 달아올랐다.

드디어 내 차례가 되어 두근거리는 마음을 진정시키며 노래를 불렀지만 아뿔싸, 중간에 그만 가사를 잊어버리고 말았다. 사회자는 괜찮다며 다시 하라고 했고 처음부터 다시 노래를 불렀다. 그러나 결과는 마찬가지였다. 무슨 마법의 덫에 걸린 듯, 같은 곳에서 또 노래를 멈추고 만 것이다. 담임 선생님이 내 옆으로 오셔서 격려해주셨고, 아이들도 더 큰 박수를 쳐주었다. 세번째라도 성공적으로 노래를 끝까지 불렀더라면 얼마나 좋았을까? 노래를 시작하고 얼마 후, 난 그 자리에 서서 엉엉 울고 말았다. 그때, 무대까지 올라오신 담임 선생님은 노래자랑이 계속 이어지는 무대를 벗어나 조용한 곳으로 나를 데리고 가셨다. 그리고 닭똥 같은 눈물을 연신 흘리고 있는 나를 안아주시며 말씀하셨다.

"이번 방송은 연습 경기라고 생각하자. 연습에서는 모두 두렵고 틀리는 거란다. 열심히 연습해서 이다음에 TV에 나가서 불러보지 않을래?"

그날 이후 나는 참 열심히 노래 연습을 했다. 비록 TV에 나가 노래를 불러보지는 못했지만, 그때의 기억은 아픔보다는 잔잔한 감동으로 남아 있다. 그래서일까? 어린 시절의 경험으로 나는 미리 실전 같은 연습을 해두는 습관이 생겼다. 이번 가족여행도 예외는 아니었다. 본本여행을 위해 인도와 네팔로 '연습 여행'을 떠난 것이다.

"드디어 출발이다. 아싸!"

뭐가 그리 좋은지 공항을 향하는 아이들의 발걸음은 세상을 다 가진 듯 힘차 보였다. 연습 여행이 때로는 더 긴장되는 법, 모든 것을 스스로 해야 했고 준비할 것도 많았다. 경비를 절감한다며 저가항공편을 이용, 두 번의 경유지를 거쳐 인도로 갔다. 이전까지 한 번도 경유하는 비행기를 타보지 않았기에 중간에 짐을 다시 찾아야 하는 것인지, 또 탑승은 어떻게 하는지 걱정이 앞섰다. 그동안 제법 비행기를 타고 외국을 다녀봤건만, 인솔자를 따라 편하게 다닐 때와는 비교할 수 없을 만큼 모든 부분에 신경이 쓰였다.

인도 뉴델리New Delhi 공항에 도착하니 저녁 9시 30분. 시계를 보는 순간 마음이 바빠졌는지 남편의 목소리가 갑자기 커졌다.

"빨리 뛰자. 10시가 넘으면 안 돼."

밤 10시가 그렇게 두려운 것은 처음이었다. '만약 당신이 밤늦게 인도에 도착한다면 위험하니 밖으로는 절대 나가지 않는 것이 좋다'라는 여행 가이드북의 한 구절! 우리 같은 왕초보 배낭여행자에게는 절대로 어기면 안 되는 불문율이었다. 그 한 구절로 인해 우리 가족은 10시 이전의 공항 탈출을 꿈꾸며 입국수속장을 향해 달렸다. 공항 입국수속장이 왜 이 지경이란 말인가? 공사중임을 아무리 감안해도 이렇게 지저분하고 무질서한 공항은 지금까지 본 적이 없었다. 차례를 지키며 서 있다보니, 대여섯 명이 동시에 나가서 수속을 하는가 하면 누가 뭐라 할 것도 없이 예사로 새치기를 했다. '인도라서 그런 거야'라고 위로해보았지만, 상상을 초월하는 풍경에 도저히 정신을 차릴 수가 없었다. 누구는 인도 땅을 밟는 순간 '영혼의 고향'에 온 것처럼 영감이 떠올랐다지만, 나는 인도 땅을 밟는 순간 어서 내 나라로 돌아가고 싶다는 마음만 간절해졌다. 아, 그런데 난관은 또 있었다. 10시가 다 되어가는데도 짐은 나올 기미를 보이지 않았다. 10시를 훌쩍 넘겨서야 짐을 찾은 우리는 입국수속을 위해 배낭을 메고 또 뛰었다.

　모든 수속을 마치고 나오니 10시 30분. 사람들이 모두 나간 뒤에도 우리 가족은 30미터도 안 되는 공항의 입국장 문만 바라보며 머뭇거리고 있었다. 마지막 남은 저 문을 통과하면 우리를 둘러싼 모든 보호막이 사라질 것 같은 불안감 때문에 감히 나갈 엄두가 나지 않았던 것이다. 바로 그때, 막내가 멋진 제안을 했다.

　"아빠, 차라리 나가지 말고 이곳에서 밤을 보내는 게 어때요? 저 문 밖보다는 이 안이 더 안전할 것 같은데요?"

　모두들 막내의 기특한 제안에 탄복하며 안에서 밤을 새울 만한 장소를 찾아 두리번거리는데, 한 직원이 우리에게 다가왔다. 알아듣기 힘든 인도식 영어였지만 분명한 것은 '나가달라'는 것이었다. 밤 11시가 다 되어가는데……. 어쩔 수가 없었다. 무서워서 나갈 수 없으니 이곳에서 하룻밤만 자게 해달라고 애원할 수도 없는 일. 우리 다섯 명은 도살장에 끌려가는 소처럼 힘없이 바깥 대합실로 나왔다.

후덥지근한 아열대 날씨가 그대로 느껴지는 바깥 대합실로 나오니 불안이 덮쳐왔다. 쌍꺼풀진 부리부리한 눈망울의 인도 사람들로 가득한 공항 대합실은 안에서 본 무질서와는 비교가 안 될 정도로 혼잡했다. 아, 이곳에서 밤을 보내야만 한단 말인가? 한참을 멍하니 서 있는데, 첫째가 들뜬 목소리로 소리쳤다.

"저기 좀 보세요. VIP Room이라고 써 있어요. 아마 외국인을 위한 곳인가봐요."

사막에서 오아시스를 만난 기분! 누가 먼저랄 것도 없이 VIP Room으로 달려갔다. 그러나 입구에서 직원이 티켓을 보자며 우리를 제지했다. 서투른 영어와 손짓발짓으로 우리는 방금 이곳에 도착한 여행자라고 얘기하자 이곳은 비즈니스석 티켓을 가진 사람만이 들어갈 수 있는 곳이란다. 처음부터 우리에게는 당치도 않은 장소였건만, 마치 손에 들고 있던 사탕을 빼앗긴 아이처럼 억울한 마음이 들었다. 항상 돈에 민감한 막내가 농담처럼 말했다.

"낮에 다녀도 위험하다는데, 이 밤에 이상한 곳으로 끌려가면 어떡해요? 숙소비도 아낄 겸 그냥 여기서 자요."

더이상 다른 묘수가 있겠는가? 만장일치로 첫 숙박지를 인도 델리 공항 대합실로 정했다. 도착을 알리는 싸인 보드에는 밤새 수많은 비행기의 예정 도착시간이 표시되어 있었다. 그렇다면 이 대합실에 밤새 사람들이 오간다는 말인데…… 배낭은 어떻게 하고, 어디에 잠자리를 만

들어 잔다는 말인가? 뉴델리 공항 대합실이 숙소로 결정된 순간, 가장 안전하고 편한 곳을 찾기 위해 자그마한 눈동자를 이리저리 굴려보았지만, 에어컨도 나오지 않는 대합실에서 그런 마땅한 장소가 나올 리 만무했다. 한참을 말없이 고민하던 남편도 뾰족한 묘책을 찾지 못한 듯 말했다.

"일단 빈 의자를 찾으면 가방을 체인으로 의자에 묶어라. 불편하더라도 오늘 하룻밤만 고생하자."

남편의 말이 끝나기가 무섭게, 모두 의자에 배낭을 묶기 시작했다. 주변 사람들이 힐끗힐끗 우리를 쳐다보았다. 겁먹은 배낭여행 초보자의 마지막 자존심이라고나 할까? '우리는 이미 인도에 대해 다 알고 있으니 절대 넘보지 마라'는 듯 그들과 눈길이 마주치는 것은 피하면서, 그저 익숙한 듯 배낭을 의자에 칭칭 감아 맸다. 마지막으로 한국산 자물쇠를 굳건히 채운 뒤, 모두 비장한 표정으로 의자에 앉았다. 인도인들은 우리와 눈이 마주쳐도 전혀 개의치 않고 그대로 더 빤히 쳐다봤다. '우리 물건을 노리는 걸까? 예의도 없이 왜 저렇게 빤히 쳐다보는 거야?' 등등 온갖 생각들로 인해 딱딱한 의자만큼이나 마음도 불편해졌다. 아니, 불편하다기보다는 불안했다는 것이 더 옳은 표현일 것이다.

"어! 어! 어! 이게 뭐야?"

잠에서 막 깨어난 둘째 아들은, 울긋불긋 솟아 오른 자신의 몸에 난 자국을 가리키며 탄식했다. 밤새 시끄러운 공항 의자에 앉아서 누워 잤으니, 잠을 잤다고나 할 수 있을까? 그래도 피곤을 못 이겨 꾸벅꾸벅 졸다가 아침을 맞이했건만, 눈을 떠보니 인도 모기가 우리 몸에 앉아 포식을 한 흔적들이 역력했다. 아들은 자신의 몸에 난 자국을 헤아려보더니 눈에 보이는 것만 해도 100개가 넘는단다. 한국산 모기는 물어도 얌전하게 조그만 자국만 내는데, 이놈의 인도 모기는 거짓말 조금 보태서 왕방울만 한 흔적을 남겨둔 채 어디론가 유유히 떠나고 없었다. 하긴, 방금 해협을 건너온 싱싱한 한국산 별식이니 신이 났을 것이다.

✈

헌혈까지 해야 했던 인도에서의 신고식을 마치고, 여행자 거리인 빠하르 간즈Paharganj로 무사히 입성했다. 숙소를 잡은 뒤 모두 녹다운되어 누웠지만, 모기에 물린 곳이 가려워 잠도 오질 않았다. '이제 시작인데 앞으로는 또 어떤 일이 기다리려나?' 한참을 생각에 잠겨 멍하니 천장만 쳐다보다가 혼자 중얼거렸다.

"괜찮아. 연습이니까. 두려움은 당연한 거야. 열심히 연습해서 본경기에서 잘하면 돼."

바로 40년 전 울고 있던 나에게 해주시던 선생님의 말씀이었다. 두렵지만 터널을 통과하면 어느 순간 처음과 다른 익숙함을 얻게 되고, 그 익숙함이 쌓이면 스스로 헤쳐나갈 힘도 생길 것이다. 앞으로의 긴 여행을 위해 예방주사를 맞은 것 같은 든든함이 차올랐다. 초등학교 때의 기억이 아픔보다는 감동으로 남아 있듯이 앞으로의 여행도 그랬으면 좋겠다.

히말라야에서
'비움'을 배우다

'만년설산 히말라야가 있는 하늘 아래 첫 동네, 네팔!'
　많은 사람들이 그렇듯이, 남편은 순례자의 길을 가는 마음으로 누구보다 히말라야에 대한 기대가 컸다. 히말라야를 위해 네팔로 가면서 육로로 국경을 넘었는데, 삼면이 바다인 나라에서 살아서 그런지 겨우 몇 발자국 옮기자 나라가 바뀐다는 사실이 신기하기만 했다.

✈

새벽 4시, 인도-네팔 국경에 있는 락솔 Raxaul 에 도착했지만, 새벽이라는 것을 충분히 감안해도 도무지 국경도시라는 느낌이 없었다. 두 대의 사이클 릭샤 Cycle Ricsaw 를 타고 여행사에 도착하여 한참을 기다리니, 6시에 사장이 왔다. 그런데 엉뚱한 말을 했다.
　"아침 7시에 출발하는 버스가 없어졌다. 돈을 조금 더 주면 가장 좋은 여행자 버스를 탈 수 있게 해주겠다."
　이곳에 오기 전 네팔 가는 버스표까지 이미 예약했고, 이곳에서 표만

받으면 된다고 했는데 표가 없다니? 아무래도 사장의 태도가 의심스러웠다. 시간은 자꾸 가는데, 더듬거리는 영어로는 속 시원한 이유를 알아낼 수가 없었다. 남편은 문제를 해결하려고 애를 쓰는데, 졸린 듯 눈을 감고 있던 막내가 그 사장을 향해 혼자서 욕설을 했다. 한국어라 알아들을 수는 없었겠지만 이 녀석이 남편의 들끓는 마음에 기름을 부어버렸다.

"야, 이 녀석아. 넌 다른 사람들이 문제를 해결해보려고 애태울 때는 쿨쿨 자더니 이제 와서 그렇게 욕만 해대는 거냐?"

애타는 아빠의 마음을 헤아려 수그러들면 좋으련만, 다혈질인 막내는 더 큰소리로 아빠에게 역정을 냈다.

"저 사람들 알아듣지도 못하잖아요? 솔직히 저 사람들 나쁘잖아요. 아빠는 괜히 저한테 화풀이를 하고 그러세요?"

저 사람들이 나쁘다는 걸 누가 모르나? 불난 집에 부채질을 하는 막내에게 눈총을 주었지만, 남편은 화를 못 이기고 결국 밖으로 나가버렸다. 오늘 네팔의 포카라 Pokhara로 들어가려면 무슨 일이 있어도 7시 버스를 꼭 타야 하는데, 이 상황을 어떻게 해결해야 할지 막막했다. 안 되겠다 싶어 딸과 함께 사장에게 말했다.

"이 표를 예약했던 여행사 전화번호를 가지고 있으니 우리가 직접 전화해보겠다. 그러니 전화기를 달라."

남편이 밖으로 나간 뒤에 긴장하는 빛을 보이던 사장이, 우리말을 듣더니 갑자기 태도가 돌변했다. 얼굴 하나 변하지 않고 아무 일 없었다는 듯이, 7시에 출발하는 버스 티켓이라며 다섯 장의 표를 주는 것이 아닌가? 순간 모두 멍하게 사장을 쳐다보았지만 망설이고 있을 시간이 없었다. 둘째는 아빠를 부르러 나가고, 모두 배낭을 메고 나와 사이클 릭샤를 타고 버스정류장으로 이동하는데, 신이 난 목소리로 딸이 말했다.

"엄마, 아까 그 사장 표정 보셨지요? 꼼짝 못하고 버스표 주던 모습이 정말 우스웠어요."

딸의 말에 모두 쾌재를 부르며, 보무도 당당하게 인도 출국수속과 네팔 입국수속을 신속하게 처리했다. 네팔 비자를 받고 보니 우리가 당일 입국한 두번째 외국인 여행객이었다. 이곳 락솔은 외국인이 잘 찾지 않는 곳이니 그 사장도 한몫 챙기려 했던 것 같았다. 능구렁이 같은 사장을 우리가 이겼다고 생각하니, 어느새 강인한 배낭 여행객이 된 것처럼 뿌듯했다.

바쁜 걸음을 옮겨 버스정류장에 도착, 물어물어 버스를 타고 보니 정확히 7시! 이렇게 절묘하게 시간까지 우리를 도와주다니. 어쨌든 처음 우려와는 달리 전혀 위험한 일을 당하지 않고 네팔의 포카라행 버스를 탈 수 있었다. 모두 '해냈다'는 자부심이 가득한 눈빛을 주고받으며 자리에 앉았다.

하지만 버스를 타고 보니 좀 이상했다. 분명 포카라로 가는 관광객을 위한 버스라고 했는데, 승객은 전부 현지인뿐이다. 잘못 탄 것이 분명했다. 급히 안내양에게 버스표를 보이니 어찌된 일인지 이 버스가 맞단다. 그런데 그뒤에 한마디를 덧붙인다.

"이 버스는 네팔 시골을 모두 돌아가는 버스라서 시간이 좀 많이 걸릴 겁니다."

아이쿠, 이게 도대체 무슨 말인가? 우리의 완승인 줄 알았는데, 비싼 표를 팔지 못한 사장에게 오히려 당한 것 같다. 여행사에 지불한 버스비는 1인당 1만 원인데, 이 버스비는 1인당 3,000원이라는 얘기를 안내양에게 듣는 순간, "아!"하는 탄식만 나왔다. 빼앗겨버린 돈과 역전패를 당했다는 데서 오는 분함이라고나 할까? 비열한 사장의 얼굴이 떠오르면서 굽이굽이 버스가 산길을 돌 때마다 푹푹 한숨을 내쉬었다.

"괘씸한 아저씨 같으니라고."

"정말 나쁘다 나빠, 어떻게 그렇게 사기를 치냐?"

서로 돌아가며 울분을 토로할수록 마음은 점점 더 상해갔다. 버스 안의 순박한 네팔 사람들조차도 모두 사기꾼처럼 보여, 눈길이 마주쳐도 웃지도 않고 멍하니 바깥만 쳐다보았다.

야밤에 포카라에 겨우 도착해 이틀이 지난 뒤, 본격적으로 히말라야 안나푸르나Annapurna봉의 트래킹을 시작했다. 가이드는 23살의 '강가'라는 네팔 청년으로 영어를 독학으로 공부해 벌써 경력 7년째라고 했다. 여섯 시간을 계속 걸어가도 푸른 산만 펼쳐지고, 기대했던 설산 봉우리는 어디에도 없었다. 1,700미터 고지인 티키 둥가Tikhedhunga에서 잠시 쉬면서 강가가 물었다.

"이곳에서 하룻밤을 자고 내일 출발하는 게 좋을 것 같은데, 어떻게 할까요?"

겨우 오후 3시밖에 안 되었는데, 벌써 멈춘다는 것이 이해가 되지 않는지 남편이 말했다.

"차라리 더 올라가서 내일 빨리 설산을 보는 게 나을 것 같은데요?"

아직은 모두 힘이 있는 듯 보여 좀더 올라가기로 했다. 두 시간을 더 올라가 1,980미터 고지인 울레리Ulleri에 도착했다. 숙소에서 바라보니 거대한 설산의 봉우리가 저 멀리 보였다. 출발한 지 9시간이 지나서야 첫 설산을 보게 되다니……. 더 올라오기를 잘했다는 마음이 들었다. 신비로운 히말라야 설산을 바라보며 잠을 청한다는 것만으로도 행복한 밤이었다.

이튿날 아침, 출발을 서둘러 올라가는데 남편이 너무 힘겨워했다. 그

렇다고 집 한 채 없는 이 산자락에서 멈출 수도 없는 일, 힘겹게 발걸음을 옮겨 드디어 목적지인 2,980미터 고라푸니 Ghorepani 숙소에 도착했다. 다른 사람은 모두 괜찮은데 남편은 숨 쉬기도 힘들다며 더욱 고통을 호소했다. 이유를 몰라 애를 태우는데 가이드가 말했다.

"첫날 너무 많이 올라와서 고산증에 걸린 것 같아요. 되도록 빨리 내려가는 방법밖에 없습니다."

설산도 좋지만, 사람이 다 죽게 생겼는데 무슨 소용이 있겠는가? 첫날 강가가 쉬자고 했을 때 쉬었어야 했는데, 괜히 무리해서 올라왔다는 후회가 밀려왔다.

결국 남편이 조금 회복된 이틀 뒤에야 전 가족이 전망대에 오를 수 있었다. 해발 3,150미터의 푼 힐 Poon Hill 전망대에서 멀리 보이는 안나푸르나봉 위로 아침 햇살이 비치고 있었다. 온 설산이 붉게 물들기 시작했다. 그 순간 모든 사람들이 탄성을 질렀다. 그런데도 남편은 다시 힘없이 땅바닥에 주저앉아버렸다. 아무래도 빨리 내려가는 것만이 상책인 것 같았다. 다른 여행객들은 여전히 히말라야의 신비로움에 젖어 있는데 우리 가족만 급히 하산을 결정했다. 올라올 때는 사흘이 걸렸지만 이틀이면 내려갈 수 있다고 강가가 말했다.

급하게 오를 때는 미처 몰랐는데 남편 때문에 천천히 내려오면서 보니, 그제야 속살 깊은 히말라야가 눈에 들어왔다. 건너편의 가파르고 깊은 골짝에는 성냥갑처럼 조그마한 집들이 보였고, 그곳에서 삶의 터전을 일구며 살고 있는 소박한 네팔인들의 삶이 느껴졌다. 우리 가족 모두 청명한 히말라야 하늘의 햇살을 온몸으로 받으며 히말라야와 하나가 되어가는 기분이었다. 하늘을 올려다보던 남편이 피식 웃으며 말했다.

"설산을 빨리 볼 요량으로 오르는 것에만 급급했던 나를 되돌아보니, 여전히 마음엔 욕심 덩어리가 가득한 것 같아."

✈

고산증으로 고생했던 남편의 얼굴이 어느 때보다 편안해 보였다. 천천히, 천천히 발을 내딛어야 자신을 보여주는 곳, 히말라야는 그런 곳이었다. 지나간 일상에 대한 집착도, 다가올 미래에 대한 성급한 염려도 모두 버리게 되는 곳. 지금의 공기와 하늘, 그리고 바람만으로도 충분하다고 느껴지는 바로 그 순간, 비로소 히말라야의 문이 열렸다.

"돈도 빼앗기고, 욕심도 빼앗기고, 히말라야는 온통 이것저것 빼앗아만 가네."

그래, 그렇구나! 이왕 빼앗기고 사는 것이 인생이라면, 욕심을 빼앗기고 집착을 빼앗기며 사는 것이 훨씬 큰 행복일 것이다.

한 번 오면 꼭 다시 오기를 소망한다는 히말라야! 그곳을 다시 간다면 그때는 정말 천천히, 더 천천히 오르고 싶다. 땅의 순례자가 되고, 바람의 순례자가 되고, 영혼의 순례자가 되어……

천천히, 천천히 발을 내딛어야 자신을 보여주는 곳, 히말라야는 그런 곳이었다.

지나간 일상에 대한 집착도, 다가올 미래에 대한 성급한 염려도 모두 버리게 되는 곳.

지금의 공기와 하늘, 그리고 바람만으로도 충분하다고 느껴지는 바로 그 순간,

비로소 히말라야의 문이 열렸다.

인도 속 티베트,
그 슬픈 운명

5월이 가까워지자 섭씨 40도를 넘는 인도 날씨를 인내심만으로 참아내기엔 역부족이었다.

'조금이라도 시원한 곳이 어디 없을까?'

모두 숙소에 앉아 여행 가이드북을 뒤지기 시작했다. 둘째가 가장 적당한 곳을 찾았다며 환호성을 질렀다.

"야호! 진짜 좋은 곳을 찾았다!"

'맥그로 간즈Mcleod Ganj! 예전 인도인들의 여름 휴양지였던 곳.'

이 두 문구만으로도 분명 이곳 델리Delhi보다는 시원할 터, 우리는 만장일치로 다음 행선지를 정했다. 그때 첫째가 의문을 제기했다.

"그런데 아빠, 왜 인도 땅에 티베트Tibet 사람들이 살고 있나요?"

딸이 그 말을 하기 전까지 나도 그곳에 티베트 사람들이 모여 산다는 것을 몰랐다. 책에는 '티베트의 망명정부가 있는 곳'이라고 쓰여 있었다. '아, 여기였구나. 인도를 오면서 이런 사실도 모르고 왔다니······.' 이전 여행지와는 다른 기대를 가지고, 다음날 바로 20시간의 버스를 타고 여름 휴양지인 맥그로 간즈로 달려갔다.

✈

새벽에 도착한 맥그로 간즈는 여름 휴양지라는 이름에 걸맞게 약간 쌀쌀하다는 느낌마저 들었다. 아침을 먹으러 식당으로 갔는데 사람들이 정말 순박하고 음식도 푸짐했다.

"와! 진짜 맛있어요. 꼭 우리나라 음식 같아요."

우리 입맛에 맞는 만두와 비슷한 모모, 수제비와 비슷한 뗌뚝, 그리고 샌드위치를 시켜 먹었다. 한마디로 따봉이다. 모두 게걸스럽게 뚝딱 먹어치우고 한숨을 돌리는데, 막내가 의아한 듯 물었다.

"그런데 이 사람들은 전혀 인도 사람들과 닮지 않았네요?"

정말 그랬다. 인도 땅임에도 인도인들이 없는 곳, 오히려 우리와 닮은 것 같은 티베트인들만 모여 사는 곳이 맥그로 간즈였다. 외모만큼이나 아픈 역사도 우리와 비슷한 것 같아 묘한 동질감마저 느껴졌다. 1959년 티베트의 수도 라싸Lasa에 있는 포탈라 궁Potala Palace을 중국군이 대포를 앞세워 포위했고, 그 당시 28세의 청년이었던 달라이 라마는 험준한 산길을 타고 인도로 망명했다. 그리하여 인도 정부가 티베트에게 초기 망명정부지로 허락했던 다람살라Dharamshala에 정착했고, 그후 현재의 맥그로 간즈로 옮겨 왔다고 한다.

아침을 먹은 뒤, 이곳에 있는 남걀 사원과 티베트의 망명정부를 보러 길을 나섰다.

"엄마, 저곳이 어디예요? 왜 저런 사진이 붙어 있는 거죠?"

아이들이 놀라며 가리키는 곳을 보니, 처참한 살상의 현장을 찍은 사진들이 벽면을 따라 쭈욱 전시되어 있었다. 티베트 수도 라싸에서

BE FREE TO
RHAF YOUR FEARS.

Free Tibet

2008년 3월 19일에 발생한 독립운동의 현장들이었다. 2008년 베이징 올림픽을 앞두고 티베트인들이 반反중국시위를 벌이고 있다고 들었는데, 현장을 담은 사진은 생각보다 처참했다. 눈길을 계속 보내기가 힘든 사진들 앞에서 마음이 착잡해졌다.

조금 더 가다가 남걀 사원 앞에서 발걸음을 멈추었다. 티베트 승려들이 독립을 위한 기도문을 낭송하고 있었는데, 단식 35일째라고 적혀 있다. 모두 할말을 잃고 바라만 보았다. 막내가 가족을 대표해 기부함에 지폐를 넣고 나왔는데, 표정이 평소와는 달리 진지했다. 사원 안에는 오체투지를 하는 일반인들과 승려들이 여기저기 보였다. 조국을 빼앗긴 저들의 힘겨운 몸짓을 소용없는 헛된 일이라고 말할 수 있을까? 그들의 아픔을 눈앞에서 보니, 나 역시 그 고행을 함께해야 할 것 같은 마음이 들었다. 그러나 정녕 저들의 아픔을 똑같이 느낄 수 있겠는가?

길을 걸어가다 보니 입구에 '쭐라강과 코라 Tsuglakang and Kora'라는 팻말이 눈에 들어왔다. 망명정부를 중심에 두고 시계방향으로 산을 한 바퀴 빙 돌도록 만들어진 오솔길이 '코라'이고, 사원이 '쭐라강'이다. 겨우 30분 정도면 돌 수 있는 이 오솔길의 담장 너머에 한 나라의 임시정부가 있다는 것이 믿기지 않았지만 사실이었다. 현장을 직접 목격해서일까? 아이들도 이곳에서는 심각한 얼굴로 티베트인들이 돌리는 경전통인 '마니차'를 돌려보고, 바위에 적힌 기원문을 염원하듯 바라보았다.

이곳에서 특별한 사람을 만났다. 점심을 먹기 위해 식당에 들어갔는데, 벽에 탁아소를 알리는 안내문이 붙어 있었다. 식당 주인에게 물어 찾아간 곳은 바로 티베트 아이들을 돌봐주는 '록빠 탁아소'였다. 책임자로 보이는 티베트 청년과 인사를 나누는데, 한국말을 술술 하는 것이 아닌가? 알고 보니 그의 부인은 한국 사람이고, 지금은 행사 관계로 한국에 나가 있다고 했다. 이런저런 얘기를 나누는데 충격적인 말을 해주었다.

"한국에 6·25 사변이 터졌을 때, 티베트도 중국의 침공을 받았습니다. 그런데 한국은 국제정치의 요충지라고 해서 유엔군이 도와주었고, 똑같은 상황이었지만 티베트에는 아무도 오지 않았습니다. 그 결과 지금과 같은 티베트가 되고 만 것이죠."

거의 30분 동안 열변을 토하는 청년을 보면서, 몇 해 전 상해 임시정부를 방문했던 기억이 되살아났다. 화려한 상해의 아파트촌을 지나, 좁고 초라한 골목길을 따라가니 작은 건물이 한 채 있었다. 좁은 출입구를 들어서면서부터 가슴이 먹먹해졌다. 김구 선생과 윤봉길 의사의 사진, 임시정부 때 사용했던 태극기 앞에서 이유 없이 눈물이 핑 돌았다.

"네 소원이 무엇이냐고 물으면, 나는 서슴지 않고 내 소원은 대한독립이라고 대답할 것이다."

이렇게 말씀하신 김구 선생의 목소리가 가슴에서부터 메아리쳐왔다. 거사 직전 강보에 싸인 두 아들에게 결연한 유언을 남긴 윤봉길 의사의 목소리도 들리는 듯했다.

"만일 피가 있고 뼈가 있다면 조선을 위해 용감한 투사가 되어라. 태극의 깃발을 높이 드날리고 나의 빈 무덤 앞에 찾아와 한 잔 술을 부어 놓아라."

지금의 대한민국이 있기까지 수많은 희생이 있었음을 생각하며, 그분들의 고단하고 위대한 삶에 머리를 조아렸다. 그러나 현실이 편안하고, 나라보다 내 안위가 먼저였기 때문일까? 기억은 그리 오래 머물지 않고 사라졌다.

히말라야 중턱의 인도 땅에서, 그동안 잊고 지냈던 김구 선생과 윤봉길 의사가 다시 떠올랐다. 그래서일까? 나라를 잃고 쫓겨난 아픔 속에서도 힘없는 자국의 사람들을 위해 탁아소를 만들었다는 청년의 말에 눈물이 핑 돌았다. 히말라야를 넘어 자유를 찾아 왔지만 자립하지 못하면 이곳에서도 라싸보다 못한 삶을 살 수밖에 없기에, 그들이 자립할 때까지 아이들을 돌봐준다고 했다. 뜻을 정한 한 젊은이의 삶을 보며, 그래도 티베트의 미래에 희망이 있음을 보았다.

✈

아직도 록빠 탁아소에서 만난 티베트 청년의 애끓는 한마디가 생생하게 들리는 듯하다.

"우리는 이 맥그로 간즈에 살고 있지만, 이곳 땅이나 건물 중 우리가 소유하고 있는 것은 하나도 없습니다. 인도 정부에서 나가라고 하면, 언제든지 모든 것을 내려놓고 가야 합니다."

"투제체(고맙습니다)"라고 말하던 인도 속 티베트인들은 참 순하고 밝았다. 그러나 'Free Tibet'이라 적힌 곳곳의 깃발처럼 그들의 내면은 누구보다 강인해 보였다. 그들의 작은 몸짓과 주변의 관심이 모이고 모여 하루빨리 자유의 날이 오기를 소원해본다. 오늘은 유난히 김구 선생과 윤봉길 의사의 후손이라는 것이 눈물겹도록 감사한 날이다.

아이들의 힘!

"지금이 도대체 몇 시니? 하여튼 너희들은 이해할 수 없구나."

여행을 하면서 목적지에 도착하여 하루 이상을 묵게 되면, 아이들은 신기하게 속도가 가장 빠른 PC방을 곧바로 찾아내곤 했다. 잠시만 다녀온다고 했지만, 한참을 자다보면 밤늦게 살금살금 자신들의 숙소로 들어가는 소리가 들렸다. 아무리 여행중이라 해도, 도저히 그냥 넘어갈 수가 없어 또 잔소리를 해댔다. '여행을 나와서까지 이런 잔소리를 해야 하는 거야?'라는 마음이 들면서, 괜히 식구를 주렁주렁 달고 나왔다는 후회마저 밀려왔다.

90살 노모가 70살 아들에게 "길 조심해라"라고 한다지만, 부모 눈에는 왜 그리 간섭해야 할 일이 많은 걸까? 클 만큼 큰 아이들이라지만, 왜 하나도 제대로 하는 것이 없어 보이는 걸까? 이런 나에게 직격탄을 날린 아이들의 무용담이 있다.

인도-네팔 여행이 끝나갈 즈음, 하루는 아이들이 친구들의 선물을 사야 한다며 '코넛 플레이스Connaught Place'에 가겠다고 했다.

"엄마 아빠는 숙소에서 쉬고 계세요. 저희들끼리 다녀올게요."

인도가 어떤 곳인데 자기들만 가겠다니, 황당한 마음이 들었다.

"왜 그렇게 멀리 가려고 하니? 그냥 이곳 여행자 거리에서 사면 될 것을……."

솔직히 남편과 나는 4월 말이 되면서, 40도를 웃도는 인도 날씨와 그동안의 여행으로 지쳐 더는 꼼짝하기가 싫었다.

"이곳 여행자 거리는 물가가 비싸잖아요. 코넛 플레이스는 우리나라 동대문 같은 재래시장이라서 실제 인도 사람이 사는 가격으로 살 수 있어요."

세 명이 돌아가며 자신들이 수집한 정보를 말하고, 2,000루피(5만 원 정도)씩만 주면 그 예산 안에서 선물을 사오겠단다. 반박할 수 없을 정도로 조목조목 말하는 아이들을 내보내고 남편과 의논을 하니, 남편이 정곡을 찌르며 말했다.

"자기들이 필요한 건 말 안 해도 잘도 알아오는구먼!"

나보다 훨씬 꼼꼼한 남편의 눈에는 아이들이 못 미더워 보이는 눈치였다. 그러나 아무리 정확한 정보를 수집했더라도 이곳은 낯선 타국 땅이라, 아이들의 안전이 마음에 걸려 결국 함께 길을 나섰다. 괜찮다며 본인들만 갔다 오겠다는 아이들을 보며 '겨우 한 달 여행했다고 너희들이 어른이라도 된 줄 아니?'라는 말이 목구멍까지 올라왔다.

"아빠, 근처에 지하철역이 있으니 비싼 택시 타지 말고 지하철을 타요."

아이들 말처럼 지하철역은 우리 숙소가 있는 빠하르 간즈 바로 옆에 있었다. 등잔 밑이 어둡다고나 할까? 이렇게 가까이 두고 그동안 비싼

택시만 타고 다녔다니 웃음이 나왔다.

표를 사러 간 아이들이 직원과 옥신각신하는 모습이 보였다.

"잔돈이 모자라요. 5루피(125원 정도) 더 주세요."

막내가 직원을 향해 따지듯이 말하고 있었다. 여행객에게 잔돈을 엉터리로 준다는 말을 들은 아이들이, 계산을 해보니 정말 틀려서 돌려받았다고 한다.

'어쭈? 이 녀석들, 잔돈까지 제대로 챙기네.'

우린 아직도 인도 사람들과 영어로 인사하는 것도 두려운데, 역시 아이들이 빠르긴 빠른 것 같다.

인도 지하철은 들어갈 때마다 검색대를 통과해야 하고, 남자와 여자로 나뉘어 몸 검사와 소지품 검사를 받아야 했다. '대통령을 만나는 것도 아닌데 왜 이러지?'라는 마음이 들 정도로 가방 안을 샅샅이 뒤졌다. 지하철에서도 TV를 통해 미국의 9·11 테러 영상을 보여주면서 신고하라는 문구가 반복적으로 나오고 있었다. 불안한 인도 사회를 보는 것 같아 재래시장을 간다는 것이 왠지 내키지 않았다.

드디어 코넛 플레이스에 도착하여 아이들에게 2,000루피씩을 주었다. 처음에는 아이들을 따라다니며 상황을 살폈는데, 생각보다 사람도 많고 관광객도 제법 보여 최종적으로 만날 장소만 정하고 우리는 의자에 앉아 기다리기로 했다.

4시간이 지나 아이들이 돌아왔다. 물건은 하나도 사지 않은 채. 그러면서 자신들이 경험한 것을 말하는데 모두 신이 난 표정들이었다. 가장 먼저 막내가 말했다.

"엄마 아빠! 내일 저희들 한번 더 와야겠어요."

이건 또 무슨 소린가 싶어 아이들을 쳐다보니, 둘째가 상황 설명을 했다.

"인도 상인들은 가격을 정말 터무니없이 비싸게 불러요. 그런데 또 이상한 것은 우리가 아무리 많이 물어보고 깎아도 화를 내거나 짜증을 안 낸다는 거예요."

상인들이 화를 안 내는 것과 내일 다시 와야 하는 것이 무슨 상관이 있다는 말인가?

"인도 상인들은 화를 잘 안 내요. 대신 정말 바가지를 씌우기 때문에 제대로 협상을 하지 않으면 결국 우리만 손해를 보는 거예요. 그래서 내일 다시 와서 사려고요."

이런 아이들의 제안에 생각을 정리하지 못하고 있는데 남편이 말했다.

"너희들이 4시간 동안이나 인도 상인들과 협상하며 다녔다는 것이 정말 장하다. 좋아, 내일 다시 한번 와보자. 내일은 꼭 성공할 수 있겠지?"

아이들은 천하를 얻은 듯 기뻐했다. 그런 이유로 다음날 다시 똑같은 장소에 다섯 명이 갔다. 우리 부부는 또 같은 의자에 앉아 오가는 인도 사람들만 쳐다보고 있는데, 모기가 연신 온몸을 공격하며 괴롭혔다. 남편도 괴로운 듯 필사적으로 팔을 흔들어대며 말했다.

"이놈들이 우리가 곧 한국으로 돌아간다는 것을 눈치 챘나? 왜 이리 몰려들지?"

도착 첫날의 헌혈식이 재현되는 듯, 인도 사람들은 멀쩡한데 우리만 팔다리가 벌겋게 부풀어올랐다. 이틀 만에 모두 해결되었다면 얼마나 좋았을까? 그날도 역시 아이들은 빈손으로 돌아왔다. 아무래도 제대로 된 가격이 아닌 것 같다며…….

'무슨 애들이 이렇게 독종이야?'

모기 때문에 힘들었던 나는 슬슬 화가 나기 시작했다. 그런데 남편은 팔을 긁적이면서도 또 한번의 투쟁을 계획하는 아이들과 같은 편이 되어버렸다. 결국 사흘째에도 우리는 코넛 플레이스로 출동했다. 4시간이 지난 뒤 아이들이 개선장군처럼 돌아왔다.

"야호, 엄마! 이것 보세요! 정말 내가 원하는 가격으로 사는 데 성공했어요."

아이들은 침을 튀기며 자신들의 무용담을 늘어놓기 시작했다.

"아빠, 인도 상인도 별 이익이 없다고 생각하니까 화를 내던데요?"

결국 아이들이 인도 상인을 성나게 한 것이었다. 유들유들한 인도 상인보다 더 독한 놈들이 바로 대한민국의 십대들이었다. 이런 과정을 거쳐 아이들은 인도 상인들이 처음 부른 가격의 20퍼센트에 불과한 가격으로 물건을 샀다. 열 명이 넘는 친구들의 선물을 3만 원 정도에 해결하고 남은 돈을 우리에게 돌려주는 순간, 인도에서 한강변의 기적을 만들어낸 강인한 한국 청소년의 탄생을 보는 듯했다.

✈

인도인들은 어릴 적부터 '토론은 얼마든지 하되 화를 내는 것은 곧 지는 것'으로 교육받는다고 한다. 그런 연유에서인지는 몰라도, 더운 날씨에도 화를 내는 사람은 거의 없었다. 만약 이들을 화나게 하는 사람이 있다면 정말 대단하다고 생각했는데, 그 일을 아이들이 해냈다. 아이들에게는 잠재된 힘이 있는데도 엄마인 나는 여전히 내 품 안의 잔소리 대상으로만 여긴 것이다. 이런 나 자신이 어리석어 보일 정도로, 아이들은 가슴속에 무한한 힘을 지니고 날갯짓을 준비하고 있었다.

싸이월드"
네이트온"
KAMAL'S
PC ROOM
초스피드
SPEED

गेट नं. 2
रामकृष्ण
आश्रम मार्ग
Ramakrishna
Ashram Marg

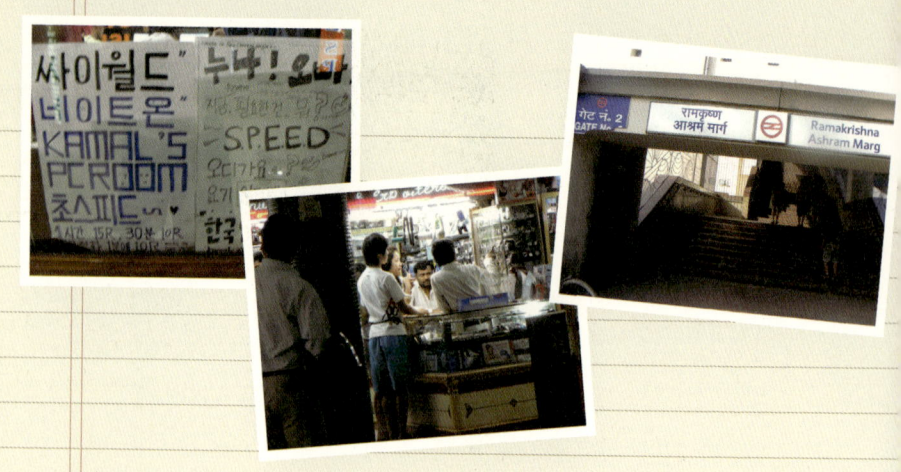

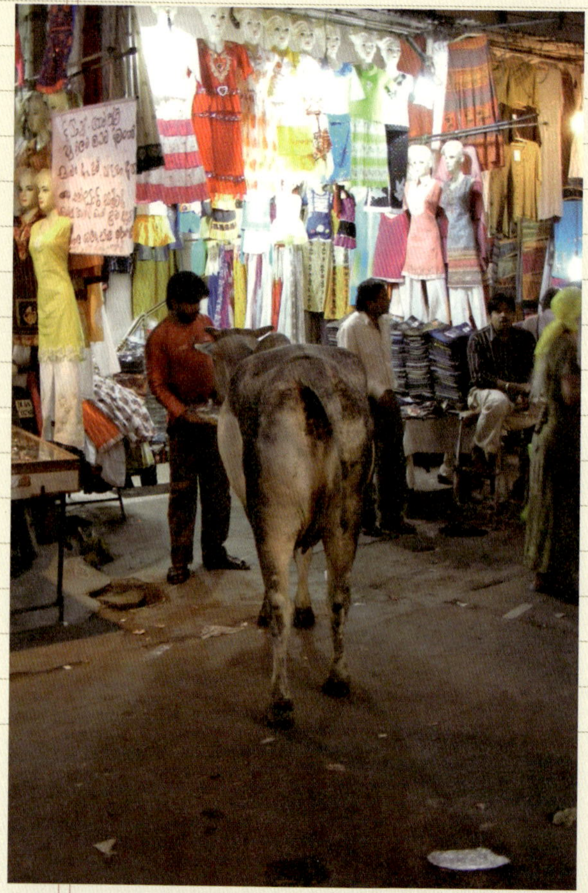

인도인들은 어릴 적부터 '토론은 얼마든지 하되
화를 내는 것은 곧 지는 것'이라는 교육을 받는다.
이런 인도 상인들을 상대로 아이들은 사흘에 걸친 집요한 흥정 끝에
자신들이 원하는 가격으로 친구들의 선물을 사고 말았다.
비록 물건을 산 것에 불과하지만, 아이들에게
이런 잠재된 힘이 있다는 것을 우리 부부는 발견할 수 있었다.
여전히 품 안의 자식으로만 여겼던 우리에게
아이들은 가슴속에 무한한 힘을 지니고 날갯짓을 준비하고 있다는 것을
여행을 통해 확인시켜주었다.

배낭의 무게,
인생의 무게

'좌충우돌 옥 패밀리!'
　인도 델리에 있는 한국 식당 벽에 우리 가족이 적은 글귀였다. 모기약 하나 없이 배낭여행의 '배'자도 모르고 갔던 인도-네팔의 연습 여행. 한국으로 돌아오자마자 남편과 나는 '세계일주를 위해서는 정말 철저히 준비해야지'라고 결심했다. 하지만 아이들은 정반대로 말했다.
　"엄마 아빠, 배낭여행 진짜 별거 아니던데요?"
　둘째의 말에 두 명도 찬성표를 던졌다.
　"그래, 맞아! 괜히 마음을 졸였는데, 해보니까 다 되던걸."
　"엄마 아빠도 그러시죠?"
　이런 걸 세대차이라고 해야 하나, 책임감의 차이라고 해야 하나? 똑같은 상황을 겪고 왔음에도 이렇게 다르다니……. 그래도 가족의 먹거리를 책임지는 안주인으로서 난 마음이 바빠졌다.
　"여보, 아무래도 고추장은 넉넉해야겠죠? 약품도 정말 중요하고……아! 작은 모포 하나는 꼭 챙겨야 해요."

 챙기면 챙길수록 필요한 것들은 왜 그리 쏙쏙 생각이 나는 걸까? 그 결과, 우리는 20킬로그램 가방을 하나씩 둘러메고(아참, 나는 5킬로그램), 앞쪽에도 덤으로 가방 하나를 더 멘 차림으로 첫 목적지인 필리핀을 향해 우람하게 출발했다. 곧 있을 통곡의 시간은 눈치 채지 못한 채.

✈

 필리핀을 가게 된 이유는 오직 하나, 여행을 위해 꼭 필요하다고 생각했던 또다른 준비물 때문이었다. 바로 '영어'라는 놈이다. 인도에서 언어 때문에 여러 차례 곤욕을 치렀던 관계로, 2개월간이나마 영어 공부를 하기로 한 것이다.
 천하를 평정할 것처럼 비장한 마음으로 갔지만, 영어가 어디 두 달

만에 정복할 수 있는 만만한 상대던가? 초등학생부터 50대 후반까지의 한국인만 모여 있는 어학원의 풍경은 재미났다. 수업 시간에는 모두 한 마디라도 영어를 더 말하려고 난리였다가, 쉬는 시간만 되면 마치 신선한 공기를 마시듯 한국말로 인사를 나누기에 바빴다.

"어제 한국 뉴스 봤어요? 조만간 결혼한다는 영화배우 있잖아요, 속도 위반이라 곧 아빠가 된대요."

"이번 주말에 수영장 갈 건데 같이 가요."

이건 뭐, 거의 한국 생활의 축소판이었다. 한국식 식사, 청소 및 빨래까지 필리핀 아떼(도우미)들이 다 해주기까지 했으니. 그럼에도 불구하고 우리 부부의 영어 학습은 여간 고되지 않았다. 더운 날씨와 기억력 부족을 탓하며 남편과 나는 일찌감치 녹다운되었다. 출발을 앞두고 치솟는 환율을 우울하게 쳐다보던 남편이 신경질적으로 물었다.

"애들은 또 어디 갔나?"

저녁을 먹고 나면 기숙사는 또다른 활기를 띠는데, 아이들은 마음에 맞는 선배들과 인맥을 쌓느라 정신이 없었다. 출발을 하루 앞둔 저녁에도, 환송모임을 한다며 사라져버렸고, 급기야 출발하는 당일 아침까지 짐을 챙기는 상황으로 인해 남편은 뿔이 났다. 살림을 살았던 것도 아닌데, 두 달 새 부쩍 늘어난 짐은 도저히 배낭에 다 들어가지 않았다. 결국 한 박스를 정리해서 버렸는데도 배낭은 여전히 빵빵했다.

싱가포르, 말레이시아, 태국, 캄보디아로 이어질 동남아시아 여정을 위해 밤 11시, 싱가포르행 비행기를 탔다.

"헉, 헉, 헉……."

"아이쿠, 죽겠네!"

다음날 오후 6시, 싱가포르에 도착하면서부터 본격적으로 배낭을 메야 했는데, 계속 고통스런 신음소리가 들렸다. 그렇다고 배낭을 버릴 수도 없고, 예약해둔 숙소까지는 가야 했다. 가장 먼저 살려달라고 SOS를 보낸 것은 나였다. 작은 배낭 한 개 달랑 메고도 어깨가 짓눌리고 힘들어 더는 걷기가 힘들었다.

"나, 도저히 못 가겠어요."

20킬로그램씩 메고 있는 네 명 앞에서 눈물을 글썽이며 구원을 요청한 결과, 나의 배낭은 남편 어깨로 넘어갔다. 아들 중 한 명이 받아주면 좋으련만 자기들도 죽겠다는 표정만 짓고 있으니 속은 탔지만, 그렇다고 도로 멜 자신도 없었다. 공항에서 지하철, 다시 지하철에서 숙소까지 가는 동안 한마디 말도 없이 네 명의 얼굴은 처참히 일그러지기 시작했다. 필리핀에서 그렇게 많이 버렸는데 아직도 무겁다니, 숙소를 가는 내내 버려야 할 것들과 남겨야 할 것들이 내 머릿속을 왔다갔다했다.

모두 무거운 배낭의 여파인지 숙소에 도착하자, 저녁도 먹는 둥 마는 둥하고 곧장 곯아떨어졌다. 나는 누워서도 계속 버릴 것과 남길 것에 대한 대차대조표를 그렸다. 컴퓨터의 휴지통을 비우고 나서 보니 필요한 자료까지 버리고 말았던 쓰라린 경험이 왜 하필 그 순간 떠올랐을까? 여전히 마음은 오락가락, 배낭을 비웠다가 채우기를 반복하니 머리만 복잡해졌다.

결국 싱가포르 일정을 마치고 태국까지 가는 싱마타이 열차를 타러 가기 전날, 우리는 모두 배낭 속의 물건을 쏟아냈다. 여벌의 옷, 접착력 뛰어난 한국산 밴드, 고추장, 모기 기피제, 혹시 먹을 게 없을 때를 대비한 미숫가루까지 별의별 것들이 나왔지만, 대부분은 음식과 입을 옷, 그리고 책이었다. 무엇을 추려내야 하나 머뭇거리고 있는데, 남편이 과감히 분류 작업에 들어갔다.

"옷은 갈아입을 것 하나만, 속옷도 오직 두 벌만, 양말도 목적지 도착하면 빨아서 신으면 되니까 두 켤레만, 여행 다니면서 읽겠다는 책자도 한 권씩만 남기자."

남편은 내 배낭까지 메고 왔던 처절한 경험을 다시는 하고 싶지 않은 듯 강경했다. 정리하니 버려야 할 짐이 배낭 한 개 분량이었다. 이렇게 많이 들고 왔단 말인가? 미련 없이 버리는데, 딸이 무심히 한마디 던진다.

"배낭 무게가 꼭 인생 무게 같네! 많이 갖고 있으면 그만큼 고통도 큰 법……."

짐을 챙기며 혼자 중얼거리는 열일곱 살짜리 딸을 남편이 멍하니 쳐다보았다. 그동안 온갖 것을 넣어서 무거운 배낭을 들고 다녔던 우리를 정확히 표현한 말이었다. 딸의 말에 아무런 부정도 않고 물건을 내놓는 두 아들 역시 그 의미를 아는 듯했다. 아이가 뜨거운 냄비를 만지고서야 뜨겁다는 말의 의미를 알게 되듯이, 아이들도 배낭 무게로 잔뜩 고통 받은 후에야 인생의 뜨거움을 체험한 것이리라.

인생의 무게를 줄이듯이 두 박스의 짐을 버리고, 조금은 가벼워진 배낭을 메고 말레이시아로 출발했다. 태국으로 가는 싱마타이 열차를 타기 위해 말레이시아의 기차역으로 가던 중, 막내가 갑자기 비명을 질렀다.

"아! 아빠, 배낭끈이 끊어졌어요."

배낭끈이 끊어지다니 이건 또 무슨 말인가? 잦은 이동과 과도한 무게를 이기지 못한 배낭끈이 결국 떨어지고 만 것이다. 그런데 얼마 후 둘째의 배낭도 끊어져버렸다. 두 아들의 배낭이 가장 무거운데 여간 낭패가 아닐 수 없다. 나머지 한쪽마저 끊어지면 안 된다 싶었는지, 두 아들은 큰 배낭을 가슴에 안고 끙끙대며 이동하기 시작했다. 역사 한쪽에 자리를 잡고 배낭을 꿰매주는 곳을 찾아 나섰다. 우리나라 지하상가처럼 온갖 가게들이 있지만, 가방을 수선해주는 곳은 없었다. 달리 생각나는 방법이 없어 돌아왔는데, 잠시 후 아이들이 다시 가보겠다고 했다. 얼마 후 아이들은 여행자용 바늘과 가느다란 실이 들어 있는 반짇고리를 사가지고 왔다. 이것 외에 다른 방법이 없다며…….

기차에 올라 침대에 누우니 긴장이 풀리며 피로가 몰려왔다. 두 아들은 작은 바늘로 배낭끈을 꿰매기 위한 작전에 돌입했는데, 잘 안 되는지 내게 도움을 요청했다. 도저히 승산 없는 게임을 하는 느낌이랄까? '이 작은 바늘로 두꺼운 배낭끈을 꿰맬 수 있을까' 하는 의구심이 들었다. 일단은 튼튼하게 만들려면 여러 번 반복해서 꿰매는 방법밖에 없음을 시범으로 보여주었다.

아이들에게 맡기고 피곤을 이기지 못해 누웠는데, 일어나보니 아침이었다. 곧바로 아이들 배낭을 살펴보니 두 녀석이 밤새 낑낑대며 꿰맨 흔적이 보였다. 얼기설기 꿰매었지만 꽤나 튼튼하게 만들어놓았다. 밤새 작은 바늘 하나로 가방끈을 이어놓은 두 아들은 세상 모르고 자고 있다.

✈

여행을 준비하면서 조목조목 다 챙길 때에는, 많이 준비하면 할수록 여행에서 마주할 걱정스러운 상황들이 줄어들 것이라 여겼다. 하지만 시간이 지날수록 많이 챙긴 것 때문에 고통을 받았고, 결국 감당할 수 없는 것들은 버려야 했다. 열심히 챙기느라 분주했던 만큼, 버리기 위해서도 무던히 힘을 쏟았던 것 같다. 없어도 별 문제 없는 것들에 대해 왜 그리 집착했을까?

'조금만 가지고, 제발 간편하게 다닙시다!'

시위라도 하듯, 두 아들의 코 고는 소리는 갈수록 더 세게 울렸다.

싱가포르에서 태국까지 가는 싱마타이 열차를 타기 전날,
우리는 모두 배낭 속의 물건을 쏟아내야 했다. 여행을 준비하면서 조목조목
다 챙길 때에는 많이 준비하면 할수록 여행에서 마주할 걱정스러운 상황들이
줄어들 것이라 여겼다. 그러나 시간이 지날수록 많이 챙긴 것 때문에
고통을 받았고, 결국 감당할 수 없는 것들은 버려야 했다.
열심히 챙기느라 분주했던 만큼, 버리기 위해서도 무던히 힘을 쏟았던 것 같다.
없어도 별 문제 없는 것들에 대해 왜 그리 집착했을까?

Road 2.

Africa

지도 한 장
달랑 들고
아프리카로 떠나다

버마재비가
수레를 막는다

 우리 집 막내는 어릴 적부터 유달리 승부욕이 강했다. 남편은 어린 두 아들과 씨름을 자주 했는데, 둘째는 성격이 온순하고 눈치가 빨라 아빠와의 씨름이 단순히 노는 거라는 걸 알고 적당한 선에서 그쳤다. 하지만 막내는 이기지 못하면 눈물을 찔찔 흘리면서도 끝까지 아빠에게 도전장을 내밀었다. 신장 180센티미터에 육박하는 아빠를 이길 수 없음에도 불구하고 필사적으로 팔다리를 벌리며 위협적으로 보이려 하는 막내를 볼 때마다 '버마재비가 수레를 막는다'라는 말이 생각나 웃음을 터트리곤 했다.
 흔히 사마귀라고 하는 버마재비는 위협을 느끼면 앞발을 높이 쳐들고, 앞날개를 벌려서 평소의 크기보다 훨씬 커 보이게 하여 방어 자세를 취한다고 한다. 이런 사마귀의 모습에서 '버마재비가 수레를 가로막는다'라는 속담이 생겼다. '자신의 처지를 알지 못한 채 겁 없이 달려들며, 앞으로 닥칠 위험도 모르는 사람'을 비유하는 이 속담에는 '상대를 잘 살피고 겸손하라'는 의미도 담겨 있다. 이것은 특히 여행자에게도 중

요한 말이다. 검은 대륙 아프리카의 관문, 케냐 나이로비 Nairobi 에서 버마 재비의 아픔을 겪고 보니 더욱 그러했다.

✈

11월 17일 아침, 나이로비 공항에 도착했다. 아프리카에서는 가는 나라마다 50달러의 비자 비용을 지불해야 한다. 아프리카 대륙의 5개국 일정을 생각하면 비자 발급비만 자그마치 1,250불! 비용을 줄일 수 있는 방법은 오직 하나. 7일간만 머무를 수 있는 트랜짓 비자(경유비자)를 받는 것이었다. 여행 가이드북에 나온 정보에 의하면 1주일 체류가 가능한 트랜짓 비자는 20달러, 한 달 체류가 가능한 관광비자는 50달러였다.

하지만 나이로비 공항에 도착하니 공항 직원 왈 "트랜짓 비자는 48시간만 가능하고, 그 외의 경우에는 무조건 50불짜리 비자를 받아야" 한단다. 비자 서류는 보지도 않고 막무가내로 50달러만 요구하니 오기가 발동했다.

"분명히 트랜짓 비자는 7일이라고 알고 있다. 그러니 트랜짓을 해달라."

계속되는 항의에 직원은 결국 신경질을 내며 여권에 뭐라고 적은 뒤 던지듯이 건넸다. 우리는 미소를 지으며 승리를 자축했다. 이때 남편의 한마디,

"설마 자기들이 48시간을 했겠니? 규정이 있는데."

신이 난 막내는 한수 더 거들었다.

"야! 진짜 배낭여행의 고수가 된 것 같아요."

한입 가득 미소를 지으며 여권의 비자 란을 확인한 순간. 웬걸? 정확히 '48H'! 아뿔싸, 정말 48시간이었다. 공항 직원은 규정을 지킬 것이라

는 우리의 생각이 틀렸던 것이다. 멍하게 서로를 쳐다보았지만 이미 엎질러진 물. 다시 돌아가 항의할 수도 없어서 일단 공항 밖으로 나왔다.

바깥은 온통 검은 피부의 사람들이었다. 갑작스럽게 검은 무리에 둘러싸이니 괜히 주눅이 들었다. 아들의 말처럼 우리가 배낭여행의 고수라면 얼마나 좋겠는가? 그러나 우리 가족의 아프리카 여행은 남들이 들으면 기절할 정도로 무모하기 짝이 없었다. 필리핀에서 구입한 지도 한 장, 아프리카 여행기 한 권, 케냐 나이로비에 있다는 한국식당 이름을 적은 쪽지 한 장이 전부였으니, 이건 완전히 배낭여행의 고수가 아니라

'배낭여행의 고수'라는 말이 옳을 것이다. 피부색이 다르다는 이유만으로도 잔뜩 겁을 먹는 왕초보인데 말이다. 정신을 가다듬고 택시 기사에게 한국식당 이름을 말하자, 갑자기 들뜬 목소리로 말했다.

"당신들 꼬레아? 와우! 나 한국 친구 있어요. '미스터 김'이라고, 여행사 하는데 나랑 친해요. 그곳으로 데려다줄게요."

택시 기사는 반가운 제스처로 우리를 안내하겠다며 미스터 김의 명함을 보여주고 전화 연결을 해주었다. 분명 한국인이었다. 본인이 정말 여행사를 한다며 택시를 타고 오라고 했다. 왕초보인 우리가 선택할 또 다른 길이 있겠는가? 공항에서 한국인을 아는 택시 기사를 만난 것에 그저 감격하며 기사를 따라 나설 수밖에…….

해발 1,675미터 고지에 있는 나이로비의 아침 공기는 쌀쌀했다. 아프리카라고 해서 반팔 차림을 한 우리는 추위에 벌벌 떨어야 했다. 공항을 벗어나서 넓은 도로에 접어들자 아프리카에 대한 우리의 예상은 다시 한번 깨졌다. 불타는 태양, 원주민이 사는 전통 가옥, 길가를 가로지르는 동물들은 어디에도 없고, 도로는 교통정체로 난리였다. 월요일 출근시간임을 감안해도 이건 상상을 초월하는 일이었다. 수많은 사람들이 도로 옆의 길을 걸어가고 있는 것도 인상적이었다. 자가용 외에는 대중교통 사정이 좋지 않아 대부분의 사람들은 걸어다니는 것이 일상이란다.

'사랑 아프리카' 여행사에 도착하니, 젊은 한국 사장님이 우리를 반겨주셨다. 비자를 보더니 비자 기간이 48시간이라며 안타까운 듯 한마디 하셨다.

"아프리카에서는 한국에서의 상식이 통한다고 생각하시면 안 됩니다. 때로는 이해 안 되는 부분도 많답니다. 일단은 힘닿는 데까지 도와

드리겠지만, 아마 힘들 것 같습니다."

사장님의 배려로 이민국까지 갔지만 역시나 수포로 돌아갔다. 실낱 같던 희망도 사라졌다. 아, 결국 48시간 후에는 케냐를 떠나야 할 운명이란 말인가. 당초 가보고자 했던 라무Lamu 섬, 몸바사Mombasa, 마사이마라Masai Mara, 사파리Safari 등은 포기해야 했다. 우리에게 남은 하루 남짓한 시간 동안 할 수 있는 것은 아무것도 없어 보였다.

"제가 여행사를 하고 있지만, 아프리카에 가족이 배낭만 메고 오는 건 처음입니다. 어떻게 도와드려야 할지 난감하지만, 일단 남은 시간에 보실 수 있는 것들을 알아볼게요. 다음 코스인 탄자니아에 아는 사람도 연결해드리겠습니다. 그래도 아프리카는 위험하니, 항상 조심하세요."

왕초보 배낭여행 가족이 얼마나 한심해 보였을까? 사장님의 설명을 들으니 앞으로의 여정에 대해 마음이 더욱 심란해졌다. 대중교통이 없는 관계로 기사가 딸린 봉고차를 렌트한 뒤 숙소를 알아보러 갔다. 예상 외로 물가가 비쌌다. 저렴하다는 YMCA 숙소를 한 명당 10달러에 예약했는데, 딱 이층침대만 놓여 있었다.

그날 저녁, 케냐 사파리 호텔에서 열리는 '사파리 캐츠 쇼Safari Cats Show'를 관람했다. 나이로비 외곽의 넓은 땅을 개간하여 마치 사파리 초원을 옮겨 놓은 듯 꾸며진 근사한 이 호텔의 오너는 한국인이란다. 예약된 좌석에 앉아 경쾌한 리듬에 취해 있는데, 바비큐식의 통째로 구운 고기를 직접 썰어주는 '야마초마' 요리가 식욕을 자극했다. 양고기, 소고기, 악어고기, 돼지고기, 닭고기, 염소고기 등 다양한 고기들이 현란한 요리사의 칼솜씨로 접시에 담겼다. 음악과 맛있는 요리, 그리고 극진한 서비스를 받고 있노라니 비로소 하루 동안의 긴장이 풀리는 듯했다.

"이제야 여행 온 것 같네. 낮에는 쫓겨 다니는 도망자 같더니……."

첫째의 말에 모두 실소를 터트렸다. 그러고 보니 이제야 모두 얼굴에 화색이 도는 것 같았다. 도착 순간부터 이어지던 문제들이 해결되고 호텔 레스토랑에 앉아 있다는 것이 믿어지지 않았다. 식사를 마칠 때쯤 드디어 '사파리 캐츠 쇼'가 시작했다. 유연하고 탄탄한 몸매에 어울리는 박진감 넘치는 동작에 절로 함성이 터졌다. 하지만 즐거움도 잠시, 밤 10시를 넘겨 숙소로 돌아와 곤한 몸을 누이니, 내일이면 이곳을 떠나야 할 생각에 다시 마음이 복잡해졌다.

다음날은 김 사장의 배려로 나이로비 대학, 국립박물관, 그리고 영화 〈아웃 오브 아프리카〉의 주인공이 살던 농장을 차례로 방문했다. 반나절에 할 수 있는 최고의 알찬 코스였지만, 정신없이 다니느라 헉헉댈 수밖에 없었다.

모든 일정을 마치고 탄자니아행 버스를 타는 순간, 48시간의 나이로비 여정이 진한 아쉬움으로 다가왔다. 그나마 '사랑 아프리카' 여행사의 김 사장을 만날 수 있어서 다행이었다. 그렇지 않았다면 우린 분명 우왕좌왕하다가 쫓겨나고 말았을 것이다. 비록 배낭여행자이지만 마음만은 편안하게 다니고 싶었다. 그뒤로 우리는 항상 50달러를 고이고이 지불하는 착한 아프리카 여행객이 되었다. 버마재비가 수레를 막으려다가는 낭패를 당할 수밖에 없음을 깨달았기에…….

천천히 천천히, 느리게 느리게……

"엄마, 좀 천천히 가세요. 걸음걸이가 이상해요. 이건 뛰는 것도 아니고, 걷는 것도 아니고……."

직장생활을 하면서 세 아이를 키우다보니 '빠르게, 빠르게'라는 말이 삶의 모토가 되었다. 한국 사람 중 '빨리빨리'와 '바쁘다 바빠'라는 의미를 모르는 사람은 없을 터이지만, 나 역시 마찬가지였다. 하루는 길을 걷다가 문득 어느 가게 유리창에 비친 내 모습을 보았는데, 아들이 말한 것처럼 정말 이상한 걸음걸이였다. 경보도 아니고 걷는 것도 아닌, 마치 천천히 걸으면 야단이라도 맞을 것처럼 허겁지겁 걷는 모습. 작은 키에 짧은 다리가 무던히도 바쁘게 왔다갔다하고 있었다. 하긴 이것이 단지 걸음걸이에만 해당되겠는가? 빨리 서두른다고 다 해결되는 게 아닌데도 그간의 삶을 생각해보면 매사에 느긋함이라곤 찾아볼 수 없었다. 여행을 하다보면 뜻밖의 귀한 선물을 받게 되는데, 탄자니아에서 정반대의 삶을 배울 수 있었다. 매일같이 입에 '바쁘다 바빠'를 달고 사는 내게 탄자니아에서의 경험은 전혀 다른 삶이 있다는 것을 깨우쳐주기에 충분했다.

케냐에서 탄자니아의 아루샤Arusha로 온 이유는 아프리카 여행의 하이라이트, '사파리 투어' 때문이었다. 물론 케냐에서 더 저렴하게 할 수도 있었지만, 48시간 만에 쫓겨나는 통에 어쩔 수가 없었다. 환율까지 올라가고 있어서 남편은 내심 신경 쓰이는 눈치였다. 누가 아프리카 투어 비용이 저렴하다고 했는가? 유럽과 거의 맞먹는데 말이다. 유럽계 사람들이 아프리카의 자본을 쥐락펴락하는 까닭에 아프리카 투어에 들어가는 비용은 여행자의 신경을 팍팍 건드리기에 딱이었다.

"이거 왜 이리 느리냐? 진짜 머리가 지근지근 아프다!"

남편은 환율을 알아보려고 인터넷을 하다가 뒤로 벌렁 드러누워버렸다. 사파리 투어 비용이 만만치 않은데 도대체 정보를 알아낼 수 없으니 갑갑할 수밖에. 천장을 쳐다보고 한숨만 푹푹 쉬는 남편을 대신해서 내가 나섰다. 꼼지락꼼지락, 이건 도대체 인터넷이라고 할 수 없을 정도로 화면 하나가 반쯤 열린 상태에서 꼼짝하지 않았다.

"아이고, 내가 뛰어갔다 와도 이것보다는 빠르겠네."

남편보다 더 씩씩거리며 나도 벌렁 드러누웠다. 오늘도 모든 정보는 단절! 모든 것이 갑갑해지면서 '어떻게 이런 식으로 살아갈 수 있단 말인가?'라는 마음이 들었다. 아, 아프리카! 도착부터 힘들게 하더니, 연속으로 힘든 도전장을 내미는구먼.

다음날 아침, 운전사 겸 가이드인 다니엘과 요리사인 무사이와 함께 사파리 차를 타고 투어를 떠났다. 아루샤 시내를 벗어나니 놀랍게도 차로가 잘 닦여 있었다. 잘 뻗은 길을 따라 신나게 달리는 차에서 잠깐 잠이 들었는데 얼마 지나지 않아 '우당탕' 소리와 함께 차가 흔들렸다. 놀란 마음에 차에서 내려 살펴보니 뒷바퀴가 터져 있었다. 다행히 평탄한 오르막길이 시작되는 시점이고 다른 차가 없어 큰 사고는 면했지만 등골이 오싹해졌다. '이거 너무 오래된 차가 아닐까?' 하는 의심이 들면서 불안해지기 시작했다.

결국 예상보다 늦게 세렝게티Serengeti 국립공원 입구에 도착했다. '끝없는 평원'이라는 의미를 가진 이름처럼 끝이 보이질 않았다. 사람이 가꾸지 않은 원초적인 평원, 갑자기 가이드가 작은 소리로 말했다.

"쉿! 사자예요, 사자!"

길 바로 옆 풀밭에서 자연스럽게 뒹굴고 있는 녀석들 덕분에 간이 콩알만 해졌다. 물론 우리만 깜짝 놀랐을 뿐 사자들은 전혀 우리를 의식하지 않는 눈치였다. 사자의 위엄은 온데간데없고 오직 편안한 잠자리에 누워 있는 듯 뒹굴뒹굴……. 동물원에서 아이들이 던져주는 먹이에 신경질적으로 반응하던 사자와는 너무 달랐다.

"엄마, 사자가 너무 귀여워요."

사자가 귀여워? 아들의 이 말을 누가 믿으려나? 그런데 정말 그랬다. 끝없는 평원에 두 마리 사자가 덩그렇게 누워 있는데, 부러울 것이 하나도 없어 보였다.

"그래, 만사태평 라이온 킹이구나."

남편은 태평스럽기 그지없는 라이온 킹을 부러운 듯 쳐다보았다. 축처진 사자의 몸은 '동물의 왕국'을 호령하는 사자에게서는 느낄 수 없었던 색다른 모습이었다.

캠프장에 도착하여 주변을 둘러보니 전기도, 수도 시설도 없었다. 이곳의 환경을 보호하기 위해서란다. 천천히 어둠이 깔리자 평원 전체에 정적이 감돌았다. 도시의 소란과 번잡함, 전깃불마저도 보이지 않는 외딴 세상. 마치 머나 먼 이방 세계에 와 있는 듯한 신비로움. 그러다 문득 올려다본 밤하늘! 모든 게 신비로움으로 다가오는 이 장면을 어떻게 설명해야 할까?

"반짝반짝 작은 별, 아름답게 비추네~~~"

별들이 깰까봐, 그러면 이 신비로운 세상이 사라지기라도 할까봐 조용조용 노래를 부르며 오래도록 별빛을 바라봤다. 정말 영화를 찍는 것처럼 때맞춰 별무리들이 떨어졌다. 모든 것이 잔잔하고 평화로웠다.

"영원했으면 좋겠다, 지금이……."

나지막이 말하는 딸의 말을 따라 나도 속으로 되뇌었다.

'정말, 영원했으면 좋겠다.'

다음날 새벽, 모닝 게임 드라이브(아침 동물탐험)를 시작했다. 이 시간에 동물들을 가장 많이 만날 수 있기 때문이란다. 어릴 적 TV에서만 보던 〈동물의 왕국〉이 그대로 눈앞에 펼쳐지니 그저 감탄사만 연발할 뿐. 실제로 이곳이 다큐멘터리 〈동물의 왕국〉의 주 무대라고 하니 마치 우리가 타잔이 된 듯한 기분이었다. 아침을 먹기 위해 삼삼오오 떼를 지어 풀을 뜯고 있는 동물들을 책을 찾아가며 살펴보았다. 처음 보는 동물들이 많아 그저 신기할 뿐이었다. 임팔라, 개코 원숭이, 얼룩말, 하마, 톰슨 가젤, 타조, 버팔로…….

1시간을 족히 초원을 누볐을까? 어스름한 주변이 조금씩 밝아오며, 건너편 지평선에서 해가 떠오르기 시작했다. 광활한 평원을 붉게 물들이며 타오르는 아침 태양! 그리고 그 태양 아래서 모습을 드러내는 끝없는 평원! 태곳적부터 내려온 거대한 야생세계가 펼쳐지는 순간이었다. 우리는 누가 먼저랄 것도 없이 두 팔을 벌려 아프리카 평원에 떠오르는 태양을 맞이했다. 극히 짧은 순간이었지만, 산이 아닌 지평선 위로 붉게 타오르는 태양은 너무나 멋진 아름다움 그 자체였다.

그 순간 저 멀리 보이는 기린 두 마리! 온 들판이 자신의 것인 양 한가로이 거닐며 높은 나무와 연인처럼 데이트를 하고 있었다. 급할 것도 없

고 욕심도 없어 보이는, 그냥 자신의 영역에서 행복한 시간을 보내고 있는 그 모습은 감동 그 자체였다. 넓은 들판과 뭉게구름, 긴 목을 올려 따먹는 나뭇잎까지, 아무것도 가공되지 않은 원초적인 자유의 세계였다.

한 무리의 코끼리 가족이 지나가자 운전기사는 차를 멈추고 대기했다. 이 녀석들 역시 전혀 급하지가 않았다. 덩치 큰 아빠 코끼리부터 앙증맞은 아기 코끼리까지 20여 마리가 무리를 지어 길을 건너면서도 '너희들은 기다려라. 우리는 천천히 간다'는 식이었다. 보고 또 봐도 지루하지 않은 것은 아마 이들이 진정으로 살아 있기 때문이 아닐까?

이런, 갑자기 먹구름과 세찬 비바람이 몰려오면서 차창이 흔들릴 정도로 세찬 비가 내렸다. 비포장도로라 곳곳이 굵은 빗줄기에 파이기 시작했다. 앞을 분간하기 힘들 정도여서 우리는 비가 그칠 때까지 잠시 기다리기로 했다.

조그마한 다리 위에서 비가 그치기를 기다리며 바깥을 바라보는데, 문득 이곳의 생활 리듬은 인간보다 자연에 맞추어져 있다는 생각이 들었다. 동물들을 위해 차는 시속 20킬로로만 달려야 하고, 사람도 차 밖으로 함부로 나가거나 큰 소리를 내면 안 된다는 규칙, 그리고 비가 오면 차도 갈 수 없는 비포장도로의 이곳. 그런데도 불편하다기보다 마음이 푸근해졌다. 가스보일러보다 나무로 불을 지펴 따뜻해지는 온돌이 더 정겨운 것과 같은 이치일 것이다. 자연을 위해 조금이나마 기다려줄 수 있다는 여유를 되찾아서일까? 비가 그치기를 기다리며 바라보는 그 시간이 무한한 행복으로 다가왔다. 조금 후 들판에 무지개가 걸렸다. 마치 기다려준 우리에게 고맙다는 인사를 하는 것처럼······.

✈

모양도 색깔도 다르지만 조화로운 세상을 만들며 살아가는 세렝게티는 우리 가족을 철학자로 만들었다. 느릿느릿 거니는 기린도, 큰 덩치의 코끼리도 자신의 영역에서 평화를 누리고 있었다. 세차게 내리던 빗줄기, 짠하고 나타난 무지개 그리고 무심하게 자신만의 시간을 보내던 사자까지······. 평원에서의 시간은 그간 바쁘기만 했던 삶을 돌아보게 했다. 변하지 않는 듯 보이지만, 느리디 느린 속도의 자연은 더 아름답고 올곧게 자라고 있었다.

　출발 전 인터넷이 느려 벌렁 드러누워버렸던 장면이 떠올라 피식 웃음이 나왔다. 한 박자 느리게 산다는 것은 곧 도태되는 것이라고 여겼던 나에게 세렝게티는 천천히, 더 천천히 살아가라고 말해주었다. 빠르게, 앞만 보고 헉헉거리며 살아온 삶을 내려놓기. 페달을 밟을수록 더 바쁘게 살아야만 했던 삶의 속도를 조절하기. 그래, 이것이 바로 느림의 지혜가 아닐까? 자신의 영역에 만족하지 못하고 남의 영역을 부러워했던 욕심이 우리를 바쁘게 만들었는지도 모른다. 이런저런 생각을 하며 마치 득도의 경지에 이른 듯, 눈을 감고 길게 호흡을 하는 나에게 아들이 소리쳤다.

　"엄마, 빨리 오세요! 빨리 가야 하나라도 더 볼 수 있단 말이에요!"
　"······."

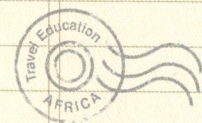

모양도 색깔도 다르지만 조화로운 세상을 만들며 살아가는 세렝게티는

우리 가족을 철학자로 만들었다. 세차게 내리던 빗줄기, 짠 하고 나타난 무지개,

그리고 무심하게 자신만의 시간을 보내던 사자까지…….

평원에서의 시간은 그간 바쁘기만 했던 내 삶을 돌아보게 했다.

변하지 않는 듯 보이지만, 느리디 느린 속도의 자연은 더 아름답고 올곧게 자라고 있었다.

한 박자 느리게 산다는 것은 곧 도태되는 것이라고 여겼던 우리 가족에게

세렝게티는 천천히, 더 천천히 살아가라고 말해주었다.

3박 4일의
아프리카 기차여행

 어떤 사람이 갑자기 팔 하나를 잃어버렸다. 억울하고 절망스러워 죽어야겠다고 마음먹고 해변으로 갔다. 바다에 몸을 던지려고 바위로 올라갔는데, 갑자기 해변에서 희끄무레한 물체가 움직이기 시작했다. '저게 과연 뭘까?' 하는 호기심에 해변 쪽으로 걸어갔다. 물체는 점점 더 빠른 속도로 움직였다. 가까이 다가가 그 실체를 파악한 순간, 한 팔을 잃은 사람은 놀라고 말았다.
 한 사람이 혼자 해변에서 춤을 추고 있었는데, 그 사람은 두 팔이 없었던 것이었다. 죽으려던 사람은 너무나 놀랐다. 자신은 팔 하나 잃었다고 죽으려 왔는데, 팔 두 개를 잃은 사람은 저렇게 덩실덩실 춤을 추고 있으니 놀랄 수밖에. 그래서 다가가서 물었다.
 "이보쇼, 나는 팔 하나 없는 것 때문에 죽으러 왔는데, 당신은 뭐가 좋아서 그렇게 춤을 추고 있소?"
 그러자 그 사람이 말했다.

"춤추는 데 팔이 필요하나요? 춤출 때는 발이 더 중요하답니다."

어떤 책에서 봤는지 기억이 잘 나지 않지만, 살면서 힘든 순간에 처할 때마다 이 얘기를 떠올리곤 한다. 사람은 누구나 뜻하지 않은 상황이 닥치면 금세 절망하고야 마는 연약한 존재다. 낯선 길을 나서야 하는 여행은 더더욱 그러하다. 그런 의미에서 여행은 마땅히 순응해야 할 삶의 원칙을 거부하는 고집 센 인간을 위한 훈련이라고 할 수 있다. 그 훈련은 만만찮은 쓴맛을 보게도 하지만, 때로는 그 쓴맛을 통해 새로운 세상을 만나게 해준다. 2평 남짓한 공간의 타자라 기차(탄자니아와 잠비아 간을 운행하는 기차)에서 보낸 시간은 엄청난 쓴맛으로 다가왔지만, 그만큼 또다른 세상을 볼 수 있었기에 지금은 달콤한 추억으로 남아 있다.

✈

탄자니아의 옛 수도 다르에스살람Dar es Salaam에서 잠비아의 루사카로 간다는 타자라 기차의 표를 예약하러 갔다. 그런데 기차역 직원이 '표는 끊어주지만, 출발 시각은 알 수 없다'고 했다. 이해가 되지 않아 황당한 표정을 짓는 우리에게 직원이 말했다.

"이 기차는 선로가 하나뿐이라서 잠비아에서 출발한 기차가 도착하면 그때서야 정확한 출발 시각을 알 수 있습니다."

세상에 이런 일이! 기차도 한 대, 선로도 하나이기에 출발 시각은 이곳에 기차가 들어온 다음에야 알 수 있다는 말씀. 납득이 되지 않았지만 그저 기다리는 수밖에……. 일단 표를 사고 기다렸다가, 대략 도착할 것 같은 예정된 날에 전화를 하니 오후 10시에 출발한다고 했다.

부두 근처 레스토랑에 배낭을 모아 두고 기차 탑승에 필요한 물품을 마련했다. 2박 3일을 꼬박 가야 하는 일정이니 먹을거리와 식수는 필수품이었다. 타자라 역에 도착해 계단을 올라가니, 대합실 입구부터 발 디딜 틈 없이 사람들로 가득했다. 모두 바닥에 앉아 있거나 때로는 누워 있는 모습을 보니 한두 시간 기다린 모습이 아니었다. 앞쪽으로 가서 짐을 내려놓고 휴식을 취하는데, 흑인 아이들이 병뚜껑으로 놀다가 우리 아이들 곁으로 와서 그 병뚜껑을 굴려보냈다. 같이 바닥에 앉아 국적을 초월하여 놀기 시작한 아이들은 굴러가는 병뚜껑 하나에 깔깔 웃었다.

드디어 2박 3일, 44시간 일정의 타자라 기차가 출발했다. 처음에는 긴 시간을 기차에서 보낼 생각에 막막했지만, 시간이 지날수록 타자라의 진가를 맛볼 수 있었다. 마치 청룡열차를 탄 기분이랄까? 거짓말 조금 보태면 누운 상태에서 몸 전체가 침대에서 20센티미터 정도 점프를 했다. 언젠가 책에서 아프리카 기차를 탈 때 허리 디스크를 조심하라는 글을 읽고 과장이 심하다며 웃었는데 그건 사실이었다. 오직 타본 사람만이 알리라. '아이쿠, 살려줍쇼!'라는 말이 절로 나오는 타자라의 2등 침대칸! 그래도 여섯 칸 전부를 우리 가족만 사용했기에, 오랜만에 소풍 나온 것처럼 간식도 먹고 책도 읽고 차창 밖의 풍경을 보는 재미가 제법 쏠쏠했다.

"도저히 안 되겠다. 나랑 같이 가줄 사람?"

일부러 물과 음식을 조금씩만 먹으며 버텼지만, 이틀째가 되자 더 이상 생리현상을 막을 수 없었다. 애원하듯 말하는 나를 보며 남편이 따라나섰다. 기차가 출발한 지 이틀째. 여섯 개의 침대 전부를 우리가 사용하기에 객실 안에만 있으면 문제가 없었지만, 그 밖의 모든 조건은 최악이었다. 세수를 할 수도 없고, 화장실은 볼일을 보려고 쭈그려 앉기가 민망할 정도였다. 통에 가득 담긴 물은 손을 담글 엄두조차 낼 수 없는 상태. 남편을 보초로 세우고 간신히 볼일을 본 뒤 불평을 터트렸다.

"돈 조금 더 들여 1등칸을 타지. 이게 무슨 고생이람?"

여행에서 적응을 제일 못하는 사람은 항상 나였다. 음식, 잠자리, 육체적인 면 등 모든 것이 힘들었다. 그동안의 힘든 것을 한꺼번에 터트리며 투덜대는 나에게 남편이 말했다.

"돈 차이도 너무 많이 날 뿐 아니라, 1등석은 두 명씩밖에 못 들어가 가족이 뿔뿔이 헤어져 있어야 해요. 그러니 조금만 참아요."

요즘 들어 한층 야윈 남편의 얼굴을 보면서도 이런 불평을 하다니. 아! 그래도 정말 힘든 걸 어떡하리? 아이들도 말없이 잘 적응하는데 이런 자신이 한심하다는 마음이 들면서도 힘든 배낭여행의 서글픔이 밀려왔다.

객실로 돌아와 물티슈로 손을 닦고 힘없이 차창 밖만 바라보았다. 저 멀리 집들이 드문드문 보였다. 동네를 지날 때쯤이면 어김없이 아이들이 기차를 향해 맨발로 달려와 손을 흔들었다. 처음에는 그냥 반가움의 표시려니 했는데, 서는 곳마다 똑같은 현상이 벌어지니 이상하다는 마음이 들었다. 반가운 표시와는 다르게 왼손을 오른손에 대고 뭔가를 달라고 하는 듯 애처롭게 흔들었다. 고개를 내밀고 관찰하니, 아이들은 객차에서 던져주는 빈 페트병을 재빨리 주워담고 있었다. 때로는 먹을 것도……. 저 아이들에게 왜 페트병이 필요한 걸까? 정확히 알 수는 없지만, 선로 옆의 전깃줄 없는 빈 전봇대를 보며 어렴풋이 이유를 알 것 같았다. 전기도 들어오지 않는 이곳, 우물이 있을 리 없는 이곳의 아이들에겐 페트병 하나도 그들의 생존과 관련되어 있는 듯했다. 눈물이 핑 돌며, 멀쩡한 화장실을 두고 불평했던 내 자신이 한없이 부끄러웠다. 저 아이들보다 내가 더 나은 게 뭐가 있단 말인가.

타자라 기차 내에서의 3일째! 지도와 대조하며 지명을 살피던 남편이, 아무래도 하루는 더 늦어질 것 같다고 한숨을 쉰다. 'Oh, my God!' 이라는 말은 이런 상황을 두고 하는 말일 것이다. 그동안 물티슈로 세수를 대신하는 것도 참을 만했고 화장실에도 감사하기로 했는데, 이번에는 준비한 식량이 다 떨어졌다. 수중에 잠비아 돈은 하나도 없고, 단지 약간의 달러와 카드만 있을 뿐인데……. 남편이 가족을 향해 비상 대책을 발표했다.

"얘들아, 다음 정차 역에서는 물건을 파는 현지인들에게서 먹을 걸 좀 사 가지고 오너라."

달러를 들고 먹을 것을 구하러 간 아이들은 잠시 후 식빵 한 봉지를 의기양양하게 가져왔다. 그런데 자기들이 산 것이 아니란다. 상황을 들어보니, 3등칸 앞으로 몰리는 상인에게 가서 달러를 주며 빵을 달라고 했더니 주지 않았다고 했다. 이곳 사람들은 달러가 뭔지도 모르고 필요도 없다고 했단다. 할 수 없이 아이들이 그냥 돌아오려는데, 한 중년 아저씨가 빵 한 봉지를 사서 주셨다고 했다. 감사의 뜻으로 달러를 드려도 한사코 받지 않아 그냥 왔단다.

"아빠, 아프리카 시골에서 도움을 받을 줄은 몰랐어요. 정말 감사했어요. 그래서 '감사합니다, 감사합니다!'만 되풀이했어요."

그날의 식사 시간은 어느 때보다 진정한 감사의 마음으로 가득했다. 그 빵은 허기를 면하게 했고, 이후 16시간이나 더 남은 타자라 기차여행을 전혀 힘들지 않게 만드는 신비한 마력을 발휘했다. 2평 남짓한 객실은 이전과는 다른 감사와 행복감으로 넘쳤다.

✈

이곳 아프리카에 와서도 나는 어찌할 수 없는 상황을 만날 때마다 그렇

지 않았던 한국에서의 과거를 떠올리며 불평을 하곤 했다. 그런데 지금은 아니다. 타자라 기차를 향해 페트병을 얻고자 달려온 아이들, 2평 공간도 얼마든지 행복할 수 있다는 것을 뒤늦게나마 알게 해준 잠비아 시골의 아저씨. 그들은 현재라는 순간은 순응해야 하는 것이지 불평하는 게 아니라는 사실을, 그리고 우리에겐 여전히 나누어야 할 사랑이 있다는 것을 보여준 '길 위의 스승'이었다.

그래, 그런 것이었다. 절망할 수밖에 없는 마음을 부둥켜안고 일어서는 누군가는, 그것을 보는 다른 이에게 희망을 갖게 한다. 두 팔이 없어도 춤을 추는 그 사람처럼…….

Travel Éducation AFRICA

3박 4일의 아프리카 기차여행에서 우리 가족은 고마움의 의미를 깨달을 수 있었다.
잠비아 시골의 아저씨가 건네준 빵 한 봉지는 우리 가족의 허기를 면해준 것은 물론,
2평 남짓한 객실도 얼마든지 행복할 수 있다는 것을 깨닫게 해주었다.
현재라는 순간은 순응해야 하는 것이지 불평하는 게 아니라는 사실을,
그리고 우리에겐 여전히 나누어야 할 사랑이 있다는 것을 알려준 것이다.
절망할 수밖에 없는 마음을 부둥켜안고 일어서는 누군가는 그것을 보는 다른 이에게
희망을 갖게 한다는 걸 가르쳐준 곳, 그곳이 바로 아프리카였다.

아프리카에서 귀인을 만나다

네가 오후 4시에 온다면, 나는 오후 3시부터 행복해질 거야.
4시가 되면 가슴이 두근거려 안절부절못하겠지. 행복이 어떤 것인지 알게 되는 거야.

보고 싶은 이가 온다면 이런 마음일 것 같다. 『어린 왕자』에 나오는 이 구절 같은 행복을 주는 메일이 아프리카로부터 왔다. 민수 엄마가 이번 겨울에 한국을 온단다. '가면 꼭 만나자'는 민수 엄마의 메일을 받은 순간부터 만남이 기다려지고, 보고 싶은 마음이 눈덩이처럼 커져만 갔다.

여행을 시작하기 전에는 유명한 유적지를 직접 보는 것이 여행의 전부인 줄 알았다. 그런데 여행을 하면서 사람들을 만나게 되었고, 그 만남은 여행의 깊은 맛을 알게 해주었다. 낯선 이국땅에서의 짧은 만남이기에 더욱 특별한 정이 쌓인 걸까. 혹여나 여행중 만났던 사람들을 다시 만나게 되면 그 반가움은 각별하기 짝이 없다. 마치 예상치 못했던 특별 보너스를 받은 듯 행복하다. 잠비아에서 이루어졌던 민수 가족과의 만남도 그랬다. 기다림만으로도 행복할 수 있는 특별한 만남이었다.

✈

3박 4일을 보낸 타자라 기차가 잠비아 카프리에 도착했다. 다시 수도인 루사카Lusaka로 가기 위해 버스 정류장으로 갔지만, 버스를 탈 수 없었다. 중간 지점이라 사람들이 타고 오는 바람에 2시간을 기다려도 다섯 명이 탈 수 있는 버스는 만날 수 없었던 탓이다. 어떤 사람이 자꾸 와서 미니버스를 타라고 했다. 그리고 보니 버스를 놓친 사람들은 미니버스를 타고 있었다. 다른 방도가 없어 미니버스에 올랐는데, 15인승에 스무 명을 태웠다. 닭장 속에 갇힌 병아리처럼 팔을 움직일 수 없을 정도로 좁은 버스, 가다 서기를 반복하며 언제 도착할지 알 수 없는 버스에서 남편이 불안한 듯 말했다.

"비자만 아니면 루사카에 갈 이유가 없는데. 그곳엔 한국 사람도 거의 안 산다는데……."

남편 말처럼 잠비아의 수도인 루사카는 여행객들이 나미비아와 보츠와나의 비자를 받기 위해 들르는 것일 뿐, 특별한 관광지는 없는 곳이다. 그렇게 닭장 버스는 3시간을 달려 루사카에 도착했다. 가진 정보가 아무것도 없어 택시를 타고 물었다.

"근처에 배낭여행자가 갈 만한 값싼 숙소를 아세요?"

기사가 데려간 '곰보카 게스트하우스'에 여장을 풀고 샤워를 하는데, 시꺼먼 물이 흘러내렸다. 놀라서 샤워기를 올려다보니 분명 흐르는 물은 깨끗한 물이었다. 5일 동안을 씻지 못했으니 아무리 씻어도 구정물이 나올 수밖에…….

숙소에 딸린 식당에서 쌀밥에 치킨을 시켜 먹으니 마치 온 세상을 얻은 듯했다.

"이렇게 맛있는 밥은 처음이에요. 와~ 진짜 맛있다!"

굶어본 자만이 알 것이다. 푸석푸석한 아프리카 쌀밥과 그냥 기름에 튀긴 치킨 한 조각이 만찬으로 바뀔 수 있다는 것을. 게 눈 감추듯 먹고 나니 주인이 말을 건넸다.

"이 숙소에 한국인들이 묵고 있어요."

뭐라고? 이곳에 한국인 여행객이 있다고? 지금은 볼일을 보러 나가 오후에 들어온다고 했다. 오랜만에 푹신한 침대에 몸을 누이니 꿈나라로 가는 것은 당연지사. 얼마 동안을 잔 것일까? 노크 소리에 문을 여니 아가씨 세 명이 서 있었다. 인사를 나누는데, 한 아가씨가 의아한 듯 물었다.

"주인이 말하길 여자 아이 세 명과 부부라고 하던데, 아들이 두 명이시네요?"

여자아이 세 명이라니? 그동안 여행으로 여자처럼 머리가 길게 자란 탓에 내 금쪽같은 아들들을 여자아이로 본 것이었다. 박장대소를 하며 두 아들의 긴 머리카락을 쳐다보았다. 그리고 보니 우리가 여행을 떠나온 지도 어느덧 4개월이 흘렀다. 고맙게도 학생들은 우리에게 보츠와나, 나미비아 비자를 받을 수 있는 서류를 주고 모든 절차를 가르쳐주었다. 하지만 아쉽게도 다음날 새벽에 떠나야 한단다. 하루만 늦었어도 만나지 못했을 텐데 뜻하지 않게 큰 도움을 받았다. 그것도 모자라 그들은 소개해주고 싶은 분이 있다며 시내에 있는 '교토 안경점'을 가보라고 했다. 그렇게 연결되어 사진관을 경영하는 민수 가족을 소개받았다. 우연히 소개 받은 민수 가족은 아프리카에서 만난 귀인이었다.

이틀 뒤 월요일은 보츠와나, 나미비아 비자 신청을 하는 날이었다. 은

행에서 현금 인출을 시도하는데 계속 오류가 났다. 잠비아로 들어온 이후 한 번 돈을 인출한 뒤로는 카드가 전혀 인식되지 않았다. 현금이 거의 떨어져간다며, 남편이 난감한 듯 말했다.

"비자 발급비도 필요하고 당장 내일 숙박비도 없는데 어떡하지?"

어지간한 문제가 발생해도 낙담하는 법이 없는 아이들이 일단 시내의 ATM기가 있는 곳으로 가보자고 했다. 은행 문을 닫기 전에 해결하고자 바삐 길을 나섰다. 배낭여행이기에 그간 우리는 현금보다는 여러 장의 신용카드를 사용해왔다. 수수료 부담은 있지만 도난 사고를 예방할 수 있어서 택한 방법이었다. 시티국제현금카드, 비자카드, 마에스트로카드 등 종류도 다양하게 준비했건만, 인식되는 카드가 한 장도 없었다. 원인을 알 수 없으니 더욱 답답했다. 3시간 동안 ATM기 순례만 하다가 더위와 배고픔에 지쳐 거리에 주저앉았다. 더는 다른 방법이 없었다. 아침에 이어 점심도 굶은 상태라 남은 돈으로 편의점에서 빵을 하나 샀다. 편의점 앞에 놓인 ATM기를 보고 딸이 말했다.

"아빠, 밑져야 본전이니 한 번만 더 해봐요."

이 말에 아들 둘이 카드를 들고 ATM기로 달려갔다. 비자카드를 넣고 30만 퀘차(9만 원 정도)를 누르니, 역시 답은 NO! 다시 20만 퀘차(6만 원 정도)를 선택하니 YES 신호가 나왔다. 내일 숙박비와 식사는 거뜬히 해결할 수 있는 액수였다. 막내는 그 ATM기를 마치 '금 나와라 뚝딱!' 하는 요술방망이라도 되는 듯 쓰다듬으며 말했다.

"그래도 이게 어디예요? 혹 내일 다시 와서 하면 또 나오지 않을까요?"

6만 원 남짓한 돈에 이런 안도감을 느낄 수 있다니! 먹고 자는 문제가 해결되는 것도 신의 큰 축복이 있을 때만 가능하다는 마음이 들었다. 예전에 몰랐던 사소한 것에도 감사를 하는 일이 많아졌다. 모두 여행 중이기에 가능한 일이리라.

다음날 아침, 숙박비 16만 퀘차(5만 원 정도)를 지불하러 가는 남편의 모습이 어느 때보다 당당해 보였다. 그러나 이제 딸랑 11만 퀘차(4만 원 정도)만 남아 있으니 여전히 첩첩산중. 그때 뜻밖에 민수 엄마가 신라면, 해물탕면이 가득 든 봉지를 들고 숙소로 오셨다.

"야호!"

한국 라면을 마주한 우리는 환호성을 질렀다. 김연아 선수가 또다시 올림픽 금메달을 땄다고 해도 이만큼 기쁠까? 내친김에 우리 상황을 설명하고 민수네 집에서 인터넷에 접속해보려 했지만 도대체 연결이 되지 않았다. 느린 인터넷 화면을 쳐다보며 풀이 죽어 있는 우리에게 민수 엄마가 한마디 던졌다.

"어머나, 아프리카에서 완전 개털 신세가 되셨네요?"

개털이라고? 그래, 맞다. 낯선 곳에서 돈줄이 막히니 개털이라는 말이 딱인 것 같았다.

"맞아요, 진짜 개털이 된 기분이네요."

한바탕 웃음을 터트리고 나니 민수 엄마가 뜻밖의 제안을 했다.

"뭘 그렇게 고민하세요? 일단 제가 돈을 빌려드릴 테니 해결되면 돌려주세요."

겨우 두 번밖에 만나지 않았는데, 민수 엄마는 170만 퀘차(50만 원 정도)를 선뜻 빌려주었다. 이건 신라면과 비교가 되지 않는 것이었다.

다음날 민수 엄마는 은행 업무 등 모든 일을 처리하도록 본인 차로 우리를 데리고 다니며 하나하나 도와주었다. 간신히 일이 해결되어 빌린 돈을 돌려주니, 공돈이 생겼다며 근사한 중국 레스토랑으로 우리를 데리고 가서 한바탕 잔치를 열어주었다. 신세를 진 것도 모자라 마지막으로 융숭한 대접까지 받고 나니 그저 황송할 따름이었다.

흔히 '개털'이라는 말은 '돈 한푼 없는 빈털터리' 혹은 '값어치가 나가지 않고 싸다'라는 뜻으로 이해된다. 무용지물에 대한 표현이지만, 민수 엄마의 말은 우리에게 격려의 말로 들렸다. 아무것도 없는 개털로 취급하기보다, 귀한 범털로 대접하는 마음이 가득했기 때문이다. 민수 엄마의 메일을 받자마자 답장을 보냈다.

"개털가족이 한국에 오실 날만 기다리고 있어요. 보고 싶어요."

도대체 목숨이
몇 개인가요?

바다가 무서운 줄도 모르고, 그 위를 날아다니던 한 마리 흰나비가 있었다. 무서움을 몰랐기에 두려움 없이 바다로 날아갔다. 푸른 바다를 푸른 잎을 가진 무밭으로 알고, 불쑥 내려가는 모험을 감행했다. 그러다 놀랐다. 물결에 온몸이 젖은 것이다.

김기림 시인의 '나비와 바다'라는 시의 일부다. 시인은 사람들이 늘 갈망하는 다른 세상에 대해 말하고 싶었나보다. 짧은 시지만 한 편의 영화를 보는 것 같다. 놀라움과 위험이 가득했을 나비의 모험, 우리 가족도 보츠와나와 나미비아에서의 국경에서 이와 비슷한 경험을 한 적이 있다.

"그곳에는 대중교통이 없어요. 그러니 차를 대절해서 가세요."
보츠와나에서 나미비아로 가는 우리에게 게스트하우스 주인이 우려 섞인 목소리로 말했다. 국경에 차가 없다고? 걱정이 되어 가격을 물어보니, 나미비아에서 여기까지 와서 가야 하기 때문에 차량 대절비가 27만 원 정도라 했다. 아이들이 펄쩍 뛰며 반대했다.

"설마 국경에 차가 없겠어요? 너무 비싸니까 우리끼리 가요."

이젠 아이들이 매사 짠돌이가 되어 고생을 자처하는 바람에 오히려 내가 힘들다고 투정하는 경우가 많아졌다. 안전과 편안함을 강조하며 차를 대절하자는 사람은 오직 나 한 사람! 하긴 차 한 대에 27만 원이면 배낭여행자에겐 과한 비용이다.

나미비아 국경까지 가기 위해 네 명이 지도를 펼쳐 놓고 연구에 들어갔다. 게스트하우스 주인에게도 열심히 자문을 구한 끝에 드디어 결론을 냈다. 대절 차량도 꼬박 하루 걸려 가는 코스라는데, 대중교통을 이용해야 하는 우리의 이동 시간을 하루 반으로 잡았다. 거기에다 출발부터 다섯 번 정도의 이동 경로를 거쳐야 한다니 도무지 믿음이 가지 않았다.

"원래는 내일 아침에 출발하려 했는데, 지금 바로 짐을 챙겨 떠나야 합니다."

이건 또 무슨 말인가? 이유인즉, 이곳 마운Maun에서 국경까지의 거리가 멀기 때문에 간지Ghanzi라는 곳에 가서 하룻밤 자고, 다음날 일찍 출발하면 하루 반 만에 나미비아 수도인 빈트후크Windhoek에 도착할 수 있단다.

후다닥 짐을 챙겨 오후 버스를 타기 위해 마운 시내로 나왔다. 앞으로의 험난한 이동을 예고하듯, 주절주절 비까지 내리니 마음은 더 심란해졌다. 3시간 정도 걸려 간지에 도착하는 것이 1단계 작전이었다.

버스를 탄 뒤 얼마나 지났을까. 깜빡 잠이 들었는데, 버스가 멈춰 서더니 모두 짐을 들고 내리란다. 콜레라 때문에 거쳐야 할 절차가 있다는 것이다. 검사원은 모두의 배낭을 일일이 풀어 헤쳐 검사하고, 약품이 묻은 통 위로 걸어가 신발을 소독하도록 했다. 다시 출발한 버스가 한 시간쯤 더 갔을까? 똑같은 절차를 또 밟으라고 했다. 그리고 1시간 뒤에 또…….

"별로 소독되는 것 같지도 않은데 무슨 이런 황당한 일이 있냐?"

세 번이나 버스 밑바닥에 넣어둔 배낭을 낑낑대며 꺼내고 검사를 받느라 모두 기진맥진해버렸다.

어둑어둑해진 뒤에야 간지에 도착했다. 그래도 일단 첫 목적지에는 무사히 도착한 셈이었다. 마을이 휑하고 집도 많지 않았다. 아이들은 좀 더 싼 숙소를 찾아보자고 하는데, 너무 지친 내가 근처의 조금 고급스러워 보이는 호텔을 고집했다.

"어차피 내일 일찍 출발하려면 여기가 좋을 것 같은데, 오늘은 제발 좀 편히 쉽시다."

칼라하리 암 호텔! 가족 룸을 550폴라(32,500원)에 해준다고 했다. 에어컨, TV, 그리고 차_tea_ 서비스까지. '역시 호텔이 좋긴 좋다!'라는 마음이 드는지, 아이들도 침대에 벌렁 드러누웠다. 어쩌다 누리는 이런 호사가 천국에 온 듯 감사할 정도로 우리 가족은 어느새 그렇게 단순해졌다. 배낭여행자만이 누릴 수 있는 감동이었다.

다음날 아침, 남편과 함께 국경인 마무노_Mamuno_로 이동하는 버스시간을 알아보러 밖으로 나섰다. 정류장을 찾아 시간표를 보니, 오전과 오후 하루 두 편이 있었다. 안도의 한숨을 쉬며 찬찬히 살피던 남편이 "아이쿠!" 하며 난색을 표했다. 안내문 밑에 적혀 있는 '아침 편은 곧 개통할 예정임'이라는 문구 때문이었다.

아침에 출발해야 오후에 목적지에 도착할 수 있는데, 오후 버스밖에 없다는 것은 여간 난감한 일이 아니었다. 당장 해결 방법을 찾아내야 하기에 정류장 옆 가게 할머니에게 손짓 발짓으로 상황 설명을 하며 여쭈어보았다. 할머니가 어디론가 전화를 하시니 부리나케 한 남자가 왔다.

"이곳에서 출발하면 올 때는 빈 차로 돌아와야 하니 왕복 요금을 달라. 그러면 마무노라는 국경 마을까지 태워주겠다."

일단 계약을 하고, 8시 30분에 호텔 앞에서 만나기로 했다. 드디어 2단계 작전 실행! 약속 시간에 정확히 출발한 택시는 시속 100킬로미터로 달리기 시작했다. 차창 밖의 도로 옆길에는 쇠똥구리가 쇠똥을 굴리며 지나가고 거북이와 큰 지네도 보였다. 무엇보다 수많은 나비가 날다가 달리는 차창에 부딪쳤다. 시야를 가릴 정도로 많은 나비들이 춤을 추다 죽어가는 그 광경을 보며, 내가 꿈꾸었던 흰나비를 만난 듯 기분이 묘했다.

이런저런 풍경을 보는 사이 가뿐하게 2단계 작전 완수! 마무노에 도착했다.

"자, 드디어 3단계 작전이다."

일이 척척 진행되니 기분이 좋은지 남편이 신나게 구호를 외쳤다. 그 구호에 맞추어 씩씩하게 출국과 입국수속을 하러 갔는데, 영 기분이 이상했다. 우리를 제외한 모든 외국인은 멋진 차를 몰고 지나갔다. 여유 있게 출발하는 백인들의 '부르릉' 하는 엔진 소리가 어찌나 부럽던지……. 조금 지나자 부러움보다 더 서글픈 일이 발생했다.

아! 정말 차가 없었다. 인도나 네팔에서도 이러지는 않았는데, 입국수속까지 다 마친 뒤에도 나미비아 쪽으로 갈 방법은 찾을 수 없었다. 이민국 앞에 앉아 나미비아 쪽으로 들어가는 차들이 설 때마다 부탁을 해보았지만 모두 난색을 표했다. 할 수 없이 걸어서 나미비아 쪽으로 가는데, 두 나라의 국경에 서 있던 군인이 '쭉 걸어가면 주유소가 나올 것이니 가서 알아보라'고 했다. 배낭을 둘러메고 뜨겁게 내리꽂히는 태양 아래로 하염없이 걸어가는데, 지나가는 차로 인해 흙먼지가 온몸을 뒤덮었다.

"태양이 싫어! 태양이 싫어~~"

배낭을 메고 가던 막내가 힘없이 흥얼흥얼거렸다.
'태양만 싫으냐? 흙먼지도 싫다!'

무정하게 사라지는 차를 원망 섞인 눈빛으로 쳐다보지만 별수 있겠는가? 터덜터덜 걸어 들어오는 우리를 안쓰럽다는 듯이 주유소 직원이 빤히 쳐다보았다.

"여기 정말 버스가 없나요?"

로또 당첨을 기대하는 심정으로 물었지만, 역시 대답은 'No!'였다. 택시도 오가는 거리가 너무 멀어 잘 오지 않는다고 하니 절망적이었다. 보츠와나에서 차를 대절했더라면 이런 일은 없었을 텐데, 자기들이 무슨 세상을 변화시킬 슈퍼맨이라도 되는 줄 아는지, 매사 겁도 없이 달려드는 네 명 때문에 이런 상황이 발생했다는 생각에 속이 부글부글 끓기 시작했다. 하지만 아껴보겠다고 애쓰는데 달리 불평할 수도 없는 일.

2시간을 대책 없이 앉아 있었을까? 주유소에 기름을 넣으려고 차 한 대가 들어왔다. '제발! 제발!' 하는 심정으로 사정을 얘기하니 점잖아 보이는 아저씨가 말했다.

"저는 고바비스Gobabis라는 곳까지 가니 태워드릴 수는 있습니다. 하지만 자리가 모자라서 두 분은 트럭 뒤의 짐칸에 타야 할 것 같은데요."

짐칸이면 어떻고 차 지붕 위면 또 어떤가? 하늘이 무너져도 솟아날 구멍이 있다는 말은 이럴 때 쓰는 거다. 구세주를 만난 듯 인사를 하고 차에 타기로 했다. 잽싸게 아이들은 가위바위보를 하더니, 이긴 둘째는 안에 타고 첫째와 막내는 태양이 내리쬐는 짐칸으로 성큼 올라갔다.

그렇게 국경에서 3시간의 사투를 벌인 끝에 (아니다, 이건 순전히 신의 도움이다!) 드디어 4단계 작전이 시작되었다. 고바비스에 도착하고 보니, 뒤에 탔던 두 아이의 얼굴이 벌겋게 달아올라 있었다. 중학교 교사라는 그분은 걱정이 되는지 수도 빈트후크까지 가는 미니밴을 직접 알아봐 주었다. 아이들에게는 학교 티셔츠까지 주면서 본인의 전화번호와 함께 마지막으로 신신당부했다.

"아프리카에서 히치하이크는 목숨을 내놓는 것과 같습니다. 앞으로 절대 그러지 마세요. 나미비아에 계실 동안에 어려운 일이 있으면 언제든지 이 번호로 전화하세요."

고맙기도 하고, 듣고 보니 무섭기도 하고……. 정말 4단계에서는 신의 은총으로 목숨을 건졌다고 말할 수밖에 없다.

오후 3시 40분, 마지막 5단계 작전을 실행에 옮겼다. 상당히 멋을 부린 흑인 여성 두 명과 함께 편안한 밴으로 수도인 빈트후크를 향해 출발했다. 밴은 우리를 게스트하우스 정문 앞에 정확히 6시에 내려주었다.

숙소에 여장을 풀고 보니 모든 과정이 꿈처럼 다가왔다. 첫날에는 6시간 정도, 둘째날에는 10시간이 소요되었고, 차비는 7만 6,000원 정도 들었다. 둘째가 어깨를 쩍 벌리며 말했다.

"대한민국에서 보츠와나, 나미비아 국경을 걸어서 통과한 가족은 우리가 처음 아닐까요?"

정말 그럴 수도 있겠다. 그런 사실이 중요한 것은 아니지만, 모험을 성공적으로 끝낸 뿌듯함으로 모두의 얼굴이 환해졌다.

✈

모험은 날개를 젖게도 하지만, 때로는 새롭게 태어나는 계기가 된다. 무지한 흰나비의 용기가 젖은 날개를 털고 다시 날 수 있게 했듯이, 모험은 불쑥불쑥 튀어 나오는 인생의 문제들을 헤쳐 나가게 하는 힘의 근원이 된다. 그러나 지금 다시 가라고 한다면? 글쎄, 항상 목숨을 내놓을 필요는 없지 않을까?

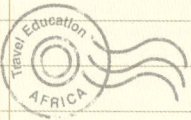

모험은 날개를 젖게도 하지만,
때로는 새롭게 태어나는 계기가 된다.
그러나 보츠와나에서 나미비아로 가는 경비를 절약하기 위해
우리 가족이 선택한 모험은 다시 하라고 하면 못할 것 같다.
다행히 중학교 교사라는 좋은 분의 트럭을 얻어 탈 수 있었지만,
목숨을 내놓는 것과 다름없다는 아프리카에서의 히치하이크는
분명 무모한 결정이었다.
아마도 대한민국에서 보츠와나, 나미비아 국경을 걸어서
통과한 가족은 우리가 처음일지도 모른다.

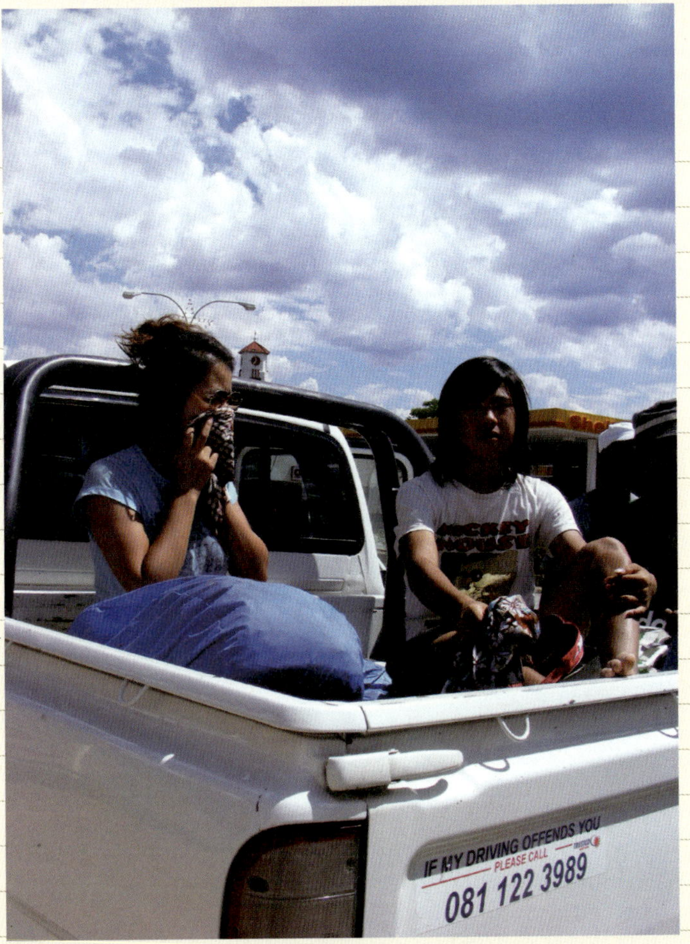
IF MY DRIVING OFFENDS YOU
PLEASE CALL
081 122 3989

YOU ARE NOW LEAVING
THE REPUBLIC OF NAMIBIA
Ghanzi 205 km
Kang 387 km
PLEASE DRIVE SAFELY

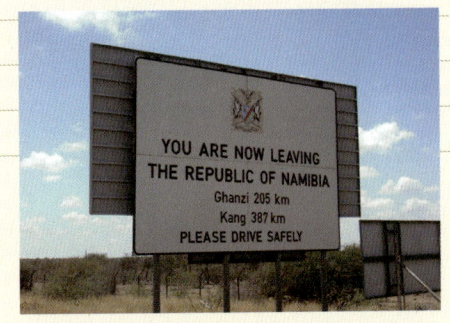

나미브 사막,
그 3박 4일의 호사

'아, 정말 이제는 편히 좀 쉬고 싶다. 거지도 아니고 이게 뭐야?'

　패키지여행을 다닐 때와는 차원이 다른 배낭여행의 고달픔이 반복되면서 자꾸 이런 마음이 들었다. 환율 상승, 아프리카의 높은 투어 비용, 그리고 다섯 명이 움직인다는 부담감으로 도대체 여행을 즐기는 건지, 투쟁을 하는 건지 모르겠다. 이런 말하면 남편과 아이들에게 눈총을 받겠지만, 느긋하게 앉아서 대접도 받아보고, 아무 생각 없이 물에 푼 미역처럼 흐느적거릴 수 있는 것이 여행의 매력 아니던가? 나같이 약간 게으른 천성을 가진 사람은 여행에서 이곳저곳 많이 보는 것보다 이런 흐느적거림이 소중할 수도 있다. 그런데 나머지 네 명은 가는 곳마다 오뚝이처럼 일어서서 움직이고 보는 걸 좋아했다. 그러나 간절히 원하는 자의 꿈은 이루어진다고 했던가? 이런 나의 꿈이 나미비아에서 이루어졌다. 그래서 지금도 나미비아를 이렇게 부른다. '영원히 잊지 못할 환상의 나라, 나미비아!'

나미비아의 수도인 빈트후크는 '아프리카 속의 유럽'이라 불릴 정도로 멋진, 유럽인들의 휴양도시다. 우리 가족이 빈트후크에 도착한 건 12월 16일! 한 해도 저물어가고, 계속되는 이동의 피로감으로 그저 조용히 쉬고 싶다는 마음만 드는 날이었다.

여행사에서 나미비아 여행에 관해 상담하는데, 나미비아 여행은 대중교통으로는 불가능하단다. '자라 보고 놀란 가슴 솥뚜껑만 봐도 놀란다'고 했던가? 대중교통이 없다는 말에 동시에 터져나온 말,

"그럼 당연히 차를 빌려야겠네요?"

아무리 짠돌이라고 해도 두 번은 싫은가보다. 기쁜 소식 하나 더! 개인이 찾아가는 것보다 전체 일정을 패키지 상품으로 연결하면 더 저렴하단다. 렌트카에 패키지여행까지? 점점 행운의 여신이 다가오는 느낌이다. 붉은 사막을 보러 가는 이번 여행은 낭만적일 것 같은 예감이 팍팍 들었다.

다음날, 우리 가족은 렌트카에 몸을 실었다. 야호! 하지만 나의 행복과는 반대로 차선도 운전석도 반대인 아프리카에서의 첫 운전으로 남편은 잔뜩 긴장하는 눈치였다. 10분 정도 지나자 이젠 여유가 생기나 싶었는데, 웬걸? 고속도로에 접어들자 기절초풍할 풍경이 벌어졌다.

"어어, 차들이 너무 빨라요! 조심해요!"

조수석에 앉은 나도, 뒷좌석의 아이들도 비명소리가 터져 나왔다. 휙~ 휙~ 추월을 밥 먹듯이 하는 차들의 속도가 시속 130~140킬로미터는 족히 될 것 같았다. 길가의 속도 표지판을 보니 규정 속도는 120킬로미터. 다행히 남편이 빠르게 적응해 우리 역시 신나게 120킬로미터로 달리기 시작했고, 급기야 길가에서 히치하이크에 나선 사람들이 엄지

손가락을 들어보였다. 우리 식구만으로도 꽉 찬지라 태워줄 수 없어 미안했지만 어쩐지 모든 것이 역전된 듯한 상황에 기분이 좋아졌다. 때로는 약간의 사치스러움이 필요한가보다. 그렇게 한참을 기분 좋게 달리는데 갑자기 비포장 자갈도로가 나타났다. 노면은 평평하지만 진동과 먼지가 심해 남편은 다시 힘겹게 운전대와 씨름을 해야 했다.

  1시간을 달려야 간신히 집 한 채가 나올까 말까 하는 사막 길을 6시간 동안 운전한 끝에 '로지Lodge'에 도착하니 오후 5시 30분. 로지는 사막 한가운데에 그야말로 환상적으로 꾸며져 있었다. 리셉션에서 매니저가 시원한 음료수를 건네며 안내를 해주었다. 방갈로 형태의 숙소는 호텔급으로 꾸며져 있었다. 침대는 물론 샤워기와 수세식 변기까지 갖췄다. 방갈로 앞 의자에 앉아 주변 경치를 보노라니 문명의 흔적이 없는 황량함에서 묘한 자유로움이 느껴졌다.

  "아빠, 로지 한가운데 풀장이 있어요. 우리 수영해요."

  막내가 싱글벙글하며 남편을 데리러 왔다. 사막 한가운데서의 수영이라니……. 상상조차 못한 일들이 연달아 벌어졌다. 신나게 물속에서 노는 동안 노을이 조금씩 조금씩 우리를 향해 밀려왔다. 우리를 비롯한 다른 여행객들도 저마다 와인잔을 들고 야외 테이블 주변에 모여 앉아 노을을 감상했다.

  "너무 아름다워! 어떻게 이런 노을이 있을 수 있지?"

  딸의 감탄사처럼 사막도, 사람도, 로지도, 그리고 하늘도 점점 붉게 물들어갔다. 카메라를 갖다 대기만 해도 한 폭의 멋진 작품이 되었다. 저 멀리 맞은편 하늘에는 비가 내리다 그쳤는지 무지개가 걸렸다. 로지의 모든 사람들이 탄성을 질렀다. 웨이트리스의 손놀림이 분주해지는가 싶더니 이내 식탁 위로 저녁식사가 차려졌다. 정해진 순서를 밟아 맛있는 요리들이 줄줄이 이어졌다.

"앞으로의 여행도 이렇게 되면 정말 좋겠다."

문득 던진 내 말에 남편이 와인잔을 들더니 위로를 건넨다.

"여보, 신혼여행을 서점으로 간 게 정말 미안했었는데, 결혼 20년 만에 이런 멋진 곳에 당신을 데리고 올 수 있어서 정말 기쁘오."

남편의 말에 아이들은 박수를 치며 그 사연을 궁금해했다.

우리 두 사람은 같은 학교 발령 동기로 만났다. 서로를 향한 사랑과 믿음으로 결혼에 골인했지만, 2년 남짓 교사로 일하며 모은 돈으로 시작한지라 신혼살림을 250만 원짜리 단칸 전세방에서 시작해야 했다. 신혼여행도 남들과는 달랐다. 당시 남편은 대학원에서 논문을 쓰고 있었기에 신혼여행지는 광화문 교보문고로 정해졌다. 서점에 가서 책만 한 보따리 사오는 걸로 여행을 대신한 것이다. 살아오면서 가끔씩 아쉽긴 했지만 그래도 까맣게 잊고 살았는데, 남편은 그 일을 두고두고 마음에 품고 있었나보다. 이런 부모의 사연에 아이들도 많은 생각이 들었는지 표정이 숙연해진다. 가장 먼저 짠돌이 막내가 사과를 했다.

"엄마, 그동안 경비 아낀다고 가장 싼 숙소만 찾아다녀서 죄송해요. 엄마가 힘들어하는 것도 모른 척했는데, 정말 죄송해요."

막내의 말에 첫째가 내 손을 잡았다.

"엄마가 이곳을 좋아하셔서서 너무 기뻐요. 다음에는 우리 셋이 우아한 패키지여행을 보내드릴게요."

둘째는 더 기막힌 제안을 했다.

"엄마 아빠! 10년 뒤, 우리가 다시 아프리카 여행을 시켜드릴게요. 그때 세번째 신혼여행을 다녀오세요."

세상에……. 여행을 하는 동안 아이들이 많이 자란 것 같다. 이제는

진심을 다해, 마음으로 위로를 해주기까지 하다니. 쉽지만은 않았던 결단과 출발이었는데 정말 잘한 것 같다는 생각이 들었다. 너무 고맙고 행복한 밤이었다.

"굿모닝!"

다음날 새벽 5시, 매니저가 붉은 사막에 가야 한다며 우리 가족을 깨운다. 길을 나서니 벌써 차들이 질주하고 있다. 나미비아 내셔널 파크 캠프 입구에 도착해 30여 분을 더 달려 '듄 45 Dune 45, 모래언덕'에 닿았다. 이른 시간인데도 사람들이 다녀갔는지, 언덕허리에는 수많은 발자국이 찍혀 있었다.

"요이~땅!"

신발을 신고 가든지, 벗어서 들고 가든지 자유다. 푹푹 빠지는 통에 뒤뚱거렸지만 20여 분을 타고 오르니 정상이 나타났다. 햇살이 닿는 부분은 새빨갛고, 그늘진 부분은 새까맣다. 파란 하늘을 벗삼아 칼날처럼 날카로운 능선을 경계로 밝음과 어두움, 적색과 흑색으로 나뉘어 있는 세계. 사진으로도 이 미묘한 아름다움은 담아 갈 수 없다는 것이 안타까울 따름이다. 불과 몇 시간 만에 가상세계로 날아온 것 같은 느낌이다. 마치 삶과 죽음의 경계선으로 나뉜 것 같은 사막에 취해 있는데, 아이들의 소란스럽게 움직이는 모습이 눈에 들어왔다.

"와~ 진짜 살아 있네. 이것 봐! 진짜 맞잖아?"

아이들은 척박한 모래 속에서 뭔가를 잡아 손에 올려놓으며 난리였다. 도마뱀이었다. 풀 한 포기 자라지 않는 사막에서 강인한 생명력을 이어가는 모습에 감탄한 순간, 한 외국인이 말했다.

"잘 찾아보면 딱정벌레와 개미, 풍뎅이도 있어요."

얼핏 보면 죽은 듯 보이는 사막은 인간의 상상을 초월하는 생명력을 지니고 있었다. 아이들은 '더 강인하게, 더 씩씩하게' 살기를 바라는 마음을 담아 도마뱀을 조심스레 보내준 뒤, 다 함께 미끄럼틀을 타듯이 내려왔다. 내려와서 올려다보는 듄 45. 꼭짓점의 사람들이 작은 점처럼 보였다. 모래 속에서 여전히 꿈틀거리고 있을 도마뱀 녀석이 자꾸 눈앞에 밟혔다. '더 강인하게, 더 씩씩하게……'

나미브 사막 Namib Desert 에서의 3박 4일은 여행이 끝난 지금까지도 우리 가족에게 특별한 추억으로 남아 있다. 척박하지만 무한한 생명력이 가득했던 그곳. 나미브 사막은 치열한 현실세계로 돌아온 후에도 '위로'라는 이름으로 우리의 삶을 다독여주고 있다. 비록 시곗바늘보다 더 바쁘게 살아가야 하는 일상으로 복귀했지만, 모래 속에서 꿈틀거리던 도마뱀의 생명력을 통해 우리는 산다는 것의 소중함을 깨우칠 수 있었다. 무엇보다 이런 아름다운 추억을 가족과 함께했다는 사실이 너무도 감사했다. 두번째 신혼여행으로도 고마운데, 세번째 신혼여행까지 예약해두었으니 나는 정말 행복한 아내이자 엄마다. 지금도 가끔씩 아프리카가 그리울 때면 아이들에게 한마디 던진다.

"얘들아, 10년이 금세 올 것 같아. 벌써 1년이 훌쩍 지났는걸? 세번째 신혼여행 준비, 잘하고 있지?"

나미브 사막의 3박 4일은 우리 가족에게 특별한 추억으로 남아 있다.

척박하지만 무한한 생명력이 가득했던 그곳. 나미브 사막은 치열한 현실세계로

돌아온 후에도 '위로'라는 이름으로 우리의 삶을 다독여주고 있다.

비록 시곗바늘보다 더 바쁘게 살아가야 하는 일상으로 복귀했지만,

모래 속에서 꿈틀거리던 도마뱀의 생명력을 통해

우리는 산다는 것의 소중함을 깨우칠 수 있었다.

이런 아름다운 추억을 가족과 함께했다는 사실이 너무 감사하다.

'희망봉'에서
가족의 의미를 되찾다

엄마가 있어 좋다. 나를 이뻐해주셔서.
냉장고가 있어 좋다. 나에게 먹을 것을 주어서.
강아지가 있어 좋다. 나랑 놀아 주어서.
아빠는 왜 있는지 모르겠다.

언젠가 초등학교 2학년이 썼다는 '아빠는 왜?'라는 시를 우연히 본 적이 있다. 어린아이의 글이지만 우리 가족이 여행을 떠나기 전에 겪었던 상황을 잘 보여준 것 같아 마음이 편치 않았다. 당시 우리는 '아빠 엄마는 왜?'라는 시 제목이 딱 어울리는 상황이었다.

12월 22일, 우리를 태운 버스는 21시간을 달려 남아공의 케이프타운 Cape Town에 도착했다. 전 세계 부호들의 별장이 즐비해 '아프리카의 지중해'라 불리는 곳. 그래서일까? 케이프타운은 고층 빌딩이 즐비했고 거리에서는 백인을 더 많이 만날 수 있었다.

우리는 도착하자마자 배낭여행자 숙소가 있는 롱 스트리트로 갔지만, 12월이라 방을 구하기가 힘들었다. 어떻게 해야 할지를 놓고 길에서 의논하던 중 다행스럽게도 어느 한국 대학생을 우연히 만나게 되어 그가 묵고 있는 숙소로 갈 수 있었다. 아이들은 그 학생과 금세 친해져서 숙소의 안내도를 보며 일정을 의논할 정도가 되었다. '원재'라는 학생은 약학대 2학년으로, 겨울방학 동안 아프리카를 여행하고 있다고 했다.

"형은 혼자서 여행하는 것이 두렵지 않으세요?"

"그랬다면 안 왔겠지? 작년에는 두 달 동안 남미를 여행했어. 강도를 몇 번 만나긴 했지만, 그걸 겪고 나니까 아프리카 여행도 겁 나지 않더라고."

아이들은 그 학생이 마음에 들었는지 적극적으로 질문을 해댔다.

"그럼 여행 경비는 어떻게 준비했어요?"

워낙 곱상하게 생긴 젊은이라 당연히 부모님의 도움을 받았다고 생각했는데 의외의 대답이 나왔다.

"열심히 아르바이트를 해서 모았지. 부모님은 공부에 방해된다고 아프리카 여행을 반대하셨는데, 내가 스스로 여행 경비를 모으고 말씀드렸더니 흔쾌히 허락하셨어."

어린 나이임에도 불구하고 주도적으로 자신의 삶을 일구어가는 원재 학생의 모습이 신선하게 다가왔다. 그렇게 케이프타운에서 우리 가족은 여섯 명으로 불어났다.

"참 이상도 하지. 성탄절인데 이렇게 조용하다니."

밖에 나갔다 온 아이들이 어리둥절해하며 말했다. 여행자 거리를 제외한 모든 거리의 가게들이 문을 닫았다는 것이다. 케이프타운 여행을 위해서는 자동차를 빌려야 해서 숙소 주인에게 물어보니 성탄 휴일은 물론이고 연말까지 영업을 하지 않는단다. 연말 1주일은 아예 근무를 하지 않는다는 것이다. 활기차다 못해 흥청망청 보내는 우리의 연말연시 분위기와는 너무나 달랐다. 설마 하고 안내문에 적혀 있는 렌트카 본사를 찾아 나섰지만 역시나였고, 다른 가게들 역시 문을 꽁꽁 닫아두고 있었다. 할 수 없이 지난주 교회에서 만난 이 집사님께 전화를 걸었다. 다행히 이 집사님은 공휴일 기간이라 일반 렌트카 회사는 문을 열지 않는다며 본인이 아는 교민분의 차량을 빌려주시고, 심지어 그분이 운전과 가이드까지 해주시도록 도와주셨다.

"연말 분위기가 전혀 나지 않아요."

"이곳은 주말이나 연휴에는 대부분 가족과 함께 시간을 보내요. 출가한 자녀들도 부모 집으로 와서 함께 보내는 경우가 많으니 가게를 열 이유가 없지요."

이런 걸 두고 문화 충격이라고 해야 하나? 한국에서는 12월이 되면 이런저런 바깥 행사를 치르느라 눈코 뜰 새 없이 바쁘게 살았는데…….

"엄마, 용돈 좀 주세요. 크리스마스 선물도 사야 하고, 친구들과 모임도 많아서요."

매년 12월이 오면 우리 가족은 서로의 얼굴을 보기 힘든 '하숙생' 신세가 되었다. 그런 우리가 고국에서 멀리 떨어진 케이프타운에서 크리스마스를 함께 보내다니 믿기지가 않았다.

다음날 새벽, 5일이라는 짧은 시간이었지만 가족 같이 지낸 원재 학생이 남아공에서 잠비아까지의 트래킹을 위해 출발 준비를 서둘렀다. 어제 저녁에 만든 백숙을 데워주니 한 그릇 뚝딱이다. 여행지에서 먹는 음식이라 대충 챙겨줄 수밖에 없는데도 맛있게 먹어줘서 고마운데 원재 학생은 식사를 마치고 우리에게 소중한 선물까지 안겨주었다. 예쁜 폴라로이드 사진으로 우리 가족을 찍은 것도 모자라 한 명 한 명에게 사랑이 담긴 엽서까지 적어준 것이다. 다시 한번 밀려오는 감동의 물결! 평소에는 깨워도 좀체 일어날 줄 모르던 아이들도 "형, 간단다"라는 한마디에 용수철처럼 일어나 배웅에 나섰다. 비록 짧은 만남이었지만, 이국 땅이어서 그런지 헤어지는 마음이 애틋하기만 하다. 든 자리는 표 나지 않지만 난 자리는 표 난다고 했던가. 우리 가족은 마치 처음부터 여섯 명으로 여행을 시작한 것처럼 허전한 마음을 애써 달래야 했다.

다음날, 이 선생이라는 분이 우리를 위해 차를 가지고 오셨다.

"저희는 4년 전에 이민을 왔어요. 딸아이에게 숨 쉴 틈을 주고 싶었거든요. 한국에서의 공부는 시험을 위한 공부잖아요. 하루는 새벽에 딸 방문을 열어보니 책상에 앉아서 울고 있는 거예요. 시험 기간인데 공부를 제대로 못했다면서……. 그래서 결심했죠."

한국에서 딸아이가 입시 제도에 혹사당하는 것 같아 케이프타운으로 이민을 결심했다는 그분 말씀이 남의 이야기 같지 않았다. 이 선생의 안내로 케이프타운에서의 시간이 그 어느 때보다 풍성하게 채워질 것 같아 우리의 가슴은 벅찬 기대감으로 부풀어올랐다.

한 해를 3일 남겨둔 12월 28일, 우리는 아프리카의 끝인 희망봉으로 출발했다. 엄밀하게 말하면 남아공의 남서쪽 끝을 이루는 이곳은 해발 256미터의 산이다. 케이프타운에서 50킬로미터 거리에 있는 이곳이 점점 가까워질수록 아직 개발되지 않은 천혜의 자연경관이 눈앞에 펼쳐졌다.

입구에 도착하니 케이프 포인트Cape Point라는 팻말이 보였다. 걸어서 꼭대기까지 올라가니 정상에서부터 세계 각국의 도시까지의 거리가 적혀 있는 팻말이 서 있다. 파리 9,294킬로미터, 남극 6,248킬로미터, 뉴델리 9,296킬로미터, 리우데자네이루 6,055킬로미터 등등. 혹시나 하고 서울도 찾아보았지만 보이지 않았다. 괜히 서운함과 함께 그리움이 왈칵 밀려들었다. 내 부모, 형제, 그리고 친구들……. 이곳은 여름이지만 차디찬 한국의 겨울을 보내고 계실 부모님 생각에 한참을 바다만 바라보았다.

정상에서 내려와 케이프 포인트 끝을 알리는 표지판이 위치한 곳으로 가는데 해안 절경이 정말 아름다웠다. 저 멀리 보이는 바다는 하나인 듯하지만, 설명에 따르면 서쪽은 대서양, 동쪽은 인도양으로 나뉜다고 한다. 두 대양이 공존하는 지점에 서서 한참을 바라보고 있노라니 '끝'이라는 의미가 새삼스럽게 다가왔다.

"아, 올해도 끝이 다가오고 있구나. 이전에는 끝이라는 말이 참 두려웠는데."

남편이 혼잣말처럼 되뇐다. 생각이 많은 듯하다. 가족을 이끌고 다니느라 힘들어서 그런 걸까? 아니면 나만큼 그리움이 밀려온 것일까?

"그럼, 지금은 끝이 두렵지 않은감?"

일부러 아무렇지 않은 듯 물어보니 바다를 응시하며 차분한 어조로 입술을 연다.

"막다른 골목에 서 있다고 생각했던 예전 일들이 떠올라서. 지금 이렇게 우리 가족이 함께 서서 같은 바다를 바라보고 있다는 게 꿈만 같아. 감사하고……."

그 한마디에 담긴 수많은 고뇌의 시간들을 알기에 나도 덩달아 가슴이 먹먹해졌다. 한참을 앞서가던 아이들이 우렁찬 목소리로 우리를 불렀다.

"엄마 아빠! 빨리 오세요. 여기가 바로 희망봉이에요."

작은 팻말 앞에서 지구를 다 얻은 것처럼 기뻐하며 소리치는 아이들에게 가니 정말 'Cape of Good Hope'라는 팻말이 나타났다.

"근데 아빠, 왜 'Good Hope'인 거예요?"

"아, 몰랐니? 너희들이 지금보다 원대한 희망을 품고 살라고, 아빠가 어젯밤에 와서 미리 고쳐 놓았지!"

엉터리 답변인 걸 뻔히 알면서도 남편의 명답에 아이들도 나도 깔깔 웃었다.

여행을 다녀온 이후, 나는 어디를 가나 아프리카야말로 '신이 주신 특별한 선물'이라고 칭찬을 아끼지 않게 되었다.

"가족, 아내, 자식……. 이런 것들이 사실은 신이 허락한 정원에 피어난 꽃이라고 생각합니다."

어느 월간지에 35년 동안 『가족』이라는 작품을 연재한 최인호 작가의 말처럼 가족은 신이 인간에게 허락한 가장 아름다운 꽃이다. 홀로 있으면 외롭지만 함께 있을 때 진정으로 아름다운 가족이라는 이름의 꽃! 그 따스한 의미를 아프리카 희망봉 정상에서 깨달을 수 있었다.

지도 하나 달랑 들고 갔던 아프리카의 여정! 두려움도 컸지만 그만큼 설렘의 연속이었던 나날들. 말없는 자연들이 가르쳐준 평화와 치유의 시간들. 아프리카는 미지의 검은 대륙이 아니라 친절한 이웃이 살고 있는 아름다운 땅이요, 신이 허락한 아름다운 정원이었다.

"굿바이, 아프리카!"

"땡큐, 아프리카!"

Thank you, Africa!

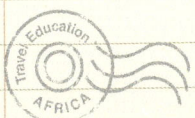

아프리카 희망봉 정상에서 우리는 홀로 있으면 외롭지만 함께 있을 때 진정으로 아름다운 가족이라는 이름의 꽃을 만날 수 있었다.

지도 하나 달랑 들고 갔던 아프리카 여행. 두려움도 컸지만 그만큼 설렘의 연속이었던 나날들. 말없는 자연들이 가르쳐준 평화와 치유의 시간들.

아프리카는 미지의 검은 대륙이 아니라 친절한 이웃이 살고 있는 아름다운 땅이요, 신이 허락한 아름다운 정원이었다.

Road 3.
South Africa

남아메리카에서 '마음의 눈'을 뜨다

우노, 도스, 뜨레스?

"아무리 예뻐도 미녀라고 못하는 사람은?"
"미남."

"가슴의 무게는?"
"두근두근."

"세종대왕이 만든 우유는?"
"아야어여오요우유."

"중학생, 고등학생이 타고 다니는 차는?"
"중고차."

　여행을 하는 도중, 둘째가 불쑥 난센스 퀴즈를 하자고 나선다. 나머지 두 녀석은 척척 맞추는데 남편과 나는 매번 엉터리 답만 내놓는다.

"이것도 세대 차이인 거니? 너희들은 잘도 알아맞히는구나."

막내가 그 원리를 말해주었다.

"한번 뒤집어서 생각해보세요. 그럼 금방 답을 찾을 수 있어요."

아이들의 엉뚱발랄한 두뇌가 부럽다는 생각이 들었다. 상식을 뒤집으면 또다른 상식이 보인다?

"사람들은 흔히 남아메리카를 찾은 여행자들에게 사서 고생이라고 말합니다. 그러나 여행이 끝날 무렵이면 돌아가기 싫어서 우는 곳이 바로 남미랍니다. 이유는 간단해요. 상식을 뒤엎는 재미를 느낄 수 있는 곳, 그래서 새로운 세상을 볼 수 있는 곳이 남미니까요."

부에노스아이레스Buenous Aires에서 만난 여행자에게 들은 이 말처럼 처음부터 끝까지 '엉터리로 뒤집어서 생각하는' 재미를 만끽할 수 있는 곳. 남미의 첫 관문 아르헨티나는 난센스 퀴즈 같은 매력이 넘치는 나라였다.

"세상에…… 어떻게 숙소 주소만 달랑 들고 남미를 오냐고!"

나의 까칠한 불평에 네 명의 뾰로통한 눈초리가 다가왔다. '그럼 당신이 좀 챙기시지 그랬어요?'라는 표정! 일단 잔소리를 멈추고 깊은 숨을 들이켰지만 생각할수록 황당했다.

때는 바야흐로 한 해의 마지막 날 12월 31일! 아프리카에서 남미의 아르헨티나까지 10시간의 비행 끝에 도착했건만, 부에노스아이레스에서 우리는 3시간 내내 헤매야 했다. 남아프리카공화국에서 만났던 원재 학생이 말해준 '판초네'라는 숙소 주소만 달랑 적어 왔는데, 그곳을 영 찾을 수 없는 것이다. 설상가상으로 가게는 전부 문을 닫았고, 거리에는 사람이 다니지 않았다.

결국 길거리에 다섯 명이 쭈그리고 앉았다. 글자 그대로 온 가족이 거리에 나앉을 상황. 내일이면 1월 1일이건만 지금 상태로는 올해가 가는지, 내년이 오는지 감상에 빠질 여유조차 없을 것 같다. 건물은 또 왜 이렇게 생긴 건지, 육중한 출입문만 있고 건물 내부를 들여다볼 수 없는 답답한 구조 때문에 문을 두드릴 엄두가 나지 않는다. 스페인식 구조라나 뭐라나. 그렇게 우리는 휑하니 먼지만 날리는 부에노스아이레스 거리에 멍하니 앉아 있었다.

"어서 가서 한 번만 더 물어보고 와. 제발!"

시간이 갈수록 신경질 돋는 내 주문에 마음 약한 둘째가 길을 나서려는데, 남편이 큰 소리로 아들을 불러 세운다.

"가지 마라. 이제 와서 어떻게 찾을 수 있겠니. 그냥 택시 타고 다른 숙소로 가자."

택시를 불러 세웠지만 여전히 난감한 상황. 도대체 말이 통하지 않는다. '원, 투, 쓰리'는 물론 '헬로우'도 통하지 않는 나라가 세상에 있다니? 우리의 의사를 전달할 방법을 찾지 못해 전전긍긍하고 있는데, 첫째가 여행 가이드북에 딸린 스페인어 부록을 찾아가며 더듬더듬 말하기 시작했다.

"돈…… 데…… 호텔…… 레스……?"

황당한 표정으로 우리를 번갈아 쳐다보는 택시 기사 아저씨. 그래도 상황을 알아챘는지 질문을 던진다.

"호텔?"

영어 발음과는 확연히 달랐지만 일단 소통에 성공했다. 숙소를 찾아 여장을 풀고 나니 긴장이 풀린 탓인지 온 가족의 얼굴빛이 노랗다. 얼마 지나지 않아 송구영신은 남의 일이라는 듯 약속이라도 한 것처럼 꿈나라로 직행!

그렇게 얼마를 잤을까? 남편의 코 고는 소리에, 그리고 그보다 더 시끄러운 바깥 소리에 눈을 떠보니 밤 11시 40분. 멀리서 들려오는 폭죽 소리에 TV를 켰다. 무슨 말인지 알아들을 수 없는 시끄러운 스페인어가 흐르고, 폭죽은 쉴새없이 터지고, 사람들은 모여서 흥겹게 춤을 추고……. TV 속 부에노스아이레스는 가히 축제 한마당이었다.

'이 나라는 밤새 춤을 추며 새해를 맞이하나?'

아직은 낯설기만한 아르헨티나의 송구영신 파티. 그렇게 극도로 피곤한 상태에서 꿈인지 생시인지 분간이 가지 않는 열정적인 탱고 리듬을 밤새 감상하면서 새해를 맞이했다.

다음날, 둘째가 인터넷으로 '판초네'의 정보를 알아냈다. 어젯밤 묵은 곳과는 비교가 안 될 정도로 저렴한 한인 민박집이니 가는 게 당연지사. 출발 전 미리 전화하고 도착해보니, 세상에…… 어제 우리가 헤맸던 길에서 불과 30미터도 안 되는 건너편 건물에 자리하고 있었다. 망연자실한 표정으로 서로의 얼굴을 번갈아 쳐다보는데, 둘째가 못내 아쉬운 눈빛으로 이렇게 말한다.

"다음부터는 정보가 틀릴 것을 대비해서 여러 가지 정보를 미리 찾아 놓는 게 어때요? 여행은 정보가 곧 돈인 것 같아요. 낯선 곳에서 고생을 줄일 수 있는 지름길이기도 하고요."

이 아이가 언제 이렇게 자랐지? 집을 떠나 지구 위 다른 나라에 하루하루 더 머물수록 아이들에게서 그동안 알지 못했던 점을 발견하게 된다. 그때마다 내 자식이라는 맹목적인 사랑이 아닌, 객관적인 믿음이 새록새록 생겨난다.

판초네를 찾으니 주인은 없고 여행자들만 여럿 머물고 있었다. 주인인 판초는 단체 배낭여행자들을 이끌고 한 달간 숙소를 비웠고, 대신 배낭여행자들이 숙소를 운영하고 있는 기묘한 상황이었다. 그보다 더 요상한 건 '환율 인상으로 숙소 이용료를 내립니다'라는 벽에 붙은 주인장의 메모였다. 의아해하는 우리의 마음을 알아챘는지, 여행자 한 명이 다가와 이렇게 설명해준다.

"주인장이 남미를 사랑하고 여행자를 좋아하기 때문이랍니다. 여행자들이 이곳에서 편히 쉬다 가라는 거죠."

유난히 사는 게 팍팍한 한국 사람도 남미에 오면 이렇게 변하는 것일까? 주인장의 배려처럼 이곳을 찾는 여행자들은 금세 한 식구가 되는 듯했다. 나중에는 스무 명에 달하는 한국인 여행자들이 함께 밥을 해 먹고, 여행 정보를 교환하는 등 한 가족처럼 지낼 정도였다. 이쯤 되면 아르헨티나, 아니 판초네는 남미 여행을 위한 사랑방 같은 곳이었다.

"자, 따라해보세요. 하나는 '우노', 둘은 '도스', 셋은 '뜨레스'예요."

스페인어 학원을 다녀온 아이들이 스페인어를 가르쳐주었다. '요즘 같은 글로벌 시대에 무슨 배짱으로 원, 투, 쓰리도 안 배우고 살아간단 말인가?'라는 마음도 들었지만, 막상 와보니 정작 이곳 사람들은 전혀 불편해하지 않았다. 오히려 여행을 위해 스페인어를 배우겠다는 사람들이 몰려올 정도도. 목마른 놈이 우물을 판다고, 당장 남아메리카 여행을 시작해야 하기에 아이들이 1주일간 스페인어를 배우기로 했다. 덕분에 남편과 나는 여유만만 뒹굴뒹굴……. 덕분에 우노, 도스, 뜨레스와 '그라시아스(감사합니다)', 그리고 '올라!(안녕!)'를 배울 수 있었다.

하지만 도착 첫날부터 우리를 괴롭히는 게 또 있었으니, 저녁 9시가 되어도 여전히 환한 대낮인 이곳의 환경은 당황스러울 정도였다! 우리

나라와 정반대의 꼭짓점에 위치한 곳이라지만, 때가 여름인 걸 감안해도 이건 여간 심한 게 아니다. 밤 10시가 넘어야 겨우 조금 어둑어둑해지고, 밤 11시에 저녁을 먹는가 하면 다음날 아침 5시에 훤하게 동이 터 오고…….

"아이고~ 징그러워라. 이건 백야도 아니고, 도대체 잠을 잘 수가 없네."

그 어느 곳보다 색다를 거라고 예상은 했지만, 남아메리카에서 우리가 만난 모든 상황은 마치 미궁을 헤매는 듯 예상을 벗어나도 한참을 비껴나 있었다.

그러던 어느 날, 점심을 막 먹으려는데 대학생 한 명이 들어왔다. 미국에서 1년간 공부하고 한 달 일정으로 남미 여행을 왔다고 한다. 내 생각엔 쉬엄쉬엄 휴식을 취하다가 나가면 될 것 같은데 젊은 패기가 발동했는지 시간이 없다며 곧장 밖으로 나간다. 그러나 잠시 후, 식당에서 밥을 먹다가 가방을 통째로 털렸다며 힘없이 터덜터덜 들어오는 게 아닌가. 가방에 여권이며 여행 경비가 몽땅 들어 있어 결국 한국에 계시는 부모님이 우리 통장으로 돈을 송금해야만 하는 비상 상황이 발생한 것이다. 돈이야 그렇게 받는다고 하지만, 여권을 다시 발급받기까지에는 적지 않은 시간이 걸려 한참을 판초네에 머물러야 했다.

우리 가족이라고 별반 다를 건 없었다. 부에노스아이레스의 텃세는 예상 밖으로 심했다. 두 아들은 축구장에 갔다가 카메라를 빼앗기지 않으려고 사투를 벌이다 바지가 찢겼고, 버스표를 구입하려고 지하철을 타고 가는 도중 남편의 바지 주머니에 고이 모셔둔 돈이 시원스레 사라진 사건이 우리에게도 찾아왔다. 하지만 거리만 나서도 음악이 연주되는 곳, 멋진 남녀가 짝을 지어 현란한 몸짓으로 탱고를 추는 곳, 라면보다

소고기가 더 저렴한 곳. 우리 가족의 입성을 시샘하는 듯했던, 그리하여 괜스레 불편했던 부에노스아이레스는 이처럼 뜨거운 에너지로 가득 찬 도시였다. 마치 아이들의 재기 넘치는 난센스 게임처럼 고정관념을 벗어던지고 뒤집어서 바라보면 숨어 있던 매력이 철철 쏟아지는 곳, 에너지와 역발상의 재미가 샘솟는 곳, 그곳이 바로 부에노스아이레스였다.

✈

'여행자에게 돈을 벌기 위해서라도 당연히 영어를 사용해야지!'

스페인어를 고집하는 이 나라를 이상하게, 아니 솔직히 내심 불쾌하게 바라보았던 나는 여전히 고정관념으로 똘똘 뭉친 고리타분한 사람이었다. 세상을 순전히 내 입장에서 생각하고 바라보는 이기심의 극치일지도 모른다. 여행을 통해 세상을 바라보는 '다른' 눈을 갖겠다고 배낭을 메고 길을 떠났음에도 여전히 한국에서 안락하게 살아온 '과거'에 매여 있었다는 것을 부에노스아이레스는 내게 가르쳐주었다.

'그래, 맞아. 내가 아이들을 바라본 시선도 이와 같았을 거야. 세상을 뒤집어서 바라보는 아이들의 생각을 엉터리라 여겼던 내가 얼마나 답답했을꼬?'

우노, 도스, 뜨레스……. 여행을 마치고 돌아온 후에도 이 세 단어를 읊조릴 때면 부에노스아이레스에 울려퍼지던 탱고의 리듬이 어디선가 '먼 북소리'가 되어 들려오는 것 같다. 그 순간, 오랜 세월 내 안에 가득 차 있던 무딘 생각이 뒤집어진다.

그날 이후, 나는 조금 바뀌었다. 비록 단번에 맞추지 못하더라도 아이들에게 기꺼이 도전장을 내밀게 된 것이다.

"우리, 난센스 퀴즈 한 판 할까?"

이과수 폭포에서 인생 교향곡을 연주하다

옛날에 장님들만 사는 마을의 여섯 친구가 여행을 나섰다. 하루는 길을 걷다가 거대한 코끼리를 타고 오는 한 사람을 만났다. 앞을 볼 수 없어서 코끼리가 어떻게 생겼는지 궁금했던 여섯 친구들은 주인의 허락을 얻어 코끼리를 만져보았다. 여기도 만져보고, 저기도 만져보고……. 여섯 친구들은 코끼리가 어떻게 생겼는지 알고 싶어 이곳저곳을 만지고 두들겨보았다. 마을로 돌아온 그들은 저마다 의기양양해하며 코끼리의 생김새를 말했다. 옆구리를 만진 첫번째 친구가 말했다.

"코끼리는 엄청 넓고 두꺼운 벽같이 생겼어."

그러자 코끼리 상아를 만진 두번째 친구가 말했다.

"말도 안 돼. 코끼리는 짧고, 둥글고, 매끄럽지만 날카로워. 기다란 창처럼 생겼어."

코끼리의 귀를 만진 세번째 친구가 말했다.

"아니야. 두꺼운 양탄자 같은 것으로 만든 커다란 나무 이파리 같았어."

네번째, 다섯번째도 전혀 다른 의견을 내놓자 코끼리를 타본 여섯번째 친구가 말했다.

"모두 틀렸어. 나는 코끼리를 타 봐서 확실히 알아. 코끼리는 움직이는 커다란 산처럼 생겼지."

오늘도 장님 마을은 코끼리가 어떻게 생겼는지 의논하고 있다고 한다.

'장님과 코끼리'라는 제목으로 회자되는 이 이야기는 어느 한 부분으로 전체를 다 안다고 판단하지 말라는 교훈을 준다. 남아메리카 대륙을 여행하면서 우리 가족이 연신 "와우, 와우!" 하는 함성을 외쳤던 것은 바로 상상을 초월한 남미의 자연경관 때문이었다. 그 시작은 영화 〈미션〉의 배경이자, 세계에서 가장 큰 물줄기를 자랑하는 이과수 폭포 Iguacu Falls였다. 하지만 남아메리카의 진정한 매력은 그것만이 아니었다.

"노… 소… 뜨… 로… 스… 빠… 밀… 리… 아… 정말 이렇게 스페인어로 말하던데요."

어느 날 아침, 아들과 같은 방을 쓰고 있는 청년이 둘째의 잠꼬대를 흉내 냈다. 스페인어 공부를 시작한 지 4일째, 둘째가 자다가 스페인어로 잠꼬대를 했단다. 남편이 우스갯소리를 한다.

"아들아, 아무래도 넌 스페인어에 재능이 많은 것 같으니 여행보다는 공부를 계속하는 게 어떠니?"

아들이 가만 있을 리 없다.

"아빠, 학원보다 실전에서 더 많이 배우지 않을까요? 저는 하늘이 두 쪽 나도 여행 갈래요."

과연 둘째의 말처럼 여행은 교과서보다 더 많은 배움을 줄 수 있을까?

우리는 이과수 폭포를 가기 위해 버스 정류장으로 향했다. 부에노스 아이레스의 버스 정류장은 그 노선만으로도 가히 충격적이었다. 80개가 넘는, 그래서 도무지 끝이 보이지 않는 버스 정류소마다 20초에 한 대 꼴로 버스가 들락거렸다. 경유 시간도 인상적이다. 부에노스아이레스에서 남부 파타고니아Patagonia 지방으로 가는 3박 4일(72시간)을 달리는 버스가 있는가 하면, 아르헨티나-파라과이-볼리비아-페루의 리마Lima까지 4개국을 78시간에 걸쳐 운행하는 버스도 있었다. 우리가 타는 20시간짜리 버스는 그에 비하면 '새 발의 피' 수준이었다.

버스가 출발한 지 얼마 지나지 않아 저녁노을이 졌다. 남미에서도 노을의 아름다움은 여전해 시간 가는 줄 모르고 바라보았다. 그 순간, 버스에서 손님을 안내하는 청년이 빵과 치즈, 햄, 음료수가 들어 있는 도시락을 나누어주었다. 그런데 이 청년, 외모가 거의 영화배우급이다. '아르헨티나에서는 빵집 점원이 원빈이고, 꽃집 아가씨가 전지현이다'라는 말이 실감나는 순간이었다. 숙소에서 만난 한국 청년들도 이곳 사람들의 외모를 연신 부러워했는데, 바로 지금 내가 '아르헨티나의 원빈'이 주는 도시락을 먹고 행복하게 잠이 들기 직전이다. 비몽사몽간에 꿈나라를 헤매다 뭔가 분주한 소리에 잠에서 깨어났다.

"부에노스 디아스!"

원빈 총각이 경쾌한 음성으로 인사를 건네며 아침 도시락을 나누어 주고 있었다. 스페인어를 1주일 남짓 배운 아들이 "좋은 아침입니다. 아침 드세요!"라는 뜻이라고 설명해준다. 승객들은 버스 뒤편의 화장실을 분주히 오가며 일을 보고, 세수를 한다. 차에 딸린 화장실이며, 식사 제공에 커피 배달까지…… 이쯤 되면 거의 '달리는 호텔'(시설은 어림없지만)이거나 비행기 수준이다. 밤새 달리는 차에서 자다 깨기를 반복해서 인지 온몸이 쑤셔오는데 에구머니, 아직도 8시간을 더 달려야 한단다. 이렇게 달리다보면 또 점심을 주겠지. 주는 밥 먹고, 배에서 신호를 보내면 화장실에 다녀오고, 졸리면 코 골고 자고……. 난생 처음 20시간의 버스 여행을 떠난 우리 가족도 어느덧 적응이 되어 이 시간을 느긋하게 즐기는 경지에 이르렀다.

얼마를 더 갔을까. 아이들이 창밖을 보며 감탄사를 연발한다.

"와, 남미는 나뭇잎도 윤기가 자르르 흐르네. 크기도 엄청 크고."

"저기 좀 봐. 저렇게 많은 소떼를 본 적이 있어? 이곳의 고깃값이 싼 이유가 있었군."

바로 직전까지 풀 한 포기 자라지 않던 아프리카에서 왔기 때문일까? 아르헨티나는 모든 것이 풍족해 보였다. 이곳에 오기 전까지는 남아메리카는 막연히 우리보다 가난하고, 치안이 불안한 나라로만 생각했는데 차창 밖의 풍경은 우리의 기를 팍팍 죽이기에 충분했다. 마치 우리네 '대관령 목장'이 끝없이 이어진 것 같은 풍경은 부럽다못해 질투와 시기심을 불러일으킬 정도다. 시간이 갈수록 이들의 자원은 더욱 큰 힘을 발휘할 것이 틀림없다.

그렇게 장장 20시간의 버스 여행 끝에 드디어 이과수 폭포에 도착했다. 장님이 기적적으로 눈을 떠 코끼리를 보는 심정이 이런 것일까? 바닥에 부딪히며 거대한 물보라로 변해 온 천지를 새하얗게 뒤덮은 폭포, 폭포……. 관람대에서 온몸으로 맞닥뜨린 이과수 폭포의 규모는 우리의 상상을 초월했다. 여기저기 270개가 넘는 폭포가 장관을 이루는 모습에 우리 가족의 남미 여행은 이미 성공적일 것임을 예감할 수 있었다.

그렇게 경탄해하며 한참을 걸어가니 수많은 사람들이 넋을 잃고 한 곳을 바라보고 있었다. "쾅, 쾅, 쾅" 같기도 하고, "고~오~오" 같기도 한 굉음을 쉴새없이 뿜어대는 '악마의 목구멍'이었다. 이과수 폭포의 하이라이트 앞에서 우리는 마치 약속이나 한 듯 소리를 질렀다.

"우와~ 대박!"

20층 아파트 높이에 해당하는 82미터, 넓이 700미터, 그리고 초당 6만 톤의 물을 쏟아내는 거대한 물기둥. 모든 것을 다 삼켜버릴 듯한 기세로 순식간에 내리꽂히는 거대한 폭포는 쳐다보는 것만으로도 빨려들 것 같은 공포감을 안겨주었다. 언젠가 미국의 대통령 부부가 이곳을 방문하고 미국의 나이아가라 폭포를 능가하는 위용에 탄식했다는 말이 실감나는 순간이었다.

"아, 불쌍하다. 나의 나이아가라여!"

실로 이과수 폭포는 자연이 만들어낸 거대한 작품이었다. 인간의 상상의 한계를 넘어서는 자연 앞에서 지극히 보잘것없는 인간의 연약함을 느낄 수 있었다. 순간, 마음속에서 폭포 소리처럼 울리는 여러 소리들이 나의 지나온 날을 돌아보게 했다. 오래전 펑펑 눈물을 쏟으며 감상했던 영화 〈미션〉도 기억 속에서 되살아났다. 가브리엘 신부가 과라니Guarani 족을 만나기 위해 계곡에서 오보에를 연주하던 모습, 악랄한 노

남아메리카에서 '마음의 눈'을 뜨다

예상이었던 멘도사가 자신의 죄를 속죄하듯 거대한 폭포수 벽을 오르던 모습, 그리고 아직도 생생한 '넬라 판타지아 Nella Fantasia'가 나도 모르게 내 입에서 새어나왔다.

'환상 속에서 나는 바른 세상을 봅니다. 저 떠다니는 구름처럼 항상 자유로운 영혼을 꿈꿉니다. 깊은 곳까지 박애로 충만한 영혼을······.'

'넬라 판타지아'의 노랫말처럼 우리 가족도 이과수 폭포 앞에서, 아니 이 여행을 통해 인생을 살아가는 참된 이치를 깨달을 수 있을까? 분명한 건 여행 전 우리 가족이 겨우 한 부분만 만져보고 코끼리를 유추했던 어리석음으로 가득찼다면 지금은 우리가 알지 못하는 수많은 것들에 귀를 기울이는 지혜를 배우고 있다는 것이다.

누가 그랬던가. 세상은 넓고 할 일은 많다고. 실로 세상은 넓고 볼 것도 많고, 들을 것도 많고, 배울 것도 많았다! 그 세상으로 들어가는 문을 조금씩 조금씩 열어젖힐수록 삶을 바라보는 시선이 달라지고 있음을 여행을 통해 배우고 있다. 생각해보면 우리는 지나고 나면 별일 아닌 사소한 것들에 목숨 건 채 그저 앞만 보고 달려가는 건 아닌지······. 이과수 폭포가 경외함과 숭고함으로 그득한 까닭은 단지 규모 때문만이 아니었다. 그건 바로 인간의 삶이라는 게 한낱 부질없을 수도 있다는 겸손함을 가르쳐주기 때문이었다.

✈

그때였다. 인생의 '진짜 행복'을 찾기 위해 머나먼 한국에서, 안정된 직장을 버리고 학교를 그만두고 자신을 찾은 우리 가족의 방문을 알고 있었던 걸까. 이과수 폭포에 무지개가 걸렸다. 이곳저곳에서 탄성이 터져 나왔다. 이곳에 오기 직전, 여행중 만난 언니와 새벽까지 놀다 들어온 딸에게 온갖 잔소리를 해댄 일이 불현듯 떠올랐다. 아이들이 작은 잘못이라도 할라치면 마치 전체가 엉망인 것처럼 판단한 채 마음에 못을 박는 사람이 바로 나였다. 나도 모르게 딸아이에게 눈길이 갔다. 한없이 아름다운 무지개를 보며 환하게 웃는 딸이 세상에서 가장 아름다워 보였다. 그런 딸에게 모처럼 아부를 했다.

"우리 딸이 저 무지개보다 훨씬 예쁘구나!"

"어이구~ 우리 고슴도치 엄마, 또 시작이시네!"

빨, 주, 노, 초, 파, 남, 보……. 수많은 색깔들이 한데 어울려 아름다움을 일구는 저 무지개처럼 우리네 인생도 수많은 색들이 조화를 이루어 연주하는 인생 교향곡일 것이다. '아집'이라는 미숙함 대신, '이해와 수용'이라는 넓은 마음으로 채워가며 '사랑'이라는 울타리를 만들어가는 인생 교향곡! 그 교향곡이 저 폭포 너머에만 있는 것은 아니리라.

청춘은
아름다워

우리 부부에게는 어린이가 없다.
그렇게 소중한
어린이가 하나도 없다.

그래서 난
동네 어린이들을 좋아하고
사랑한다.

요놈! 요놈 하면서
내가 부르면
어린이들은
환갑 나이의 날 보고
요놈! 요놈 한다.

어린이들은
보면 볼수록 좋다.
잘 커서 큰일 해다오!

    천상병 시인의 '난 어린애가 좋다'라는 시를 참 좋아한다. 소박해서 좋고, 욕심이 없어 좋고, 쉬워서 더 좋다. 선생의 시를 음미하다보면 잠시나마 복잡한 마음을 내려놓게 된다. 천상, 천상병 님은 하늘이 내리신 시인이다.
    나이 들면서 점점 마음이 굳어져 가는 것을 느끼게 된다. 천상병 시인이 부러워한 '그렇게 소중한 어린이'의 마음이 그리운 까닭이다. 열병을 앓듯, 삶을 고뇌하며 감정의 시소를 타는 젊은 청춘이 부러울 때도 많다. 어느새 젊음을 부러워하는 나이가 되었지만, 내 옆의 '그렇게 소중한 어린이'들은 고뇌하는 청춘으로 자랐다. 시인처럼 '보면 볼수록 좋다. 잘 커서 큰일 해다오!'라고 말하고 싶다. 우리 집 세 청춘에게······.

✈

    이과수 폭포를 보고, '삼바의 도시' 리우 데 자네이루_{Rio de Janeiro}로 출발하기 위해 버스터미널로 달려갔다. 그런데 23시간이라는 시간보다 더 기막힌 일이 있었으니, 허걱! 1인당 버스비가 11만 원이란다! 밤새 달린 버스는 점심때가 되어 리우에 도착했다. 버스에서 내리니, 다시 한번 허걱! 숨이 막힐 것 같은 더위 때문에 발을 내딛는 것조차 힘들다. 그런데 우리 집 세 청춘은 힘도 좋아서, 이곳에서 숙소까지 버스를 타고 가잔다. 리우까지 올 때 시외버스 요금이 너무 비쌌기 때문에 그걸 만회해야 한다나? 솔직히 이럴 때면 한계상황을 절실하게 느낀다. 23시간의 버스

이동으로 다리는 마비된 듯 감각이 없고, 머릿속은 빙글빙글 도는 와중에 '그놈의 돈 타령'이 마음을 심란하게 한다. 비록 우리의 여행이 장기전이라 어쩔 수 없다지만 그냥 길가에 꽉 주저앉고 싶은 심정이다.

그렇게 무거운 배낭을 메고 40여 분을 걸어서 가파른 오르막에 위치한 숙소에 도착하자마자 우리 부부는 KO패 당한 권투 선수처럼 쓰러지고 말았다. 얼마쯤 잔 걸까? 아이들이 우리를 데리러 왔다.

"엄마 아빠, 마트에 가서 고기 사왔어요. 힘내시라고요."

녀석들, 제법 기특한걸. 비록 밥 한 솥, 대충 버무린 소고기볶음 한 접시였지만, 아이들이 정성껏 차린 사랑표 밥상 덕분에 다시 원기를 회복했다.

다음날, 해발 710미터의 코르도바Cordoba 언덕 정상에 자리한 예수상을 보러 갔다. 브라질이 낳은 천재 조각가 다 시우바 유스타가 1931년 브라질 독립 100주년을 기념해 만든 역작이다. 투어 버스를 타고 가는데 딸아이가 아빠에게 고민을 털어 놓는다.

"아빠, 자꾸 마음이 조급해져요. 그동안 너무 시간을 낭비한 것 같아요."

예수상이 있는 정상에 오른 뒤, 방금 전 남편과 고민을 나누던 딸아이의 모습이 떠올라 옆에 다가가 슬며시 물었다.

"열아홉 살이 된 게 부담스럽니? 고민이 많은 것 같구나."

"친구들은 지금 고3이어서 입시 준비에 여념이 없을 텐데, 여행을 마치고 돌아가서 제가 잘할 수 있을까요? 곧 스무 살이 된다는 게 믿기지 않아요. 막연하고, 두렵고……."

여행을 통해 많은 것을 차근차근 배워가는 중이라지만, 십대를 지나 이십대를 앞둔 딸아이의 두려움이 나에게도 전해지는 듯했다. 한편

으론 '늘어나는 흰머리를 보며 쓸쓸해하는 엄마 앞에서 팔팔한 청춘이 그런 말을 해도 되는 거냐?'라고 볼멘소리를 하고 싶지만 '아파야 하는, 아플 수밖에 없는 청춘'을 감당해야 하는 녀석이 안쓰러웠다. 거대한 코르도바 예수상을 마냥 신기해하며 사진 찍는 데 정신이 팔린 두 동생들과 달리 저 멀리 보이는 바다만 바라보는 딸의 모습이 애처롭기도 하고 대견하기도 하다. 잠시 뜸을 들인 후, 함께 고뇌를 나누는 심정으로 말을 건넸다.

"너를 보니 엄마의 이십대가 생각나는구나. 그 시절 일기장에 죽고 싶다는 글씨를 얼마나 적고 또 적었는지."

순간 딸의 눈이 휘둥그레졌다. 엄마에게도 그런 때가 있었다는 게 믿기지 않는다는 표정이었다.

"진짜예요? 엄마도 죽고 싶을 만큼 고민한 시절이 있었어요?"

하고 싶은 말은 태산 같았지만, 말을 아끼기로 했다. 그저 속으로 되뇔 수밖에. '그럼, 엄마도 그런 때가 있었지. 살아도 사는 것 같지 않던 시절이……' 그렇게 모처럼 이런저런 얘기를 나누며 저 멀리 보이는 독특한 형상의 팡데아수카르(Pao de Acucar, 빵 산)를 가리키며 말을 이어갔다.

"저 앞에 종 모양으로 생긴 산이 보이니? 저 산 정상으로 가는 방법을 아니?"

팡데아수카르 산을 물끄러미 응시하던 딸이 대답했다.

"글쎄요. 아무리 봐도 케이블카 외엔 갈 수 있는 방법이 없을 것 같아요."

"맞아. 저 산으로 가는 방법은 케이블카밖에 없단다. 사람이 살아가는 길도 하나의 법칙밖에 없는 것 같아. 힘들다고 회피할 수도 없고, 힘들더라도 결국 스스로의 걸음으로 한 걸음 한 걸음 나아가야 하는 그런

것. 인생의 종착역이라는 목적지를 향해서 말이야."

"그래도 제게 주어진 인생을 생각하면 마음이 한없이 복잡해져요. 지금까지는 엄마 아빠를 비롯해 많은 사람들의 도움을 받았고, 그렇게 해도 부끄럽지 않았는데……. 그런데 이제부터는 오로지 제 힘으로 헤쳐가야 한다는 게 무서워요."

언제 다가왔는지 남편이 딸의 등을 토닥거리며 한마디 거든다.

"그래도 이겨야지. 그게 인생이거든. 살다가 정 힘들 때면 그때 이 엄마 아빠를 찾으렴. 엄마 아빠가 뒤에서 파이팅을 외쳐줄 테니. 그런데 청춘이라고 두려움만 있는 건 아니란다. 이 아빠를 보렴. 청춘 시절에 엄마라는 멋진 여자를 만났잖아. 청춘에는 아름다운 사랑도 있단다."

다행이다. 아빠의 말에 비로소 딸의 얼굴에 환한 웃음꽃이 피어난다. 철없는 아이로만 생각했는데, 자신에게 주어진 인생이라는 마라톤을 어떻게 달려야 할지 고민하는 청춘으로 잘 자라준 딸이 너무도 사랑스럽다. 지금 이 아이가 겪는 청춘의 고뇌가 자신의 인생을 소중히 여기는, 그리하여 진정으로 아름다운 결승점으로 달리게 하는 자양분이 되리라.

다음날, 우리는 코파카바나Copacabana 해변으로 향했다. 코파카바나는 우리나라의 해변과는 사뭇 달랐다. 파도가 높게 일어 튜브를 탈 수 없는 것도 신기했지만, 형형색색의 비키니 수영복으로 무장한 사람들의 모습은 더욱 신기했다.

"엄마도 비키니 차려입고 물놀이하세요."

머리가 허연 할머니가 비키니를 입고 할아버지와 함께 손을 잡고 노니는 모습을 본 아들이 말했다. 두둑한 뱃살을 부담 없이 드러내며 물놀이를 하는 중년 아줌마도 다른 이의 시선을 개의치 않는 듯했다.

1월 14일. 오늘은 우리 가족의 정신적, 물질적 지주인 남편의 생일이다. 여행지에서 맞이한 아빠의 생신을 의미 있게 보내기 위해 아침부터 아이들이 작정이라도 한 듯 "외식!"을 외친다.

"아빠는 분명히 안 가시려고 할 테니까 엄마가 정말 맛있는 걸 드시고 싶다고 하셔야 해요. 아셨죠?"

이쯤 되면 음모를 넘어 거의 협박 수준이다. 그렇게 해서 우리는 근사한 고기-회 뷔페에 들어갔다. 1인당 31.95레알(1만 8,000원). 역시 음식은 근사한 곳에서 먹어야 하나보다. 가격이 다르니 서비스가 다르고, 아이들도 한결 의젓하다. 음료와 초밥, 각종 고기를 실컷 먹을 수 있다는 것이 이렇게 행복하다니! 이렇게 비싼 곳에서 외식을 하는 것도 여행을 떠나 처음이지만, 아빠의 생일을 축하하고 싶은 아이들의 마음을 느낄 수 있어서 더 감사했다. 남편도 행복한 미소를 짓는다.

"처음에는 음식 값이 신경 쓰였는데, 너희들의 마음이 느껴져 정말 기분 좋다."

사실 온 가족이, 그것도 국내가 아닌 세계여행을 장기간 떠난다는 것은 곧 '돈'과의 싸움이다. 하지만 여행 경비를 따지는 경제적인 법칙이 가족 간의 '사랑의 법칙'보다 소중하지는 않을 것이다. 이렇게 가족이 한데 모여 부르는 '생일 축하합니다'라는 노래가 어떤 명곡보다 아름답게 느껴지듯이 말이다.

코파카바나에서의 황홀했던 시간도 흘러 어느덧 마지막 밤, 아이들이 생선 매운탕을 끓이겠다고 나섰다가 안 되겠는지 구조를 요청했다.

"엄마, 마지막 간을 도저히 못 맞추겠어요. 한 번만 봐주세요."

남아메리카 여행 중이라 제대로 된 양념이 없어 실력 발휘를 할 형편은 아니었지만, 몇 가지 기본 재료로 요리 순서를 가르쳐주고 방으로 들어왔는데 아무래도 마지막 간을 맞추는 건 쉽지 않았나보다. 진간장 조금 넣고, 소금 조금 넣고, 그렇게 임시방편으로 간을 맞추어주었다.

"진짜 신기하네. 간이 정말 딱 맞네. 엄마! 비법 좀 전수해주세요, 네?"

"이 녀석들아. 그게 하루아침에 되는 거겠니?"

오랜만에 어깨에 힘이 잔뜩 들어간다.

✈

남아메리카 여행에서는 황홀한 대자연이 안겨주는 환희를 마음껏 누릴 수 있었다. 무엇보다 '청춘'을 앞둔 세 아이의 현재와 미래를 가슴으로 함께 이해할 수 있어서 더욱 의미 있는 시간이었다.

청춘이란 그런 게 아닐까? 때로는 드넓은 우주를 향해 패기에 찬 꿈을 꾸다가도, 작고 소소한 걱정 근심에 꿈이 꺾이는 그런 시간. 가정과 학교에서 배운 대로 실천해보지만 막상 사회라는 실전에서는 절망감을 느껴야 하는 시간. 그리고 자신을 보듬어준 부모의 품을 떠나 스스로 노를 저어 인생이라는 항해를 경주해야 하는 시간. 남아메리카의 구석구석을 두 발로 밟는 동안 나는 어느새 세 아이들이 열아홉, 열여덟, 열여섯이 되었다는 사실을 실감할 수 있었다. 부모와 함께 여행을 하며 키와 마음이 훌쩍 자랐다는 것도…….

'그래, 어느새 너희들이 청춘을 향해 달려가고 있구나. 많이 힘들지? 엄마가 이젠 조금 알 것 같아. 아마 앞으로도 자주 힘들 거야. 그럴 때면 코파카바나에서 알게 된 '사랑의 법칙'을 기억하렴. 이곳에서 우리 가족이 직접 만든 행복이라는 이름의 법칙 말이야. 보면 볼수록 좋은 내 청춘들아! 엄마는 너희들이 정말 사랑스럽단다.'

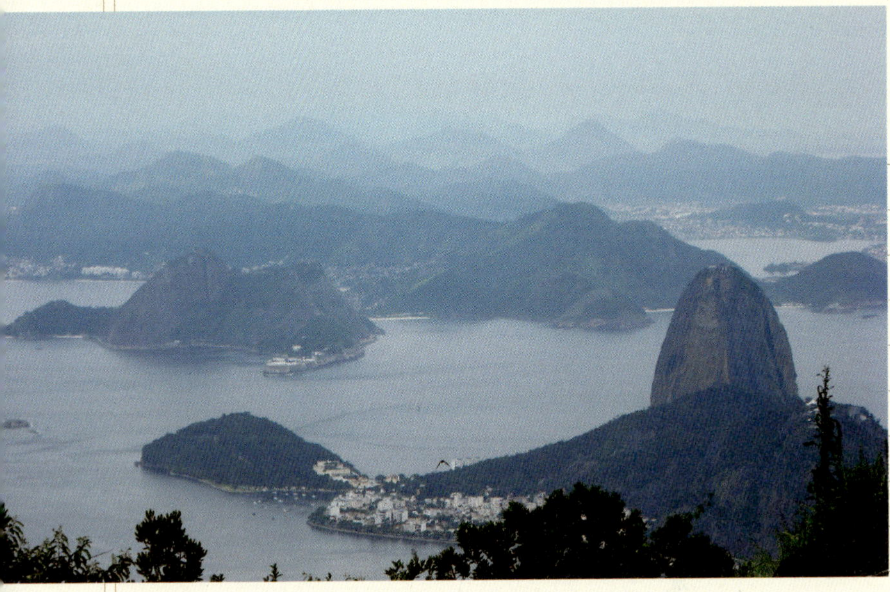

남아메리카 여행에서는 황홀한 대자연이 안겨주는 환희를 마음껏 누릴 수 있었다.
무엇보다 '청춘'을 앞둔 세 아이의 현재와 미래를
가슴으로 함께 이해할 수 있어서 더욱 의미 있는 시간이었다.
청춘이란 그런 게 아닐까? 때로는 드넓은 우주를 향해 패기에 찬 꿈을 꾸다가도,
작고 소소한 걱정 근심에 꿈이 꺾이는 그런 시간, 자신을 보듬어준 부모의 품을 떠나
스스로 노를 저어 인생이라는 항해를 경주해야 하는 시간. 남아메리카의 구석구석을
두 발로 밟는 동안 어느새 사랑스러운 세 아이들이 부모와 함께 여행을 하며
키도 마음도 훌쩍 자랐다는 것을 느낄 수 있었다.

페루의
자전거여행자

"네가 가서 물어봐. 분명 일본인이라니까."

"아냐, 중국인 같아."

"혹시 한국 사람 아닐까?"

아이들이 아까부터 계속 한 사람을 바라보며 수수께끼를 맞히듯 열띤 토론을 벌이고 있다. 그런데 그 사람이 오히려 아이들에게 다가와 묻는다.

"저, 혹시 한국분이세요?"

분명 ㄱ, ㄴ, ㄷ이 들어간 한국말이다. 반사적으로 아이들이 말했다.

"어? 한국분이세요?"

아이들의 질문에 겸연쩍은 듯 청년이 대답했다.

"제 몰골이 조금 그렇지요? 자전거로 다니다보니……."

페루의 시골 마을버스 정류장에서 만난 한 청년. 얼마 후 두 아들에게는 생애 다시없을 최고의 선물이 된 한국인 자전거 여행자와의 만남은 지금도 잊을 수 없다.

페루의 나스카Nazca. 예전 잉카 제국의 수도 쿠스코Cusco로 가는 버스를 기다리고 있었다. 하늘을 쳐다보며 석양에 흠뻑 취해 있는데 자전거에 몸을 싣고 들어오는 한 청년이 있었다. 뒤로 질끈 묶은 긴 머리, 지친 표정, 그리고 며칠째 씻지 않은 것 같은 모습까지 첫눈에 보아도 배낭여행자였다.

"1년 9개월째 자전거 여행을 하고 있어요. 아직 5년이 남았네요."

청년의 말에 아이들은 놀라워했다.

"그럼 자전거로 7년을 다닐 계획을 세우신 거예요?"

아이들은 마치 '여행의 고수'를 만난 듯 선망의 눈빛으로 청년을 쳐다보았다. 지난 1년 9개월 동안, 미국 뉴욕에서 출발해 중남미를 거쳐서 페루로 들어왔다는 청년의 모습에 우리 부부도 입이 쩍 벌어졌다. 청년은 멕시코에 들어서서 강도를 만나 털리고, 이곳 페루에 와서 또 한 번 털렸다고 한다. 지금은 담담하게 웃으며 말하지만 얼마나 힘들었을까? 어느 정도 조건을 갖춰도 힘든 게 배낭여행인데, 청년이 겪었을 고생을 생각하니 마음이 아려왔다. 그 역시 쿠스코가 다음 행선지라 해서 같은 버스를 타고 이동하기로 했다.

쿠스코로 가는 길은 호환 마마보다 무섭다는 고산증을 피할 수 없는 험난한 코스로 악명이 높다. 페루 안데스 산맥의 4,000~5,000미터 고지를 올랐다가 3,300미터 부근에 위치한 쿠스코로 다시 내려가야 하기 때문이다. S코스를 쉴새없이 반복하는 도로와 까마득한 낭떠러지를 보니 벌써부터 몸과 마음이 움츠러든다. 하지만 이런 고통쯤은 산소 부족으로 인해 밤새 두통과 토하기를 반복하는 고산증에 비할 바가 아니다.

그렇게 우리는 다시는 겪고 싶지 않은 힘겨운 시간을 보내고 드디어 쿠스코에 도착했다. 청년도 당분간 우리 가족과 함께 지내기로 했다. 그동안 배낭여행을 하며 온갖 어려움을 이겨낸 청년이 안쓰러워 함께 지내자고 청했는데 고맙게도 흔쾌히 받아주었다. 저마다 여행의 추억을 나누며 저녁을 먹는데, 청년이 두 아들에게 뜻밖의 제안을 했다.

"혹시 나랑 함께 마추픽추 Machu Picchu 까지 가보지 않겠니? 자전거로!"

자전거로 마추픽추까지? 그런데 웬일인지 두 아들이 강한 의욕을 보인다.

"좋아요! 이래 봬도 한국에서 아빠랑 자전거 여행을 제법 했답니다."

녀석들은 곧바로 중고 자전거를 구입하더니 다음날 바로 출발하는 강행군에 돌입했다.

다음날 새벽 5시 30분. 청년과 아이들이 하나둘 일어나더니 주섬주섬 짐을 꾸리고, 아르마스 광장에서 기념 촬영을 한 뒤 힘차게 페달을 밟는다. 아이들을 미지의 세계로 보내는 부모의 마음이 이런 걸까? 기대와 걱정, 대견하면서도 불안한 마음이 교차했다. 무엇보다 고산증으로 계속 설사를 했던 둘째가 마음에 걸린다. 이런 부모의 불안을 아는지 모르는지, 두 아들은 손으로 브이 자를 그리며 새로운 모험의 세계로 떠났다.

근래 들어 계속 처져 있던 딸은 자전거로 떠난 동생들이 부러운지 더욱 힘이 없는 눈치다. 고산증의 후유증에서 벗어나지 못한 우리 부부도 꼬박 하루를 더 누워 있어야 했다. 다음날, 남은 세 명은 버스와 기차를 이용해 마추픽추로 향했다. 길이 예상보다 가파르고 비포장도로도 많았다. 이 길을 아이들이 자전거를 타고 지나갔단 말인가? 물론 든든한 청년이 인솔하고, 스스로 선택한 여행인 만큼 잘하리라 믿으면서도 자꾸 '염려'라는 놈이 나를 툭툭 건드린다.

아구아스 갈리엔데스Aguas Calientes에 도착하여 숙소를 잡고 마중을 나갔다. 오후부터 내리던 비는 시간이 갈수록 더욱 거세지고, 설상가상으로 날도 점점 어두워지는데 자전거 팀은 나타날 기미를 보이지 않는다.

"아무래도 내일 올 것 같소. 이 비에 자전거를 타고 올 리가 없지."

남편의 말도 일리가 있어 숙소로 돌아왔다. 비록 기계의 힘을 빌려 왔다지만 기차와 버스 여행도 만만찮았는지 온몸에 피로라는 글씨가 도배된 것 같아 잠시 눈을 붙이기로 했다.

얼마를 잤을까? 로비에서 "코리아나 퍼즌! 코리아나 퍼즌!"이라는 목소리가 들렸다. 자전거 청년의 다급한 목소리였다. 용수철 튀어 오르듯이 냅다 달려 나가니, 물에 빠진 생쥐 모양을 한 세 사람이 서 있었다. 그런데 이상하다. 아이들이 타고 나간 자전거 두 대는 온데간데없고 청년만 자전거를 가지고 있다. 세 명 모두 완전 기진맥진 상태! 뜨거운 물로 샤워를 하고 따뜻한 음식을 사 먹으니 그제야 조금씩 화색이 돌아왔다. 아이들은 자부심 가득한 표정으로 액션 어드벤처 영화의 줄거리를 얘기하듯 한껏 흥분된 모습이었다.

"최고였어요! 마지막 날에는 도로가 없어서 도저히 자전거 트래킹이 불가능해서 그냥 걸어와야 했어요. 철길로 형의 자전거를 끌고 오는데 진짜 죽는 줄 알았다니까요. 게다가 비는 억수로 퍼붓고."

둘째의 말에 딸이 의아한 표정으로 물었다.

"그럼 자전거 두 대는?"

"응, 여기 오기 바로 전에 산타 테레사Santa Teresa라는 마을에서 팔았어. 처음 샀던 가격 그대로 받고, 콜라 한 병도 덤으로 받았지. 그 사람들은 구하기 힘든 자전거를 사서 좋고, 우리는 이제 필요 없는 자전거를 팔아서 좋고."

막내가 싱글벙글거리며 덧붙인다.

"쉽게 말해 우리가 페루의 시골에 자전거 배달을 하고 왔다는 거지요!"

녀석들을 떠나보내고 불안해했던 우리와 달리 아이들은 새로운 세계로의 모험을 멋지게 마치고 돌아왔다. 둘째가 경비를 내놓으며 활짝 웃었다.

"아빠, 여기요. 거의 돈을 쓰지 않았어요. 첫날은 소방서에서 자고, 하루는 어떤 시골집 앞마당에 텐트를 치고 잤거든요."

아이들의 모험담은 끝이 없었다. 막내 녀석도 한껏 들뜬 목소리로 말을 잇는다.

"현지인이 먹는 3솔(1,200원)짜리 음식을 두 번 사 먹고, 시장에서 과일을 사 먹었더니 돈 쓸 일이 거의 없었어요. 스페인어로 가격도 깎았다니까요."

역시 협상의 대가, 막내다웠다. 그 힘든 '잉카 바이크'를 하면서 자신들에게 주어진 과제까지 해결했다니, 열여덟과 열여섯에 불과한 아이들에게 이런 힘이 있다는 것이 믿기지 않았다. 아니, 이들에겐 이미 이런 잠재력이 있었는데, 부모인 내가 믿지 못한 건 아닌지 부끄러웠다.

다음날 새벽, 마추픽추로 오르기 위해 신발끈을 동여맸다. 어제에 이어 오늘도 비가 부슬부슬 내린다. 자전거 트래킹이 용기를 가져다준 걸까? 세 청년은 걸어서 직접 올라가겠단다. 덩달아 딸까지 동행하겠다니……. 할 수 없이 남편과 나만 버스를 타고 올라갔다. 가는 길은 생각보다 험했고, 무엇보다 장대비까지 내렸다. 그러나 우리 부부도 변해 있

었다. 예전 같았다면 이 비를 아이들이 쫄쫄 맞을 생각을 하며 걱정 근심을 가득 안고 걸었을 텐데, 이제는 이 정도쯤이야 하는 마음이 생겼다. '3박 4일의 자전거 여행'까지 치른 아이들에게 비를 뚫고 겨우 몇 시간 정도 걷는 건 식은 죽 먹기이리라.

일찍 도착해서 한참을 둘러보고 있는데 입구에 아이들이 나타났다. 비가 내린 뒤 안개가 자욱한 마추픽추는 사진이나 TV로만 보던 것과는 확실히 달랐다. 서서히 안개가 걷히며 자신의 모습을 드러내는 공중도시 마추픽추를 보며 남편이 감동 어린 목소리로 말했다.

"비가 와서 힘들었지만, 덕분에 색다른 마추픽추를 보게 되었네. 역시 세상 일은 다 이유가 있어, 안 그래요?"

남편의 말이 옳다. 이번 마추픽추의 여정은 온 가족이 배낭여행을 하겠다고 길을 나선 이래 가장 특별한 시간이었다. 아이들의 가능성과 잠재력을 몸소 체험할 수 있었던 시간, 장대비를 뚫고 어느 누구도 마주하지 못했을 것 같은 안개 낀 마추픽추를 만날 수 있었던 시간이었다. 어쩌면 여행의 또다른 이름은 새로운 모험과 도전일지도 모른다.

✈

7년이라는 긴 시간을 오직 자전거 한 대에 의지해 전 세계를 누비겠다는 한국인 청년을 만나서였을까? 남아메리카를 여행하는 동안 유난히 '청춘'이라는 단어를 생각하며 우리 집 세 아이들이 겪어야 하는 그 불안정한 시간을 미리 마주할 수 있었다. 청춘의 시절에 모험을 떠나는 이유는 무엇일까? 단순히 일탈을 찾아 나서는 무모함, 아니면 삶에 대한 불타오르는 열정을 견디지 못해서? 안일함을 뿌리치고 자신만의 삶을 개척하려는 용기, 아니면 정답 없는 인생에 대한 이유 없는 방황?

그 이유가 무엇이든지 모험을 두려워하지 않고 즐길 수 있다는 것은 오로지 청춘만이 누릴 수 있는 특권일 것이다. 우리 부부처럼 그 시절을 오래전에 지나온 사람이 보면 그저 부럽기만 한 시간. 다행히 우리 부부도 이번 여행을 통해 마음만은 한결 젊어진 것 같다. 『청춘표류』를 쓴 다치바나 다카시의 말처럼 "세월의 나이만으로 청춘이 정해지지 않는다"는 데 감사하게 되었다. 이래저래 온 가족이 배낭여행을 하겠다고

길을 나선 것이 잘했다는 생각이 든다. 여행이 아니었다면, 지금쯤 우리 가족은 어떻게 살고 있을까? 세상이 이토록 넓다는 걸, 세상이 이토록 아름답다는 걸, 세상에 이토록 모험심 넘치는 여행자들이 많다는 걸 알 수 없었겠지? 마추픽추 정상에서 아이들에게 『청춘표류』의 한 구절을 읽어주고 싶다.

'시간을 따져 언제부터 언제까지가 청춘이라고 정의 내릴 수는 없다. 어떻게 살 것인가를 고민하는 시간이 청춘의 시간인 것이다. 그 기간의 길고 짧음은 사람마다 다르다.'

마추픽추에서 우리는 배낭여행을 하겠다고 길을 나선 이래 가장 특별한 경험을 했다.
아이들의 가능성과 잠재력을 몸소 체험할 수 있었던 시간, 장대비를 뚫고 어느 누구도
마주하지 못했을 것 같은 안개 낀 마추픽추를 만날 수 있는 시간이기 때문이었다.
여행이 아니었다면, 지금쯤 우리 가족은 어떻게 살고 있을까?
세상이 이토록 넓다는 걸, 세상이 이토록 아름답다는 걸,
세상에 이토록 모험심 넘치는 여행자들이 많다는 걸 알 수 없었을 것이다.

우리 딸은 빠삐용?

몇 명의 여행자에게 '세계를 여행하는 가장 좋은 방법'을 물었다.

"역사 기행이 가장 좋은 것 같아요. 역사적 현장을 직접 가보는 건 정말 가슴 뛰는 일이거든요."

옆에 있던 사람이 의견을 달리 했다.

"크루즈 여행이 좋죠. 휴식과 즐거움이야말로 여행의 가장 큰 묘미 아닐까요?"

"저는 자전거 횡단을 강추합니다. 여행이란 결국 도전과 모험이죠."

이처럼 저마다 의견이 분분한 가운데, 가장 나이 들어보이는 사람이 의미심장하게 말했다.

"가장 좋은 여행은 '좋은 사람과 함께 가는 여행'이죠. 그 좋은 사람이 '가족'이라면 더욱 좋겠지요."

여행을 준비하다가 어느 책에서 이 글을 읽었다. 우리 가족에게 딱 맞는 구절이라 생각하며 '가장 좋은 여행'에 대한 환상을 품었다. 그러나 실전은 냉정해서 한국에서 일상생활을 영위할 때와 별반 다르지 않은 상황이 왕왕 발생했다. 아니, 더 심할지도 모른다. 말 그대로 하루 종일 함께 붙어 있어야 하니 말이다.

"그냥 애들 없이 우리만 다닐걸 그랬나봐요."

남편과 내가 이렇게 투정 부린 적이 한두 번이 아니었다. 그건 아이들도 마찬가지였을 것이다. 볼리비아로 넘어가는 국경에서 아이들의 진실을 알게 되었으니 말이다.

✈

저 멀리 페루의 티티카카 호수 El Lago Titicaca가 보인다. 해발 3,812미터, 세계에서 가장 높은 곳에 위치하고 있다는 것도 놀랍지만, 멀리 보이는 수평선은 바다라는 착각을 떨칠 수 없을 정도로 웅장했다. 호수를 굽이굽이 돌아가는 사이, 페루에서 볼리비아로 들어섰다. 버스 옆자리에 앉은 딸이 호수를 보며 말했다.

"엄마, 하마터면 저 예쁜 티티카카 호수를 못 볼 뻔했네요."

"무슨 얘기니? 못 보긴 왜 못 봐. 티티카카 호수는 처음부터 일정에 있었잖아."

하지만 딸의 고백은 무심한 나의 대답이 무색할 정도로 놀라웠다.

"엄마, 사실 저 혼자 한국으로 돌아가려고 했거든요."

"……"

아무 말도 할 수 없어 멍하게 바라보는 내 손을 잡으며 딸이 모든 음모(?)를 고백했다. 어쩌면 우리 가족이 세계일주를 중단해야 했을지도 모르는 이야기를.

이야기는 페루 와카치나 사막Huacachina으로 거슬러올라간다. 와카치나는 사막 한가운데 오아시스가 있고, 수영장이 딸린 숙소가 있는 멋진 곳이다. 그러나 이런 근사한 곳을 두고도 아이들의 관심은 다른 데 있었다.

본격적인 여행을 시작한 지 3개월이 되자, 아이들은 인터넷 금단 증상을 보였다. 그러다 보니 '고놈의 인터넷'이 되는 숙소에만 도착하면 눈빛이 달라졌다. 인터넷 룸이 있어 세 명이 동시에 할 수 있다면 그나마 다행이었지만, 노트북 한 대로 인터넷을 해야 할 경우에는 험악한 상황이 연출되기 일쑤였다. 마치 사자가 남겨둔 먹이를 노려보는, 배고픈 하이에나의 독기 어린 눈빛이라고 해야 할까? 그날도 기어이 노트북을 서로 먼저 차지하려다가 싸움이 났다.

"꼭 저만 생각한다니까. 정말 싫다, 싫어."

딸은 잔뜩 화가 나서 가시 돋친 한마디를 내뱉더니 방으로 들어가버렸다. 누나의 마음을 아는지 모르는지, 왕고집 막내는 전혀 아랑곳하지 않고 승리를 자축하듯 룰루랄라 노트북 자판을 두드리기 시작했다. 그날 오후 내내 첫째는 침대에 누워 나오지 않고, 남편은 그런 아이들 때문에 화를 못 이겨 한숨을 푹푹 쉬는 상황이 이어졌다. 실컷 돈 들여 여기까지 왔건만, 이곳에 와서도 아름다운 경치를 감상하기는커녕 한국에 있는 친구들과 연락을 못해 안달이라니. 이럴 바에야 차라리 한국으로 돌아가라는 말이 목구멍까지 치밀어 올랐다.

두번째 이야기. 쿠스코에서 두 아들은 자전거 트래킹을 떠나고, 우리 부부는 고산증으로 누워 있을 때였다. 하루종일 시무룩하던 딸이 화장실을 갔다 오더니 갑자기 경쾌한 목소리로 말했다.

"엄마, 숙소에 한국에서 온 언니 오빠들이 왔어요. 저녁에 같이 구경 가기로 했어요."

워낙 사람 좋아하고 변화무쌍한 걸 즐기는 딸인지라 아무것도 하지 않는 것이 쉽지 않았으리라. 몸을 추스를 힘조차 없던 우리는 딸의 그런 기질을 알기에 흔쾌히 허락했다. 역시나 딸의 얼굴에 금방 화색이 돌았다.

"나도 사람 만나는 걸 좋아하지만 저 정도는 아닌데. 참 힘도 좋아."

중얼거리는 내 말에 남편이 피식 웃는다.

"미안하지만 한국에서는 당신도 윤영이 못지않게 왕성했답니다."

그날 밤, 딸은 세상을 다 얻은 듯 행복한 표정으로 끙끙 앓고 있는 우리에게 하루 일을 얘기해주었다. 그런데 다음날 마추픽추를 향해 출발

하는 순간부터 귀에 이어폰만 꽂은 채 아무 말도 하지 않는 게 아닌가.

"다음 마을에 도착하면 한국에 전화 드려야 할 것 같아요."

그동안 부모님께 안부 전화를 드리지 못한 것이 마음에 걸려 남편에게 말했다. 그러자 딸이 급관심을 보이며 입을 열었다.

"엄마, 그곳에서는 인터넷을 할 수 있겠죠?"

"그렇겠지. 설마 여행자들이 오는 곳인데 인터넷이 안 되겠니?"

딸아이는 마을에 도착하자마자 노트북을 들고 인터넷 룸으로 들어갔다.

"에이, 무슨 컴퓨터 선이 이렇게 생긴 거지? 관광객이 오는 곳인데 수준이 이렇다니……."

동생들이 없는 동안 노트북을 독차지하고 싶은 딸의 노력은 가히 필사적이었다. 끙끙대며 설치된 컴퓨터 선을 빼내고, 노트북의 선을 연결해보았지만 애당초 연결방식이 달라 불가능했다. 한참을 고민하던 딸이 다른 해결책을 내놓았다.

"안 되겠어요. 한글 프로그램을 깔아야 할 것 같아요."

딸은 인터넷 룸의 컴퓨터에 한글 프로그램 설치를 시도했다. 그러나 딸의 간절한 마음을 아는지 모르는지 무심한 컴퓨터는 말을 듣지 않았다.

"어떻게 한글도 안 깔리지? 미치겠네, 정말."

혹여나 기대했던 한글마저 깔리지 않자 급기야 딸의 눈에 눈물이 그렁그렁 맺혔다. 전화방으로 가서 한국에 계신 부모님께 안부 전화를 드렸지만, 인터넷을 할 수 없게 된 딸의 어깨는 더욱 처져 보였다.

"윤영아, 저 위에 천연 온천이 있다는데 가보지 않을래?"

"……."

모든 것이 싫다는 표정, 묵묵부답. 지금 같아서는 인터넷이 아닌 세상의 어떤 것을 가져다주어도 딸의 기분을 바꿀 수 없을 것 같다. 할 수 없이 딸을 두고 우리 부부만 야외 온천을 다녀왔다. 바로 그사이, 딸은 충동적으로 남편의 지갑에서 신용카드 한 장을 꺼내어 짐을 챙겼다고 했다. 그런데도 막상 떠나지 못한 채 배낭을 옆에 두고, 손에 든 카드를 바라보며 오후 내내 고민을 했단다.

"저 혼자였다면 미련 없이 갔을 거예요. 그런데 부모님과 동생들을 생각하니 갈 수 없는 거예요. 가족이라는 존재가 너무 부담스러웠어요. 가족을 생각해야 한다는 사실이 너무 힘들었어요."

짧은 고백이었지만 딸아이가 겪었을 무수한 갈등과 깊은 고뇌가 느껴졌다. 철없는 생각이라고 단정 지을 수만은 없었다.

"세상에~ 우리 딸이 완전 빠삐용이 될 뻔했구나!"

"빠삐용? 빠삐용이 뭔데요?"

1970년대 영화를 알 턱이 없는 딸에게 〈빠삐용〉 얘기를 해주자, 마치 자신이 주인공이라도 된 양 진지하게 들었다.

✈

상어떼가 득실거리는 악마의 섬에서 야자열매를 채운 자루 하나에 의지해 탈출을 시도했던 빠삐용. 이 영화가 '앙리 샤리엘'이라는 실존 인물을 모델로 했기에 그 간절함은 더한 것 같다. 그러나 때로는 소중한 것을 위해 자신에게 주어진 자유를 기꺼이 양보하는 것이 보다 큰 자유를 얻는 것인지도 모른다. 가족을 위해 실패로 끝난 딸의 모험담! 그것은 야자열매를 던지는 빠삐용의 용기만큼이나 소중히 기억될 것이다.

볼리비아에서
만난 귀한 인연

배낭여행을 하며 우리에게 도움을 준 분들을 정말 많이 만났다. 한 번은 송구스럽기도 하고 죄송스럽기도 해서 호의를 거절하는 우리에게 도움을 준 분이 담담히 말씀하셨다.

"여행이란 낯선 사람을 만나야 하는 특별한 시간이죠. '평소 그 사람이 어떻게 살았는지는 여행길에서 알 수 있다'는 말이 있을 정도니까요. 그래서 평소 덕을 베풀고 산 사람은 여행길에서 유독 좋은 만남이 많다고 합니다. 그러니 아무 부담 갖지 말고 받으세요."

우리에게 대접을 하시면서 위로까지. 아무리 생각해도 우리가 귀한 대접을 받을 만큼 덕을 베풀고 산 것 같지 않지만, 아무런 조건 없이 사랑을 베풀어준 분들 덕분에 여행 내내 감사했다. 그리고 그 마음은 여행을 마친 지금까지도, 아니 앞으로 점점 시간이 흐를수록 더욱 또렷이 가슴에 남아 있을 것 같다. 만약 누군가 545일에 걸친 가족여행에서 얻은 것이 뭐냐고 묻는다면, 우리가 여행중에 받은 것보다 더욱 많은 것을 베풀며 살아야겠다고 다짐하게 된 것을 꼽을 것이다. 볼리비아의 라파스La Paz에서 우리 가족이 누린 뜻밖의 호사 역시 다시 한번 우리의 삶을 돌아보게 했다.

✈

드디어 볼리비아의 행정수도 라파스에 도착했다. 해발 3,500미터의 안데스 중앙에 자리한 황토색 지붕의 분지 도시! 페루 나스카에서 만나 이곳까지 함께 온 자전거 청년과도 아쉬운 이별을 고해야 하는 시간이 되었다. 라파스에 아는 목사님이 계셔서 그나마 마음이 놓이지만, 근 보름을 식구처럼 지낸 터라 진한 아쉬움이 밀려왔다.

"그동안 너무 감사했습니다. 이 은혜 정말 잊지 않을게요."

멀대같이 큰 총각이지만, 다시 혼자 자전거 페달을 밟을 생각을 하니 안쓰럽기 그지없다.

"여행자 입장이라 더 잘해주지 못해 늘 미안했어요. 건강 잘 챙겨요."

아이들도 서운한지 돌아가며 인사말을 건넸다.

"형과 함께 자전거로 마추픽추에 간 건 절대 잊지 못할 거예요. 고마워요."

이처럼 여행은 반가운 만남도 선물로 안겨주지만, 그보다 더욱 진한 슬픔이 배어 있는 이별을 동반한다. 그렇기에 여행을 한 번이라도 다녀온 사람이라면, 여행을 좋아하는 사람이라면 '사람'의 소중함을 깨닫고, 사람과 사람 사이의 '관계'를 소중히 여기는 것이리라. 그렇게 청년과의 아쉬운 이별을 뒤로하고 숙소에서 '달의 계곡'을 가기 위해 인터넷 검색을 하는데 쪽지가 도착했다. 그 자전거 청년이다.

"저는 목사님을 잘 만났습니다. 그런데 목사님께서 '옥 패밀리'도 이곳에 와서 지내시라고 합니다. 꼭 오시라고 하니 거절 마시고 연락주세요."

달의 계곡을 보고 '하늘과 땅의 경계가 없다'는 우유니 소금사막으로 가는 버스표를 알아보는 것이 라파스에서 우리 가족이 할 일이었는데, 자전거 청년 덕분에 한국 사람들을 만나게 되었다. 달의 계곡 투어를 마치고 라파스 한인교회를 찾았다. 목사님께서는 우리 가족을 위해 교회의 비어 있는 사택을 기꺼이 내어주셨다. 모든 시설이 구비되어 있는 사택을 보고 우리 가족은 환호성을 질렀다.

잠시 후 이곳에 30년 전에 이민을 오셨다는 김 집사님 가족을 소개받았다. 집사님 덕분에 한인들이 볼리비아에 세운 학교를 볼 수 있었다.

"한국에서 이민 온 사람들이 힘을 합쳐 지은 후 가난해서 학교에 다니지 못하는 이곳 학생들을 위해 조건 없이 주었습니다. 아내도 주말마다 한글학교를 열고 있어요."

세상에……. 참으로 자랑스럽고 존경하는 마음에 고개가 절로 숙여졌다. 무엇보다 볼리비아의 한국인들은 경제적으로 넉넉하지는 않지만 마음만은 푸근했다. 김 집사님 댁은 그 결정판이었다. 집사님 부부의 초대를 받고 가니 맛있는 해물탕이 한 상 가득 우리를 반겼다. 여행지에서 뜻밖의 한국 음식을 먹을 때마다 세상에 부러울 게 없다는 마음이 들곤 했는데, 볼리비아 라파스에서는 이런 축복이 계속해서 이어졌다. 해물탕을 걸쭉하게 먹은 다음날에는 또다른 분이 자장면을 만들어주시는 등 끼니마다 돌아가며 극진한 대접을 받았다. 이래도 되는 걸까? 아무리 한국인이라지만 우리는 잠시 머물다 가는 여행자인데. 한국에서는 점점 사라져가는 우리네 정情 문화를 볼리비아에서 접하게 되니 마음 한구석이 찡했다. 전혀 낯선 곳이라는 마음이 들지 않을 정도였다. 심지어 이런 일도 있었다.

"여행을 하다보면 발뒤꿈치가 엉망이 되는데 괜찮으세요?"

사모님의 질문에 나도 모르게 피가 나는 발뒤꿈치가 창피해 얼른 발을 가렸다. 계속 여름인 여행지를 골라서 다니다보니, 어느 날부터 발뒤꿈치가 갈라지더니 급기야 피까지 나기 시작했다.

"남미는 고도가 높아서 더 그렇답니다. 그래서 저도 가끔씩 발 마사지를 받거든요."

사모님은 내 발 사정(?)을 미리 아시고 발 마사지하는 사람을 불러 놓았다. 따뜻한 물에 발을 담그고 각질을 제거하고 마사지에 오일까지 바르니, 고목나무 같던 발뒤꿈치가 보들보들해졌다. 여행을 하며 이런 호사를 누릴 줄은 정말 몰랐는데, 어떻게 이런 일이 우리 가족에게 생겼는지 믿기지 않았다.

다음날에도 감사할 일은 이어졌다.

"아이들이 인터넷을 하고 싶어하지 않아요? 맛있는 차를 마시며 마음껏 인터넷을 할 수 있는 곳으로 모셔다드릴게요."

당연히 남편과 아이들은 행복해서 어쩔 줄 몰랐다. 남편은 그동안 적어 놓은 여행 일기를 인터넷 여행 카페에 올리고 밀린 은행 업무를 볼 수 있다는 사실을, 아이들은 친구들과의 반가운 연락을 기대하는 것이리라. 사모님의 '깜짝 선물'은 여기에서 끝나지 않았다. 남편과 아이들을 카페까지 데려다주고 오시더니 뜻밖의 제안을 하셨다.

"여행하는 동안 따뜻한 물에서 편안하게 목욕 한번 제대로 못하셨죠? 저랑 같이 가세요. 이곳에도 그런 곳이 있답니다. 그런데 수영복을 가지고 가야 해요."

나는 아무 영문도 모른 채 사모님을 따라 시내 중심가에 자리한 호텔로 갔다. 안으로 들어가보니 수영장에 욕조가 딸린 사우나실이 나타났다. 워낙 이른 아침이라 아무도 없는 수영장에서 실컷 수영을 하고, 욕조에 따뜻한 물을 가득 받았다. 정확히 5개월 만의 행복한 입욕식(?)에 입이 다물어지지 않았다. 한참을 욕조에 몸을 담갔다가 때수건으로 온몸을 쓱쓱 밀 때의 기분이란! 10년 묵은 체증이 확 사라지는 순간이었다.

사모님과 행복한 사우나를 마치고 집으로 돌아오니 볼리비아 아주머니가 기다리고 있었다.

"첫날 이곳에 오셨을 때 정말 피곤해 보이셨어요. 그래서 마사지하는 분을 불렀답니다. 이왕이면 풀 서비스를 해야 기억에 남으시겠죠?"

사모님은 어리둥절해하는 나를 떠밀다시피 해서 전신 마사지를 받게 하셨다. 볼리비아, 아니 남아메리카 여행중에 결코 기대하지 않았던 사치를 누리는 게 믿기지 않아 한참을 감격스러워하다가 나도 모르게 스르르 잠이 들어버렸다. 얼마쯤 잤을까? 사모님이 조심스레 깨우셨다. 아이들이 있는 카페로 가자고 하신다. 다시 차를 타고 가보니 아이들은 한국의 친구들과 메신저로 소식을 나누며 함박웃음을 짓고 있고, 오랜만에 여행 카페에 글을 올리는 남편도 행복을 만끽하고 있었다. 그렇게 오늘 하루도 어둑어둑 저무는데, 사모님이 또 어디를 가야 한다고 우리를 재촉하신다.

"내일이면 이곳을 떠나시니 시간이 없어서 어쩔 수 없이 이렇게 급하게 모시고 갑니다. 이해해주실 거죠?"

사모님이 우리 식구에 자전거 청년까지 여섯 명의 대식구를 데리고 간 곳은 다름 아닌, 한국인 남편과 볼리비아인 아내가 함께 운영하는 '서울치과'였다.

"긴 시간 동안 배낭여행을 하다보면 치아 관리가 부실하잖아요. 지금 스케일링을 하시면 한국에 돌아가실 때까지는 괜찮을 거예요."

오랜만의 스케일링으로 깨끗해진 치아를 자랑하듯, 모두들 허연 치아를 드러내고 환하게 웃었다. 모든 게 낯선 나라에서 삶을 꾸려온 볼리비아 교민들이 길에서 떠돌이로 사는 여행자를 위해 베푸는 세심한 배려 덕분에 가능한 호사였다. 이곳에 있는 3일 동안, 부담이 될 정도로 뜻밖의 행복을 계속 누렸다. 아무리 생각해도 어리둥절한 '샐리의 법칙'이 와르르 쏟아졌던 행복한 시간들이었다.

✈

지금도 볼리비아만 생각하면 가슴이 뭉클해진다. 볼리비아의 아름다운 풍광은 물론이요, 우리 가족에게 아낌없는 사랑을 주신 분들이 감동의 파노라마처럼 연이어 떠오른다. 그저 며칠, 자신들이 사는 마을을 지나가는 객에 불과한 우리를 척척 도와주시던 그분들의 마음은 어떤 것일까? 나는 왜 그들처럼 상대방의 필요가 눈에 쏙쏙 들어오지 않는 것일까? 아마도 상대방의 필요를 살펴보는 사랑과 겸손의 마음이 부족하기 때문일 것이다. 두 눈을 크게 뜨는 것보다 '마음의 눈'으로 사람과 세상을 바라보는 게 더 소중한 삶의 지혜임을 볼리비아 여행은, 아니 볼리비아의 한인들은 가르쳐주었다.

여행은 이렇게 나를 성숙의 길로 인도해준다. 나를 사랑하기, 그러나 타인을 더욱 사랑하기. 내가 아닌, 상대방이 진정 원하는 사랑을 안겨줄 수 있는 귀한 지혜를 갖춘 사람이 되기 등, 이래저래 여행은 삶의 스승 노릇을 톡톡히 하는 것 같다.

우유니
소금사막에서의
환생

다시 태어난 것 같아요.
내 모든 게 다 달라졌어요.
그대 만난 후로 난 새 사람이 됐어요.

(중략)

오, 놀라워라~ 그대 향한 내 마음
오, 새로워라~ 처음 보는 내 모습
매일 이렇다면 모진 이 세상도
참 살아갈 만할 거예요.

윤종신의 〈환생〉이라는 노래의 일부분이다. 사랑하는 사람을 만난 기쁨과 환희를 노래한 이 노래를 종종 흥얼거리곤 한다. 살아가면서 다시 태어난 것 같은 환희와 기쁨을 느낄 수 있는 만남은 과연 어떤 것일까? 새 생명을 품에 안고 있는 엄마의 마음, 그저 바라만 보아도 가슴 떨리는 연인 간의 사랑, 모든 것을 털어놓아도 부끄럽지 않은 소중한 친구와의 만남 등이 떠오른다. 그러나 안타깝게도 사람과 사람 사이의 만남은 환희와 기쁨만 있는 게 아니어서, 고통과 번민을 안겨주는 경우도 많다. 그건 바로 우리가 모든 면에서 부족한 인간이기 때문일 것이다.

그렇다면 자연은 어떨까? 자연은 말이 없다. 인간이 제아무리 변덕을 부려도 자연은 언제나 그 자리에 묵묵히 서 있다. 그래서일까? 나이가 들수록 사람과의 만남을 기대하기보다 자연에게서 배우고 감동하는 횟수가 많아진다. 그런 점에서 여행은 우리를 조용히 지켜봐주는 자연의 아름다움을 온전히 만끽할 수 있는 흔치 않은 기회일 것이다. 그리고 볼리비아 우유니Uyuni에서 만난 대자연의 아름다움은 '환생'이라는 제목처럼 신세계에 온 듯한 감동을 안겨주었다. 그곳에 서 있는 사람까지도 다시 태어나게 할 것만 같은 새로운 세계! 지금도 당장이라도 달려가고 싶은 곳, 우리 가족을 다시 태어나게 한 곳이 바로 우유니 소금사막이다.

라파스에서 출발한 버스는 12시간을 꼬박 달려 다음날 새벽 6시 30분에 우유니 도심에 들어섰다. 우유니는 10분이면 전체를 둘러볼 정도로 작은 곳이지만, 전 세계에서 이곳을 찾는 여행자들이 많은 까닭은 순전히 '소금사막' 때문이다. 우유니에 도착하자마자 여행사를 찾아 2박 3일 투어를 신청했다. 예상외로 한국인이 많아서, 우리 가족도 진영이라는 한국 대학생과 같은 조를 이루었다. 4륜 구동 지프차를 타고 비포장도로를 달리다보니 계속 덜컹덜컹. 그래도 우유니 소금사막을 본다는 기대감으로 몸과 마음이 춤을 추듯 가볍다.

"와~ 저 멀리 하얀 색깔이 보여요!"

아이들이 함성을 질렀다. 먼 옛날, 거대한 지진으로 지반이 뒤바뀌면서 바다가 땅 위로 솟아 생긴 사막. 인터넷이나 다른 사람의 여행기에서 볼 때는 설마했는데, 실제로 보니 거짓이 아닌 것 같다. 가이드의 말을 빌리자면, 하루종일 차로 달려도 전체를 보지 못한다고 하니 그야말로 자연이 일구어낸 거대한 예술 작품이라고 해야 할 것이다. 그건 다른 사람들도 마찬가지였는지, 이제 겨우 입구에 당도했을 뿐인데도 사람들의 입에서 탄성이 끊어지지 않았다.

한참을 달리다 차를 세우고 드디어 소금사막에 발을 내딛었다. 마치 자연이라는 거대한 캔버스에 그려진 그림에 몸을 담그는 것 같았다. 파란 하늘과 끝없이 펼쳐진 하얀 소금평야. 적어도 이곳에서는 세상은 파랑과 하양, 이렇게 두 가지 색으로만 이루어진 듯했다. '이게 정말 우리가 살고 있는 지구별의 모습인가?'라는 의심이 들 정도로 신비로운 풍경이 끝없이 이어졌다.

그런데 문득 주변을 살펴보니 사람들이 하나둘 이상한 짓(?)을 하고 있다. 소금 바닥에 드러눕는 사람, 거꾸로 서 있는 사람…… 우리 집 아이들도 요상한 장면들을 연출하기 시작했다.

"저 멀리 가서 거꾸로 서봐. 이 과자 통과 맞춰보게."

의아해하는 내게 둘째가 방금 찍은 것이라며 사진 하나를 보여준다.

"어? 어떻게 이런 장면이 나오는 거니?"

이런 촌스러운 질문을 하는 사람은 오직 나 한 사람뿐! 지독한 기계치(예전에 처음으로 팩스를 보낼 때, 팩스를 보낸 후 종이가 도로 나오길래 가지 않는 줄 알고 몇 번이나 보낸 적이 있었다. 그때까지만 해도 나는 팩스 종이가 또르르 말려서 상대방에게 가는 줄 알았다)인 나로선 도저히 이해

할 수 없는 이미지였다. 신통방통한 요술나라에 와 있는 것 같아 멍하니 사람들을 쳐다보는데 낌새를 알아차린 남편이 다가와서 설명을 해준다.

"이그~ 답답하긴. 사방이 소금으로 깔려 있으니까 원근감이 느껴지지 않는 거랍니다. 애매한 거리감을 이용해서 사진을 연출하는 거지. 일종의 착시 현상인 거야."

남편의 설명에 고개는 끄덕였지만 여전히 신기했다. 한 사람은 앞에 서서 손을 들고, 다른 사람은 멀리 가서 폼 잡고 서 있으면, 마치 앞사람의 손바닥에 사람이 올라가 있는 것처럼 연출되니 신기할 수밖에. 과자 상자를 이용하면 상자 위에 사람이 올라가는 것 같고, 손바닥 하나에 세 명의 장정이 거뜬히 올라가는, 그야말로 『이상한 나라의 앨리스』 속 이상한 나라에 온 것 같았다. 그렇게 우리는 소금사막에서 동화속의 주인공이 되어 동심의 세계로 빠져들었다.

한참을 사진 찍기 놀이에 빠져 있는데, 가이드가 점심식사를 하라며 부른다. 점심식사가 놓인 식탁 뒤로 멋스러운 선인장이 자라는 '물고기 섬'이 보였다. 소금사막 한가운데 이렇게 선인장이 자라고 있다니? 사람의 키를 훨씬 뛰어 넘는 선인장이 대부분이지만, 1년에 1센티미터밖에 자라지 않는다니 그것도 신비롭다. 그렇다면 지금 우리 눈앞에 서 있는 거대한 선인장은 대체 몇 살인 걸까? 이렇게 거대해지기까지 어느 정도 시간이 흘렀을까를 생각하니 머릿속이 하얘졌다. 혹시 이 소금사막이 생기던 그날부터 지금까지 함께 동고동락을 해온 건 아닐까? 사람이 많은 낮에는 조용히 있다가도, 깜깜한 밤이 되어 하늘의 별들이 사막에 촘촘히 박히면 선인장들이 일어나 새하얀 사막에서 춤추고 노래할 것만 같다. 누구라도 그런 환영을 볼 것만 같은 신비로운 사막, 볼리비아의 우유니 소금사막은 보고 또 봐도 모든 것이 새로 태어나는 신비로운 명소였다.

　점심식사를 마친 후에도 우리 가족의 소금사막 달리기는 계속되었다. 달리다가 서고, 다시 달리다가 서기를 얼마나 반복했을까. 한참을 달리다보니 그 많던 차들이 다 어디로 갔는지 거대한 소금사막에 우리 차만 덩그러니 남았다.

"아무도 없네. 기왕 이렇게 된 거 가족이 함께 뛰는 모습을 찍어볼까?"
모두 일치단결! 그러나 그 과정은 흡사 영화 한 편을 찍는 듯 힘겨웠다.
"아, 엄마가 늦었어요. 다시 갑니다."

마치 영화 촬영을 하듯 "레디, 고!"를 외치며 동시에 뛰어오르기를 수십 번. 3,600미터가 넘는 곳에서 여러 번 뛰다보니 한 번 뛰고 날 때마다 숨을 헐떡거리기 일쑤였다. 그러면서도 우리는 힘들다 투덜대지 않고 카메라 앞에서 뛰고 또 뛰었다. 철없는 아이처럼 입이 귀에 걸린 채. 마침내 사진을 확인한 둘째가 감탄사를 연발했다.

"와우! 성공이다, 성공! 드디어 해냈다."

둘째의 한마디에 우리는 서로를 얼싸안고 덩실덩실 춤을 추었다. 얼마 만에 누리는 가족 간의 한마음이던가. 한국에서는 기쁜 일이 있어도 시큰둥했고 슬픈 일이 있어도 형식적인 인사만 나누었는데, 우유니 소금사막에서 우리 가족은 '진정한 환생의 순간'을 맛볼 수 있었다. 미움에서 사랑으로, 근심에서 기쁨으로, 분리에서 화합으로, 현실에서 동심으로!

우유니 소금사막이 우리 가족을 한마음으로 이끌었기 때문일까? 이제 그만 숙소로 돌아가야 한다는 가이드의 말에도 좀처럼 발걸음이 떨어지지 않았다. 결국 우리는 가이드의 여러 번에 걸친 재촉 끝에 아쉬운 작별을 고하고 지프차에 올랐다. 저 멀리 하얀 지평선 너머의 산야가 신기루처럼 떠 있었다. 한참을 달려도 여전히 그 자리에 떠 있는 신기루. 우리 가족에게 마지막 선물처럼 다가온 신기루를 바라보며 한참을 달려가니 점점 황토빛 바닥이 나타났다. 그렇게 소금사막은 우리의 시야에서 사라져갔다.

"와, 소금벽돌로 집을 만들었어요. 거 참 신기하네."

사실이었다. 바닥부터 천장까지, 식탁도 의자도, 그리고 침대까지 모두 소금벽돌로 만들어진 집. 우리가 방금 다녀온 우유니 소금사막의 소금을 잘라서 만들었다는 소금호텔은 놀라움 그 자체였다. 지구상 어디에도 찾을 수 없을 것 같은 소금호텔 창문 밖 저 멀리 우유니 사막이 보였다.

"비가 왔다면 더 멋진 풍경을 볼 수 있었을 텐데……."

우유니 소금사막은 20센티미터 정도의 비가 내리면 하늘의 모든 풍경이 고스란히 반사된다고 한다. 이곳을 찾기 전부터 소금사막의 비 오는 풍경을 고대했던 둘째는 아쉬움이 남는지 내내 비 타령을 했다.

"왜 비가 안 오지? 비가 오면 하늘 전체가 그대로 비친다던데, 그래서 '신의 거울'로 불린다던데, 힝~."

남편은 그런 아들이 귀여웠던지 달래고 어른다.

"아들아, 이곳에 한 번만 올 거니? 다음에 아빠는 손자 데리고 또 올 건데?"

아쉬움이 짙게 깔린 아들의 얼굴에 다시 환한 미소가 번져갔다.

✈

자연이란 참 고마운 친구다. 인간이 파괴하지 않는 한 변심하지 않고 아름다움을 선사하는 자연 덕분에 우리는 잃어버린 동심을 되찾고, 콘크리트 덩어리로 잔뜩 굳어진 마음에 다시 꽃을 피울 수 있다. 아무리 과

학기술이 발달해도 '마음의 환생'만은 여전히 불가능한 법. 인간의 상처받은 영혼을 달랠 수 있는 건 오직 자연뿐이라는 걸 우유니 소금사막은 다시 한번 확인시켜주었다. 이토록 고마운 자연이 우리의 후손들에게 영원히 전해지기를 소망한다.

아빠의 응원 덕분일까? 20년 후, 자신의 아이를 데리고 우유니를 다시 찾겠다는 아들이 어느 날 걱정 근심이 가득한 얼굴로 볼리비아에 관한 신문기사를 가지고 왔다.

'눈이 시리도록 아름다운 우유니 사막을 두고, 요즘 살벌한 자원전쟁이 벌어지고 있습니다. 바로 그 밑에 깔린 21세기의 자원이라는 리튬을 머금은 소금을 향한 싸움입니다.'

아들의 질문이 계속 마음에 걸린다.

"아빠, 그럼 우유니 소금사막이 사라질 수도 있나요?"

자연이란 참 고마운 존재다.
자연 덕분에 우리는 잃어버린 동심을
되찾고, 콘크리트 덩어리로 잔뜩 굳어진
마음에 다시 꽃을 피울 수 있다. 인간이
자랑하는 어떠한 과학기술도 인간의
상처받은 영혼을 달랠 수 없다는 걸 자연은
깨우쳐준다. 눈이 시리도록 아름다운 우유니
사막에서 우리 가족은 자연의 고마움을
온몸으로 느낄 수 있었다. 부디 '자원'이라는
눈앞의 이익으로 인해 이 아름다운 우유니
사막이 훼손되는 일이 없기를 바라고 또 바랄 뿐이다.

길은
끝나지 않는다

"우리는 포기하지 않겠다는 약속을 지켰습니다. 그들은 우리에게 희망과 믿음, 동료애와 단결의 위대함을 보여주었습니다."

칠레 대통령이 감격에 겨운 목소리로 말했다. 한밤의 적막을 깨고 광산촌 하늘에 "치치치, 레레레. 칠레! 칠레!"라는 환호성이 울려퍼졌다. 무려 69일 만에 지하 700미터에 있던 광부들이 구조용 캡슐을 타고 지상으로 올라왔던 그 밤, 당연히 전 세계는 열광했다. 2010년 10월 13일 (현지 시간) 0시 11분, 지구상에서 남북으로 가장 긴 나라 칠레에서 일어난 기적이었다.

이 기적의 나라는 나의 중학교 시절부터 관심의 대상이었다. 사회 시간에 '세계에서 남북으로 가장 긴 나라'라는 문구를 보고, 30센티미터 자를 가지고 지도 위의 칠레를 재어보기도 했다. 만약 내가, 언젠가 세계여행을 간다면 이 길쭉한 나라를 위에서 아래까지 한번 걸어보고 싶다는 막연한 꿈을 꾸었다. 그때의 꿈이 이루어진 것일까? 칠레의 산야를 3박 4일, 그것도 눈물을 흘리며 걷고 걷고, 또 걸을 수 있었다.

✈

사막에서 시작해 빙하로 끝나는 나라. 지구상에서 남북으로 가장 긴 나라. 칠레는 그 길이만큼이나 갖가지 풍경을 볼 수 있는 나라다. 길게 뻗은 안데스 산맥이 더는 갈 곳이 없는 푸에르토 나탈레스Puerto Natales에 도착했다. 시계는 밤 10시 30분을 가리키고 있었다.

이제 남미 여행도 끝자락이어서일까. 사방이 깜깜한 밤에 도착했는데도 두려움 없이 일을 척척 처리하고 있는 우리 가족이 놀랍기만 하다. "플라자 데 아르마스?(아르마스 광장이 어디 있나요?)"라며 아이들이 길을 물었다. 남미 여행이 다른 지역보다 좋은 건 어디를 가도 도시 중앙에 '아르마스 광장'이 있고, 그곳에 가면 안내소나 여행사가 밀집되어 있다는 것이다. 아이들은 일사천리로 광장에 가서 숙소를 잡고 돌아왔다. 거의 여행 박사 수준이다.

푸에르토 나탈레스는 토레스 델 파이네Torres del Paine 국립공원을 트래킹하기 위해 전 세계에서 수많은 사람들이 몰려드는 작은 항구도시다. 그동안 여름이 지나는 곳으로만 여행을 다녔지만, 이번만큼은 트래킹을 위해 겨울 방한복부터 텐트, 취사도구, 등산화까지 만반의 무장을 해야 했다. 4일에 걸쳐 산에서 먹을 식재료를 사서 돌아오는데, 등산용품을 반납하러 가는 두 명의 서양인 아가씨가 거의 썩은 콩 씹은 표정이다. 어쩐지 마음이 편치 않다. 날씨야, 제발 우리를 도와다오!

다음날, 4일 동안 사용할 짐을 챙겨 파이네 국립공원으로 출발했다. 가는 길부터 비가 추적추적 내리기 시작했다. 버스에서 내려 다시 페리를 타고 호숫가에 자리한 캠핑장에 도착했다. 물론 산장도 있지만, 우리 같은 배낭여행자에게 그곳은 거의 그림의 떡이나 다름없을 정도로 비싸다. 쏟아지는 비를 맞으며 겨우 겨우 텐트를 치고 공동 취사장에

들어가니 비에 흠뻑 젖은 사람들이 트래킹에서 돌아오는 게 보인다. 아이고, 저게 남의 일이 아니네. 그 모습이 뇌리에 박혔는지, 밤새 빗소리를 들으며 불안한 마음을 추스르며 간신히 잠이 들었는데 둘째의 흥분한 목소리에 잠이 깼다.

"모두 일어나요. 설산이 보여요. 와~ 예술이다!"

텐트 밖으로 나가보니 환하게 갠 날씨 덕분에 저 멀리 눈 덮인 바위산이 또렷하게 보였다. 아이들이 한국에서와 달리 여행을 통해 자연의 아름다움에 눈을 떠가는 것 같아 마음이 뿌듯하다. 대자연이 안겨주는 스펙터클한 아름다움이든지, 그동안 미처 눈여겨보지 못했던 소소한 아름다움이든지, 아름다움을 간파하는 아이들의 눈썰매가 보통이 아니다. 이래저래 여행 오길 잘했다는 생각이 든다.

아침 7시, W자 모양으로 생긴 트래킹 코스 첫날에는 그레이 빙하를 보기로 했다. 일찍 나왔건만 거센 바람을 정면으로 마주하며 걷는 모양새가 영 심상치 않다. 이파리 하나 없이 바람에 이리저리 흔들리는 나무들의 심정을 조금은 알 것만 같다. 그렇게 힘겹게 3시간 정도 올라갔을까? 파란 물감을 들인 것처럼 예쁜 빛깔의 얼음조각이 떠내려왔다.

"와, 빙하 조각이구나. 빙하가 저렇게 예쁜 색깔인 것을 여태 몰랐네."

모두들 감탄사를 연발하며 걸어갔지만 금방 나타날 것 같던 빙하는 보이지 않았다. 그렇게 1시간가량을 더 올라가자 드디어 거대한 빙하가 우리를 반겼다. 글로 표현할 수 없는 빛깔, 헤아릴 수 없이 겹겹이 쌓인 세월……. 거기에 비하면 우리네 삶은 얼마나 찰나적인가? 그렇게 기다리고 기다리던 빙하 앞에 섰건만 그 위용 앞에서 우리는 모두 할말을 잃은 채 그저 바라볼 뿐이었다.

돌아오는 길, 남편과 막내가 도란도란 얘기꽃을 피운다. 함께 가야

만 하는 외길, 기껏해야 두 명만 나란히 갈 수 있는 좁은 길이니 자연스레 깊은 대화를 나누게 되었다.

"아빠도 재수하기 전까지는 제대로 공부한 적이 없었단다."

"목표가 생기면 고집스럽게 붙잡는 제 성격이 아빠를 닮은 것 같아요. 히히~"

끝없이 이어진 길만큼이나 부자간의 정겨운 대화도 끝날 줄 모른다. 그 모습이 어찌나 보기 좋던지, 길을 따라 걸으며 바라보는 호수보다 더욱 아름다운 풍경이었다.

다음날 아침, 빙하가 안겨준 어제의 감동이 여전히 남아 있는 몸을 일으켜 반대편 W 트래킹에 나섰다. 이번에는 2박 3일 일정인 만큼 짐을 챙기는 손놀림이 비장하다. 어제 아빠와 아이들보다 훨씬 뒤처져 걸었던 기억을 되살려, 오늘은 제일 먼저 출발을 서둘렀다. 맨몸으로 열심히 발걸음을 옮겨보았지만, 조금 있으니 배낭을 멘 아이들이 바람처럼 앞질러 간다. 뱁새가 황새 따라 가는 꼴이라는 말은 이럴 때 쓰는 거구나. 아이들의 뒷모습을 부러움 가득한 눈으로 쳐다보는데 어느샌가 아이들이 시야에서 완전히 사라졌다. 온몸에 맥이 빠지고, 다리의 힘이 풀렸다. 이런저런 생각을 하며 힘없이 터벅터벅 걸어가는데 뒤에서 남편의 목소리가 들렸다.

"기다려요. 나랑 같이 갑시다!"

일부러 늦게 출발하여 보조를 맞춰주려는 남편의 속내가 빤히 드러나 보였다. 그렇게 남편과 함께 걸으며 마음을 다잡아보지만, 수시로 내리는 비를 속수무책으로 맞으며 걷는 것이 생각처럼 쉽지 않다. 흙탕물에 빠진 신발은 발의 감각마저 앗아가 버리고, 머릿속에는 '포기'라는 글자만이 빙빙 맴돌고 있다. 갑자기 나이 오십을 바라보는 지금의 내 처지가 서글퍼져 나도 모르게 눈물이 핑 돌았다.

점심을 먹고 휴식을 취하고 있는데 둘째가 말했다.

"아빠, 엄마가 너무 지친 것 같아요. 저희가 먼저 가서 텐트를 치고 저녁도 준비할게요."

기특한 마음에 싱긋 웃어 보이니 첫째도 감동의 멘트를 날려준다.

"가장 먼저 출발해도 맨 나중에 도착한다고 속상해하셨지만, 목적지까지 오시는 것만으로도 대단해요. 엄마, 대한민국 아줌마를 대표해 트래킹을 하시는 거라고 생각하고 조금만 더 힘내세요. 아자~"

첫째의 말이 떨어지기 무섭게 "으쌰, 으쌰 파이팅!"을 외치며 힘차게 달려가는 아이들을 바라보니 방금 전까지 풀렸던 두 발에 불끈 힘이 솟는 것 같다. 남편도 아이들의 마음 씀씀이에 감동했는지 연신 싱글벙글이다.

"기특한 놈들일세. 이번 여행 와서 부쩍 자란 것 같으니······. 마음에도 성장판이 있는 것 같아. 안 그러오?"

다시 남편과 나란히 걷는 안데스 자락의 가파른 길. 산이라는 건 하도 요상해서 비를 뿌리다가도 금세 해가 비추는 등 오락가락이다. 오전까지만 해도 들쑥날쑥한 날씨가 못마땅했는데 아이들의 격려 때문인지, 아니면 그만큼 산길에 적응한 건지 이제는 이런 날씨조차 감사히 받아들이게 되었다. 아, 이 맛에 산을 걷는 것이구나! 비록 지금은 비를 맞지만 언젠가 태양이 고개를 내밀 거라는 믿음. 우리 가족이 안락함을 벗어던지고 굳이 세계여행을 떠나기로 한 것도 결국 그러한 믿음 때문이라는 평범한 사실에 나도 모르게 눈시울이 뜨거워졌다. 산을 오르는 자가 평평한 아스팔트길을 기대하고 오르지 않듯이, 우리 역시 만만치 않은 여정을 단단히 각오했기에 '마음의 키'가 부쩍 자라난 것을 확인하게 되었는지도 모른다. 지금 내가 걷는 이 길이 아무리 험하다고 해도 '가족'이 있기에 용기를 얻을 수 있고, '가족과 함께하기에 한 발한 발 앞으로 내딛을 수 있는 것이리라. 포기만을 생각했던 나약한 중년 아줌마에게 '희망'이라는 단어를 떠올리게 한 '가족'이라는 이름. 남미 안데스 자락에서 만난 이 소중한 '희망'을 영원히 놓지 않으리라.

아이들의 발자취를 좇아 부지런히 걷고 걸어 어둑어둑 해가 질 무렵이 되어서 간신히 캠프장에 도착했다. 아이들이 준비해놓은 음식을 부랴부랴 먹고 비에 젖은 침낭 속으로 들어가보지만, 땅속의 찬 기운이 뼛속까지 파고든다. 하지만 그것도 잠시, 언제 잠이 들었는지 모르게 안데스의 하루는 저물어갔다.

마지막 날, 이번 트래킹의 하이라이트라고 할 수 있는 삼형제봉 코스. 빙하기에 얼음으로 덮인 것이 녹으면서 호수가 만들어지고, 바위는 깎여 날카로운 봉우리들이 만들어진 코스라고 한다. 그래서일까. 그 위세가 얼마나 도도한지 하늘을 향해 치솟은 봉오리는 구름에 숨어 그 얼굴을 좀체 보여주지 않는다. 혹여나 구름이 걷히면 봉우리가 나타날까 하는 기대를 안고 차가운 바위에 둘러앉아 한 시간 넘게 기다렸지만 끝내 볼 수 없었다. 하지만 뭐 어떠랴. 이 거대한 안데스 산맥에 우리 가족의 흔적을 남겼으니 전혀 아쉽지 않다. 비록 오래도록 걷히지 않은 구름 때문에 삼형제 봉우리는 보지 못했지만, 바윗길을 껑충껑충 뛰어 내려가는 세 아이의 뒷모습을 보는 것만으로도 충분히 행복한 파이네의 여정이었다.

✈

이제 남아메리카의 광활한 대륙과의 인연도 다음을 기약해야 한다. 남아메리카는 그 물리적 크기만큼 마음밭도 넓어서 매사에 불평을 늘어놓은 속 좁은 우리에게 단 한 번도 성내지 아니하고 마음과 영혼을 활짝 열어 따뜻하게 품어주었다. 어쩌다 우리의 고약함에 토라질 법도 한데,

그래도 두 달 반이라는 결코 짧지 않은 시간을 들여 자신을 찾아온 우리가 내심 기특했나보다. 막막하기만 했던 처음과는 달리 순박한 행복과 사랑을 선물로 듬뿍 받은 남아메리카를 영영 잊을 수 없을 것 같다.

"배고픔, 추위, 그리고 후들후들 떨리던 다리!"

"물에 퉁퉁 부르튼 끔찍한 내 발!"

"어떡하지? 발톱이 곧 빠질 것 같아."

3박 4일의 트래킹을 마치고 숙소로 돌아온 아이들은 그동안의 고생담을 늘어놓느라 여념이 없다. 대화 내용은 고통 일색인데 얼굴 표정만큼은 뭐가 그리 즐거운지 싱글벙글이다. 끝이 보이지 않는 힘든 여정이었지만 가족이 있었기에 함께 걸을 수 있었던 길. 희망과 믿음의 위대함을 전 세계에 보여준 칠레 광부들처럼 안데스 트래킹을 통해 우리 가족은 서로를 향해 좀처럼 드러내지 않던 사랑과 믿음이라는 끈끈한 마음을 나눌 수 있었다.

우리 가족의 남미 여행은 이제 끝을 보이고 있다. 그러나 남미의 끝자락에서 우리는 새롭게 이어지는 희망의 길을 바라보고 있다. 한 발, 한 발…… 다시 걸어야 할 희망의 길을.

Road 4.
North Africa

북아메리카에서의 '새로운 시작'

'여행'이라는 넛지의 법칙

'남자가 흘리지 말아야 할 것은 눈물만이 아니다?'

'화장실을 깨끗이'라는 말이나 '한 발짝 더 가까이'라는 문구보다 '눈물'과 대비시켜 강조한 이 문구의 효과가 훨씬 더 크다는 사실을 모르는 이는 없을 것이다. 그러나 이보다 더 기막힌 방법이 있다는 사실을 아는가? 네덜란드 암스테르담 공항의 남자 화장실의 소변기에는 파리 모양의 스티커가 붙어 있다고 한다. 이 조그마한 파리 스티커는 볼일을 보는 남자들의 관심의 대상이 되었고, 소변기 밖으로 새는 소변의 80퍼센트를 줄였단다. 어떤 금지조항 없이 원하는 결과를 얻어낸 현명한 방법이 아닐 수 없다.

똑똑한 선택을 유도하는 부드러운 힘의 대표적인 사례로 소개되는 이 내용은 『넛지Nudge』라는 책을 통해 알 수 있었다. '넛지 효과'란 팔꿈치로 옆구리를 살짝 찌르듯이 자그마한 자극으로 커다란 변화를 일으킬 수 있는 힘의 효과를 의미한다. 명령, 강압이 아닌 부드러운 힘으로 사람의 마음을 움직일 수 있다는 것이다. 적지 않은 시간 동안 학교에서 아이들을 가르쳐온 나는 이 책을 읽으며 '배움'에서도 '넛지 효과'가 일어나면 좋겠다는 바람을 가졌다. 만약 그렇게 된다면 정말 신명나게 공부할 수 있을 테니 말이다. 그런데 이런 '넛지 효과'를 학교를 그만두고 떠난 여행에서, 그것도 멕시코에서 맛볼 수 있었다.

✈

남아메리카를 두 달 반에 걸쳐 여행하는 동안 아이들은 남미에 대해 부쩍 관심을 갖게 되었다.

"남아메리카는 엄청난 잠재력을 보유한 것 같아요. 거대한 땅, 엄청난 자원에 정말 놀랐어요."

"우리는 왜 남아메리카에 대한 관심이 적을까요?"

"스페인어만 잘해도 이곳을 상대로 사업을 할 수 있을 텐데……."

세 아이의 남미 사랑은 끝이 보이지 않는다. 어느새 6개월의 여정을 넘긴 시점에 새로운 기대를 안고 멕시코로 향했다. 공항에 도착하니 밤 10시 30분. 위험천만하기로 소문난 멕시코에 이렇게 늦게 도착하다니. 이곳에 오기 직전 소개받은 김 선생님이 공항에 나오시기로 했지만, 도대체 짐이 나올 생각을 하지 않는다. 알고 보니 멕시코는 남아메리카와 북아메리카를 잇는 지형적 위치 때문에 마약 유통의 중심지가 되는 경우가 많아 검열이 철저하단다. 그렇게 겨우 수속을 마치고 입구로 나가니 어느새 자정! 남편의 이름이 적힌 종이를 들고 서 있는 젊은 한국인 부부가 보였다. 인도의 공항 로비에서 모기와 싸우며 밤을 샌 적이 있었기에 우리를 기다려준 이 부부에 대한 고마움은 정말 남달랐다.

이렇게 우리는 물설고 낯설은 멕시코에서 김 선생 가족과 한 식구처럼 1주일을 보냈다. 김 선생은 원단 사업을, 부인은 유명 라이선스 기업의 멕시코 지사장이었다. 젊은 나이에 탄탄한 기반을 잡은 듯해 내심 놀랐다. 혹시라도 집안 배경이 탄탄한 덕분이 아닌가 싶었는데, 전혀 뜻밖의 이야기를 들을 수 있었다.

"솔직히 한국에서 먹고살 것이 없어 여기에 왔어요. 완전히 빈손이었죠."

자수성가 중에서도 보통 자수성가가 아니었다. 두 사람 모두 대학에서 포르투갈어를 전공했지만, 한국에서는 각광받는 언어도 아니었고 무엇보다 가지고 있는 자본도 없어서 멕시코 이민을 결심하게 되었다는 것이다.

"제가 대학시절에 혼자 남아메리카를 한 달간 여행했거든요. 그때 '아, 한국을 벗어나서도 충분히 일을 할 수 있구나' 하는 용기가 생긴 것 같아요."

아이들에겐 이 30대 중반의 선배가 들려주는 인생역정이 여간 흥미로운 게 아니었나보다. 이야기를 듣는 세 아이의 눈빛이 마치 인생의 멘토를 만난 것처럼 반짝였다.

"그래도 두 분은 포르투갈어를 공부하고 스페인어까지 잘하셔서 취직이 쉽게 되셨겠어요."

딸의 질문에 김 선생 부인이 정곡을 찌른다.

"아니. 처음에는 우리도 그렇게 생각했어. 특히 한국 사람들은 언어 능력만 갖추면 모든 것이 해결될 거라고 생각하잖아. 그런데 그것이 영어든, 스페인어든 언어 자체는 무기가 아니더라고. 그저 하나의 연장 혹은 도구에 불과하다고 할까?"

언어에 능통하면 직업을 구할 수는 있다. 물론 비교적 쉽게. 그러나 그것은 기본일 뿐, 그보다 중요한 것은 어떤 일이든지 주인정신으로 해야 한다는 것이다.

"처음 이곳에 와서 어떤 분이 작은 일 좀 도와달라고 하셨어요. 그때 정말 최선을 다했는데, 그 일을 계기로 정식 직원이 될 수 있었지요."

그 부부보다 나이 많은 우리도 배워야 할 점이 한두 가지가 아니다. 성실 하나로 인정받아 단 한 장의 이력서도 쓰지 않고 세계적인 라이선스 기업의 멕시코 지사장이 되었다니 놀라운 이야기였다. 김 선생 부인은 언어에 대한 열정은 '자신이 그 언어를 어떻게 사용할지 고민하다보면 자연스레 생기기 마련'이라며, 지금은 프랑스어에 도전하고 있다고 말했다. 멕시코에 처음 온 우리에게 함께 지내도록 해준 것만으로도 고마운데, 이렇게 생생한 교육의 인생 경험을 전수해주는 부부를 만난 것이 정말 기뻤다. 아이들에게 있어 진정한 교육의 의미를 고민한 끝에 나선 여행이었기에 우리 부부에게는 더 큰 의미로 다가왔다. 아이들도 인생 선배의 경험담을 귀를 쫑긋 세우고 듣고, 어떤 때는 자신들의 장래에 대한 고민을 토로하면서 이야기꽃을 피웠다. 아이들의 고민을 듣고 난 후 김 선생이 한 가지 근사한 제안을 했다.

"음……. 그럼 내일 우리 가게에서 한번 일해보는 건 어떠니?"

두말하면 잔소리. 다음날, 김 선생의 원단 가게로 세 아이들이 출근했다. 까다롭기로 소문난 유대인을 상대로 원단을 거래하는 현장 체험은 아이들에게 신선한 충격으로 다가온 듯하다. 그날 저녁 집에 돌아온, 아니 퇴근한 아이들은 비록 하루 체험기에 불과했지만 감탄사를 연발했다. 디자인 파트에서 원단을 오려 붙이고 만드는 일을 했던 딸의 얘기.

"옷감이 그렇게 많다는 걸 처음 알았어요. 패션의 유행을 미리 직감하고 원단을 예측해서 골라야 한다는 말씀도 하셨어요. 단순히 물건만 팔면 되는 게 아니더라고요."

두 아들은 직원과 함께 주문을 받고 수금하는 일을 했단다.

"여행자는 돈을 쓰는 사람이니까 말을 좀 못해도 현지인이 귀를 기울여주잖아요? 그런데 수금을 하러 갈 때에는 상대방을 설득시켜야 하니까 대충 말해서 되는 문제가 아닌 것 같아요."

김 선생의 "우리 원단 가게에서 일해볼래?"라는 한마디 덕분에 아이들에게 특별 교육이 이루어진 셈이다. 그야말로 팔꿈치로 옆구리를 살짝 찌르듯이 아이들의 마음을 자연스럽게 움직인 김 선생이 고마울 따름이다. 부모가 눈치를 주면서 공부하라고 강요할 때와는 전혀 다른 차원의 '배움'이 이루어진 것이다.

멕시코에서 김 선생 부부가 안겨준 '넛지'는 아이들이 안티구아에서 스페인어를 공부할 때까지 이어졌다. 아이들은 그야말로 혼신의 노력을 다해 스페인어를 공부했다. 김 선생이 대학시절 떠난 남아메리카 배낭여행을 통해 무궁무진한 잠재력을 가진 이 땅에 도전했듯이, 우리 아이들 중 한 명 정도는 훗날 대한민국보다 더 넓은 남아메리카 대륙을 누비게 될지도 모르겠다.

✈

폐암으로 세상을 떠난 '코미디의 황제' 이주일 씨가 언젠가 공익광고에 출연하여 "담배, 맛있습니까? 그거 독약입니다"라는 말을 한 적이 있는데, 이 한마디에 전국적으로 금연 열풍이 불었던 기억이 있다. 생각해 보면 그것 역시 '넛지 효과'라 할 수 있다. 아마도 세상만사 모든 일에 이 법칙을 적용한다면 인생을 훨씬 재미있게, 한결 수월하게 살 수 있으리라. 우리 가족의 변변찮은 여행기를 읽고 있는 이 땅의 부모와 자녀들도

이 '넛지의 법칙'을 실천해보는 건 어떨까? 방학 특강이라는 선행학습 대신, '방학 특별 여행'을 하도록 아이들의 어깨에 배낭을 메어주는 것도 좋을 것이다. 팔꿈치로 옆구리를 살짝 찌르듯이, 김 선생이 우리 세 아이들을 자연스럽게 변화시켰듯이, 아이들에게 정말 필요한 멋진 배움은 학교가 아닌 '세상의 현장'일지도 모른다.

안티구아의
'전기 사건'

 남아메리카 여행을 하면서 한 가지 버릇이 생겼다. 일명 '화장지 챙기기 대작전!' 호텔이나 공항 화장실을 갈 일이라도 생기면, 나도 모르게 여분의 휴지를 둘둘 말아 주머니에 쑤셔 넣어야 안심이 되는 것이다.
 버스를 타고 남아메리카 시골을 가는 길이었다. 휴게소에 들러 화장실을 가려고 하는데 돈을 내고 들어가야 한단다. 더 충격적인 건 화장지가 딱 두 장이라는 사실! 화장지를 잡은 손바닥이 훤히 보일 정도로 얇디얇은 두 장을 주니 난감하기 짝이 없었다. 이렇게 몇 번의 곤욕을 치르고 난 후에는 '화장지 챙기기 대작전'을 수행하는 비밀 요원이 된 듯 바짝 긴장하게 되었다. 한국에서는 아무 생각 없이 누렸던 것들이 지구 저편에서는 호사스러운 일이라는 걸 깨닫는 순간이었다. 문제는 그나마 화장지처럼 미리미리 챙겨둘 수 있는 물건이라면 다행이지만, 그렇지 않은 경우에는 더욱 난감해진다는 것이다. 안티구아Antigua에서의 '전기 사건'처럼.

"엄마, 여행 기간을 좀 줄이더라도 스페인어를 배우게 해주시면 안 돼요?"

남아메리카에서 멕시코로 거슬러올라오는 내내 아이들은 스페인어를 배우고 싶다고 했다. 처음에는 단순히 그냥 하는 말로 가볍게 여겼는데, 새로운 언어에 대한 아이들의 열망은 부모의 기대를 넘어섰다.

"엄마 아빠도 직접 보셔서 아시겠지만, 남아메리카는 발전 가능성이 엄청나잖아요. 이 기회에 꼭 배워두고 싶어요."

결국, 아이들 때문에 멕시코에서 과테말라의 작은 도시인 안티구아로 오게 되었다. 안티구아는 스페인어를 배우기 위해 전 세계에서 모인 사람들이 붐비는 도시로 소문난 곳인데, 실제로 도착해보니 한 집 건너 학원이 있었고, 사고가 많다는 과테말라 시티와 달리 안전한 도시였다. 과테말라 정부에서 관광 수입을 위해 특별 관리하는 도시라 경찰들이 삼엄한 경비를 서고 있었기 때문이다. 스페인어를 배우기 위해 이곳을 찾은 여행자들을 위해 가재도구까지 갖추고 임대하는 집들도 많아 저렴한 비용으로 편하게 지낼 수 있는 곳이기도 하다.

여행은 '인연'이라는 것에 대해 다시 한번 생각하게 하는 듯하다. 아프리카 잠비아에서 만나 우리에게 큰 도움을 주었던 세 아가씨가 있었다. 그중에서 다희라는 대학생을 이곳 안티구아에서 다시 만나게 되어 함께 생활하게 되었다. 다희 역시 스페인어를 배우고 싶다고 해서 아이들과 함께 학원과 임대해서 거주할 집을 알아보러 다녔다.

"안티구아에서 한국 식당을 운영하시는 분을 만났는데, 그분께 이런저런 정보를 들을 수 있었어요."

숙소로 돌아온 네 명은 테이블에 앉아 도표까지 그려가며 우리 부부에게 차근차근 설명해주었다. 그 결과 처음 적응하는 기간인 만큼 조금 비싸더라도 시내 중심가에 자리한 집을 임대했고, 한 달 동안 여섯 명 모두가 스페인어 사냥에 나서기로 했다.

안티구아에서의 한 달도 그야말로 화살처럼 지나가, 우리 가족과 함께 머물던 다희도 다음 일정을 위해 떠나야 했다. 아이들은 어느 정도 적응이 되었으니 이제는 집세가 저렴한 외곽으로 거처를 옮기자고 했다. 변두리라고 해봐야 이곳 도심에서 걸어서 15분 정도의 거리지만, 밤에는 다소 위험해 외국인들은 꺼리는 것이 사실이다. 이제는 여행에서 중요한 부분을 아이들이 착착 알아서 챙기는 형국이 되어버렸다. 모든 일정을 미리 계획하고, 주어진 조건에서 생활해야 하는 장기간의 배낭여행이 아이들에게 자연스럽게 리더십을 깨우쳐준 셈이다.

어쨌든 우리는 경비 절감을 이유로 외곽으로 집을 옮겼다. 그런데 이사 간 지 겨우 이틀 만에 아이들이 다시 이사를 가자고 졸라댔다.

"뭐? 다시 이사를 가자고?"

"그냥 대충하면 안 될까? 어떻게 또 이사를 가니?"

그랬다. 아무리 여행 중이라지만 온 가족이 밥을 해먹고 지내다보니 짐이 많아졌다. 귀찮기도 해서 만류했지만 아이들의 고집은 쇠심줄처럼 강했다.

"엄마, 밤 10시만 되면 전기를 끄라고 하잖아요. 그게 말이 돼요? 저희는 스페인어를 정말 열심히 공부하고 싶어요."

첫째의 선전포고에 둘째가 거들었다.

"학원에 다녀와서 조금만 공부해도 금세 10시잖아요."

막내는 더욱 강경했다.

"어젯밤에 형이 어디에서 공부한 줄 아세요? 부엌에 책상을 옮겨 놓고 전깃불이 새어 나가지 않게 꽁꽁 막아가며 공부했다니까요."

아이들의 말을 듣고 보니 충분히 이해가 되었다. 이전에 한 달간 머물던 집보다 절반 정도의 집세만 내면 되기에 이사를 했는데, 주인이 뜻밖의 요구를 했다. 안티구아는 전기세가 비싸기 때문에 자기 집에서는 밤 10시 이후에는 전기를 켜지 않는다는 것이다. 비록 이틀밖에 되지 않았지만, 한창 스페인어 공부에 푹 빠진 아이들로선 이런 상황이 답답해 견딜 수 없었던 것이다.

"공부하겠다고 저렇게 난리인데 안 들어줄 수도 없고……."

남편은 둘째가 좁은 부엌에서 빛을 가리고 힘들게 공부했다는 말을 듣고 마음이 약해지는 모양이다. '무슨 고시 공부를 하는 것도 아니면서' 하는 마음이 들기도 했지만, 안티구아에서의 아이들 모습은 한국에서의 모습과 확연히 달랐다.

"엄마, 공부가 정말 재미있어요. 하루에 10시간을 공부해도 부족한 것 같아요."

세상에! 신이시여, 이 아이가 정말 제 딸이란 말입니까?

다음날, 수업을 마친 아이들은 새로운 거처를 알아보기 위해 열심히 안티구아를 누볐다. 어디에서 그런 힘이 나오는지 신기할 정도였다. 덕분에 우리는 전기세를 부담하기만 한다면 언제든지 사용할 수 있는 곳으로 이사를 감행했다. 이건 뭐 흡사 '세 아이 스페인어 구하기'와도 같다.

"그놈의 전기가 뭐라고. 잠시 머무는 이곳에서 이사를 몇 번이나 하는 거냐?"

겉으로는 투덜댔지만, 새로운 언어를 배우기 위해 저토록 강한 의지를 불태우는 아이들의 모습이 대견하기만 했다. 새로 이사 간 집은 학원과 멀다는 것을 제외하면 모든 조건이 나았다. 온화한 할머니가 주인이신데, 아래층의 넓은 거실과 위층에 세 개의 방을 우리가 모두 사용할 수 있었다.

우리 가족은 비싼 전기세를 아끼기 위해 거실에 모여 함께 공부했다. 거실에 책상을 죽 늘어놓고 온 가족이 공부하는 모습이 마치 흥부네 가족이 따로 없다는 생각을 들게 했다.

"카드 종이가 어디 갔지? 분명히 여기 있었는데."

스페인어 단어를 외우기 위해 단어 카드를 만들던 첫째가 종이를 찾았다. 한국에서 공부하던 때와 달리 스스로 학습법을 연구하고, 서로 점검을 해주는 모습이 기특했다. 아이들은 마치 '공부의 신'처럼 스페인어 공부에 몰두했다. 수북이 쌓여 가는 단어 카드를 보물처럼 애지중지하는 모습을 보고 내심 놀랐다.

어느덧 시간이 흘러 안티구아에서의 생활을 정리할 무렵, 둘째가 자신의 꿈을 공개했다.

"친애하는 가족 여러분, 저는 앞으로 적어도 3개 언어를 공부하고 싶습니다."

평소 외국어 공부를 제일 싫어했던 둘째였기에 모두들 어안이 벙벙한 채 쳐다보았다. 쉽지만은 않았던 안티구아에서의 생활이었지만, 둘째의 다짐은 이곳에서의 생활을 행복으로 기억하게 만들기에 충분했다.

✈

지붕에서 비가 새도 내 집만 한 데가 없다고 했던가? 이국땅에서 한 달 동안 세 번의 이사를 다니면서 아이들은 집 없는 서러움을 처음으로 알게 되었다고 고백했다. 한국에서의 생활이 얼마나 행복했는지 절실히 느꼈다는 말도 덧붙이며……

이렇듯 젊은 날의 여행은 다람쥐 쳇바퀴 돌듯이 흘러가는 일상생활에서 느낄 수 없는 것들을 깨닫게 한다. 너무도 평범해서, 그래서 그 자체가 불만이었던 것들이 실은 얼마나 감사한 것인가를 되새기게 해주는 것이다. 내 나라가, 내 가족이, 내 집이, 내 친구가, 내 이웃이 있다는 사실. 비록 많은 것을 포기했지만, 그래서 이 긴 여행을 끝마치고 돌아가면 다시 일상의 고민을 할지도 모르지만 적어도 지금 이 순간 우리 부부는 너무도 행복하고, 이 여행을 선택했던 우리 자신에게 아낌없는 박수를 보내고 싶다. 더불어 오로지 아이들의 교육을 위해 한평생을 헌신하는 대한민국의 모든 부모 가운데 우리 같은 선택을 하는 이들이 조금이라도 나와주기를 바란다. 그런 부모들이, 그리고 그런 자녀들이 많아진다면 우리가 생각하는 행복의 기준은 분명 조금씩 조금씩 달라질 것이다. 그건 우리 가족만 보아도 충분히 알 수 있지 않을까?

쓱쓱~ 쓱쓱~.

이런 생각에 빠져 있는 내 눈에, 빨래터에서 빨래를 하느라 땀을 뻘뻘 흘리고 있는 막내가 들어온다. 세탁기가 거의 없는 안티구아에서는 집집마다 간이 빨래터를 만들어 놓고 손빨래를 해야 한다.

'빨래는 세탁기가 하고, 어두워지면 전깃불 켜면 되지, 뭐' 하며 한국에서 당연하게 누리던 생활이 이곳에서는 신천지나 다름없지만, 막내의 얼굴 위로 흘러내리는 땀은 건강한 웃음과 어우러져 너무도 아름다웠다. '그놈의 전기'가 아니라 '귀하기 짝이 없는 전기'의 존재를 알았기 때문은 아닐까?

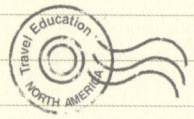

안티구아에서 우리 아이들은 스페인어 삼매경에 빠져 지냈다.

밤 10시만 되면 전기를 꺼야 하는 숙소를 이틀 만에 옮기자고 성화를 부릴 정도였다.

전기 요금이 어느 곳보다 비싸 온 가족이 거실에 모여 공부를 하고,

땀을 뻘뻘 흘리며 손빨래를 해야 했지만 이국땅에서 한 달 동안

세 번의 이사를 다니면서 우리 가족은 더욱더 하나가 되었다. 그리고 깨달았다.

내 나라가, 내 가족이, 내 집이, 내 친구가, 내 이웃이 있다는 사실이 얼마나 행복한지를.

'실버 미션'과의 아름다운 동행

"또 TV 보니?"

나의 질책에 막내가 저항하듯 말했다.

"오늘은 실제 합창 대회가 열리는 날이란 말이에요. 꼭 보고 싶어요."

평소 우리 집에서는 방에 TV를 두었다가 필요한 경우에 거실로 가지고 나와서 보곤 한다. 어느 날, 막내가 그동안 한 번도 보지 않던 프로그램을 보겠다고 해서 실랑이가 벌어졌다. 결국 막내의 간청을 이기지 못하고 함께 앉아 녀석이 원하는 오락 프로그램을 보게 되었다. 그런데 이게 웬일. 막내를 탓했던 방금 전 일을 까맣게 잊고 나도 모르게 TV 속으로 빠져들었을 뿐 아니라, 심지어 가장 먼저 눈물을 흘리고 말았다.

계단을 오르는 것도 쉽지 않아 보이는 60대 이상의 할머니 스물일곱 분과 청일점 할아버지 한 분으로 구성된 '한사랑 실버 합창단'. 실력으로 따진다면 성악을 전공하고 한창 젊은 나이의 합창단을 따라갈 순 없겠지만, 합창이 울려퍼지는 내내 보는 이들의 가슴을 뭉클하게 만들었다. 한마디로 그들은 아름다운 실버 인생이었다. 예전과는 사뭇 달라진 세상인지라 이제는 노인들이 살아온 세월의 깊이를 자랑하기보다는 움츠러들기 쉬운데, 실버 합창단의 노래에는 새로운 도약을 꿈꾸는 땀방울이 엉글어 있었다. 아마도 그날 TV를 보던 많은 이들이, 특히 취업난 등으로 어깨가 처진 젊은이들이 노년의 아름다운 도전 앞에서 눈가가 촉촉이 젖었을 것이다. 그 순간, 안티구아에서의 기억 한 조각이 되살아났다. 한사랑 실버 합창단만큼이나 아름다웠던 그분들이.

✈

신종 인플루엔자라는 예상치 못한 복병으로 집과 학원만 오가던 우리 가족에게 같은 학원에서 공부하는 재미교포 학생인 건우 청년이 한 가지 제안을 했다.

"재미교포 어르신들이 이곳으로 봉사활동을 오세요. 혹시 함께 도와주실 수 있으세요?"

그분들은 해마다 미국에서 이곳으로 봉사활동을 오는데, 연세가 많으신지라 무거운 짐을 들거나 이동하는 일을 도와줄 사람이 필요하단다. 좋은 일을 한다는데 여부가 있나? 우리는 1주일간 학원 공부를 중단하고 '실버 미션 팀'과의 새로운 동행을 시작하기로 했다.

첫날, 어르신들이 묵고 계시는 호텔을 찾았다. 60세부터 89세까지의 어르신들이 우리를 반갑게 맞이해주셨다. 한국 같으면 경로당에 계실 연세에 적지 않은 자비를 들여 봉사활동을 하러 오셨다는 사실이 놀라웠다. 그중에는 젊은 시절 의사나 간호사로 일하시던 분들도 계셨지만, 대부분은 봉사를 위해 몇 개월에 걸쳐 필요한 기술을 배우셨단다. 우리 역시 반갑게 인사를 드리고 분주한 손길로 물건들을 날랐다. 세 아이들도 열심히 손을 보탰다.

짐을 다 실은 버스는 두 시간을 달려 낯선 곳으로 이동했다. 안티구아 시내와는 완전히 다른 첩첩산중의 시골마을이 나왔다. 사람들은 능숙한 손놀림으로 햇볕을 가릴 수 있는 곳을 찾아 자리를 잡고, 순식간에 의료(양방, 한방), 안경, 미용, 사진 등 봉사활동을 위한 센터를 만들었다. 한두 해 하신 솜씨가 아니라는 걸 단번에 알 수 있었다. 아이들도 짐을 함께 나르고, 그동안 배운 스페인어로 통역을 하고, 현지 어린이를 위한 프로그램을 진행했다. 우리 부부는 의료봉사 분야에서 약품을 분류하고, 밀려드는 사람들을 접수하는 일을 맡았다.

"아무도 살고 있지 않을 것 같은 이 첩첩산중에 어떻게 이렇게 많은 사람들이 오는 거죠?"

의아한 듯 묻는 내게 간호사로 일하셨다는 할머니께서 말씀하셨다.

"보다시피 이 사람들은 1년 내내 병원을 가지 못한다우. 그러니 우리가 온다고 하면 멀리서라도 서로 연락해서 오는 거라우."

해마다 과테말라의 시골 마을을 찾아 봉사활동을 해오셨다는 할머니는 이곳 사정을 훤히 꿰뚫고 계셨고 스페인어도 꽤 많이 알아들으셨다. 올해 처음 오셨다는 남자 의사 선생님도 계셨다. 이번 실버 미션 팀에서 가장 젊으신 이분은 지금도 미국에서 병원에 근무하신다고 하셨다. 여전히 현역으로 활동하시는 만큼 조금이라도 더 정확한 처방을 위해 통역을 거쳐 검사하고, 질문하고, 다시 질문하기를 반복하시며 지칠 줄 모르고 진료에 임하셨다.

어느덧 오전 시간이 끝나고 찾아온 점심시간. 서둘러 점심을 먹고 돌아왔는데, 아직도 끝나지 않은 분야가 있었다.

"한 번만 더 검사해봅시다. 정확하게 맞추는 것이 안경에서는 제일 중요하니까요."

두 아들의 통역 아래, 어르신들은 시력검사대의 표식들을 가리키며 검사를 하고 계셨다. 그러고 보니 유난히 이곳은 눈이 벌겋고 잘 보이지 않는다는 환자들이 많았다. 몇 번에 걸쳐 시력을 측정한 뒤 안경을 끼고 기뻐하는 현지인의 모습을 보니 내 마음이 뿌듯해졌다. 무엇보다 그들보다 더 행복해하시는 어르신들의 모습에서 아직도 세상은 살 만하다는 확신을 갖게 되었다. 서캐가 묻어 있는 머리를 일일이 빗기고 예쁜 머리띠와 줄로 묶어 손질해주시는 미용 분야 봉사대원들, 가족사진을 찍어 티셔츠와 액자를 만들어주고 출력된 사진을 흐뭇하게 바라보시던 어르신들까지……. 여기를 보고 저기를 봐도 감동스런 영화를 보는 듯한 장면들이 이어졌다. 쉬엄쉬엄 해도 나무랄 이 하나 없건만, 점심시간조차 아까워하며 노력하시는 모습에 나도 모르게 눈시울이 뜨거워졌다. 이런 내 마음을 눈치챘는지, 건우 청년이 새로운 사실을 알려준다.

"이분들 가운데에는 1년에 한 번 있는 직장 휴가를 모두 모아 오시는 분들도 많으세요."

다시 한번 얼굴이 뜨거워졌다. 모두들 미국에 이민 가서 자리 잡으신 분들이니 만큼 경제적으로 넉넉해서 부담 없이 오시는 줄 알았는데, 실상은 그게 아니었다. 여전히 직업 전선에 계신 분들이 생각보다 많았다. 한국과 달리 미국에서 이민자로 살아가며 이렇게 시간을 내는 것이 결코 말처럼 쉽지는 않다는데, 이런 상황 속에서도 이렇게 한자리에 모인 이유는 단 하나. 바로 '나눔'이었다. 자신이 가진 것을 조금이라도 나누고자 하는 마음. 그 마음이 통해서일까? 사람이 살 수 없을 것 같은 적막한 과테말라 시골마을은 큰 잔치가 벌어진 것처럼 사람들로 그득했다. 곳곳에서 행복한 웃음소리가 커졌다. 너무 깊은 산골이라 스페인어조차 통하지 않은 경우도 있었지만, 말보다 더 깊은 사랑이 있었기에 서로의 마음을 나누는 데 아무런 불편함이 없었다.

일주일에 걸친 봉사활동을 마치고 집으로 돌아오는 버스에서 같은 팀에서 함께했던 어르신께 여쭤보았다.

"할머니, 미국에서 인플루엔자 소식 들으셨죠? 멕시코 바로 옆 나라인 이곳에 오시는 게 두렵지 않으셨어요?"

염려 섞인 내 질문에 그분은 담담하게 말씀하셨다.

"우리를 매년 기다리는 사람들이 이렇게 많은데 우리가 안 오면 얼마나 실망이 크겠어?"

아…… 마음이 뭉클해졌다. 내 마음을 담아 손을 꼭 잡아드리니 잔잔히 미소를 지으며 더 큰 마음을 전해주셨다.

"지금까지 건강하게 살아온 것만으로도 충분히 감사하다는 생각이 들어. 그러니 남은 시간, 조금이라도 그 은혜를 갚으며 살아야겠지."

화려하고 생기 넘치는 젊음이 감히 따라 할 수 없는 사려 깊은 노년의 넉넉한 사랑. 우리 가족이 여행을 떠나지 않았다면 이렇게 아름다운 사랑을 실천하는 분들과 함께할 수 없었으리라. 어느새 어둑어둑해진 과테말라의 시골길을 따라 돌아오는 버스에서 우리 가족은 더없이 따뜻한 마음을 느낄 수 있었다.

밤늦게 집으로 돌아온 아이들도 저마다 이야기 보따리를 푸느라 정신이 없었다.

"할아버지 할머니들께서 젊은 사람보다 더 열심히 봉사를 하시다니, 정말 대단하세요."

감동이 아직 가시지 않은 딸아이가 덧붙였다.

"저는 미용 분야에서 아주 작은 도움을 드렸는데, 그곳 사람들이 거의 머리를 감지 않아 역겨운 냄새가 나는 거예요. 그런데도 머리를 빗겨주시고, 예쁘게 손질하시는 걸 보고 놀랐어요."

평소 조용한 둘째도 남다른 감동을 받았음을 숨기지 않았다.

"우리가 그분들을 도와드린 게 아니라 오히려 많은 것을 배운 것 같아요."

아이들의 마음에 살아 있는 교훈을 안겨준 실버 미션 팀과의 아름다운 동행. 그날의 경험은 여행길에 잠시 스쳐간 만남이 아니라 우리들 가슴에 평생토록 남을 선물이 되었다.

✈

마지막 평가회 시간, 다음해 봉사를 위한 새로운 제안들이 끊임없이 쏟아졌다.

"이곳 사람들이 유난히 시력이 나쁜 이유는 집 안에 굴뚝이 없어서 몸에 좋지 않은 연기를 그대로 쐬기 때문이에요. 그러니 다음에는 굴뚝을 만들어줘야 할 것 같아요."

"우물도 마찬가지입니다. 소화제나 진통제를 주는 것보다 깨끗한 물을 마실 수 있도록 하는 게 더 중요하다고 봅니다."

대학의 토론장이 이만큼 뜨거울까? 진정으로 인간을 사랑하는 그분들의 마음이 절로 느껴졌다. 자비를 들이고, 적지 않은 시간을 투자하며, 힘에 부치는 봉사를 해야 함에도 불구하고 내년에는 더 큰 사랑을 가지고 오고 싶다는 그분들의 열망은 백발의 노장들이 힘을 모아 부르는 아름다운 합창처럼 들렸다. 언젠가 내가 저분들과 같은 나이가 되었을 때, 나 또한 이런 노래를 부를 수 있기를 소망해본다.

네 새끼,
내 새끼,
우리 새끼

신부가 아니어도,
의술로 많은 사람들을 도울 수 있는데,
한국에도 가난한 사람들이 많은데,
왜 의사를 그만두고 신부가 되어,
아프리카까지 갔냐는 질문을 받는다.
특별한 이유는 없다.
다만, 내 삶에 영향을 준 아름다운 향기가 있다.
어릴 때 집 근처 고아원에서 본 신부님과 수녀님의 헌신적인 삶,
10남매를 위해 평생을 희생하신 어머니의 고귀한 삶,
이것이 내 마음을 움직인 아름다운 향기다.

〈울지마 톤즈〉라는 영화 속 고故 이태석 신부님의 고백이다. 아프리카의 가난한 나라 수단의 톤즈에서 48세로 짧은 생을 마감했지만, 신부님은 여전히 아름다운 향기로 남아 있다. 내 주변을 챙기는 것도 버거워

하는 나 같은 이에게는 조금이나마 자신을 돌아보게 하신 분이기도 하다. 이렇게 아름다운 향기를 가진 분들 덕분에 우리가 사는 세상은 조금 더 아름다운 곳으로 만들어지는 것 같다. 멕시코 국경, 작은 마을 꼬미딴Comitan에서 세상을 아름답게 하는 향기로운 분들을 다시 한번 만날 수 있었다.

✈

'미국의 어느 교포 사업가가 전 재산을 투자해 학교를 만들었습니다. 멕시코 시골 아이들을 위해 무상교육을 실시하고 있어요. 두 분도 선생님이시니 꼭 한번 들러주세요.'

멕시코의 꼬미딴에 계시는 분에게서 메일을 받았다. 얼마 전 실버 미션팀의 봉사대원으로 오시기도 하셨는데, 그 학교에서 봉사하고 계신단다.

"도대체 어떤 사람이 낯선 나라의 아이들을 위해 자신의 전 재산을 들여 학교를 만들었을까?"

학교에 가고 싶은 열망이 인플루엔자의 위험보다 더 강하게 다가왔다. 아이들도 학교를 찾고 싶어 했다. 우리 부부와는 다른 이유였다.

"두 달 넘게 배운 스페인어로 학생들과 수업을 하고 싶어요."

물론 주변 사람들의 반대가 만만치 않았다.

"무슨 말이에요. 멕시코로 다시 들어간다는 건 무모한 일이에요."

"차라리 미국으로 가시는 게 낫지 않을까요? 멕시코는 이제 백신도 없다던데."

많은 분들이 염려해주셨지만, 우리 가족은 꼬미딴에 있는 학교를 찾아갔다. '익투스(물고기)'라는 이름의 학교였다. 어찌나 넓은지 교문에

들어간 후에도 길을 찾지 못해 멍하니 서 있는데 학생들이 와서 안내를 해주었다. 영어 실력도 제법이고, 순수하고 밝은 표정을 보니 학교의 분위기를 알 것 같았다. 넓은 면적에 깔끔하게 지어진 건물에서는 마치 명문대학과 같은 느낌도 받았다.

우리는 학생들의 안내를 따라 학교 사무실에 들어가 인사를 나누었다. 미국에서 사업을 하시던 한국 교민이 대표라고 하셨다. 20대에 미국으로 이민을 간 그분은 오랫동안 IT 사업을 하시다가 지금은 사업을 정리하고 사재를 털어 이곳에 학교를 만드셨다고 했다. TV에서나 보던 '기적의 현장'에 와 있는 것만 같았다.

"정말 대단하세요. 멕시코 시골에 이렇게 멋진 학교를 만드시다니요."

교사였던 남편과 나에게 학교는 여전히 가슴이 두근거리는 곳이었다. 우리의 감탄사에 대표님이 말씀하셨다.

"과찬이십니다. 제가 아니더라도 누군가는 했을 일인데요. 아직도 부족한 것이 너무나 많습니다."

겸손한 반응이었다. 이태석 신부님처럼 종교적인 신념이 바탕에 깔려 있었지만, 이곳에 학교를 짓고 운영한다는 것은 아무나 할 수 있는 일이 아니다. 멕시코 시골에서 온 아이들을 위해 학교는 교실, 기숙사, 식당, 체육관 등의 시설을 갖추고 무상교육을 실시하고 있었다. 더 놀라운 것은 봉사자 대부분이 재미교포분들이라는 것이었다. 이분들은 각자 학교와 센터로 영역을 나누어 자신들이 할 일을 하고 계셨다.

"엄마, 학생들이 너무 순수해요. 힘들게 자랐다는 게 전혀 느껴지지 않을 만큼요."

학생들과 함께 수업을 받은 딸의 말이다. 오랜만에 또래를 만난 기쁨과 아이들의 순수한 모습에 반한 듯 얼굴이 싱글벙글이다. 저녁식사를 마치고 학교에서 봉사하는 분들과 학교 구석구석을 돌아보기로 했다. 어찌나 넓던지 실컷 운동을 한 기분이었다.

"그런데 왜 멕시코에 오셔서 학교를 세우셨나요?"

학생들이 어머니처럼 따른다는 사모님께 하루종일 궁금했던 것을 여쭤보았다.

"멕시코는 우민 정책을 써서 일부러 교육을 안 시킨답니다. 그래서 미래에 멕시코를 변화시킬 수 있는 아이들을 키우고 싶다는 꿈을 꾸게 되었어요."

당연한 일을 했을 뿐이라고 말씀하시지만 어디 그게 쉬운 일인가? 평생 모은 재산을 들고 낯선 땅에 가서 교육에 헌신하자고 남편이 말했을 때 과연 사모님은 어떤 마음이었을까? 아무리 생각해도 나라면 자신이 없었을 텐데, 사모님의 표정은 참 편안하고 행복해 보였다.

"처음에는 이곳 사람들도 의심스러운 눈으로 쳐다보더라고요. 그래도 진심으로 대하니까 시간이 지나면서 마음을 열더군요."

하긴, 어느 날 갑자기 낯선 한국인이 와서 돈 한 푼 안 받고 가르쳐준다고 하니 부모들이나 아이들이나 색안경을 끼고 바라보았을 것이다. 그러나 이분들의 헌신 어린 사랑과 정성 덕분에 지금은 '꼬레아'라고 하면 자신들의 친구로 받아준다고 했다. 이렇게 되기까지에는 우여곡절도 많았을 것이다.

"시골에서 제대로 먹지 못하고 자란 아이들이라 처음에는 음식을 감추거나 훔쳐가는 일이 많았어요. 그래도 우리는 끝까지 아이들을 믿었어요. 충분한 사랑을 주었더니 어느 순간부터 마음을 열고, 자신보다 더 어려운 사람들에게 사랑을 나눠주기 시작하더군요."

음식에 손을 대는 아이들은 '아직 어리기 때문'이라고 생각하면 넘어갈 수도 있었다. 그러나 학교에서 일하는 사람들, 심지어 학교를 방문한 부모가 아이를 시켜 학교 물품을 훔쳐갔을 때는 배신감도 컸단다. 그럴 때마다 '그만큼 누리지 못하고 힘들게 살아온 까닭이려니' 하며 이해하고 또 이해하다보니 이제는 그런 일도 싹 사라졌다고 한다.

"그동안 내 자식만 잘 키우면 되려니 생각했는데, 이곳에 와보니 얼마나 부끄러운지 모르겠네요."

한없이 부끄러워하는 나를 보고 사모님은 오히려 위로를 아끼지 않으셨다.

"자식 잘 키우고 싶은 부모 마음이 나쁜 건 아니죠. 그러나 네 새끼, 내 새끼로 나누기보다 '우리 새끼'로 잘 키우는 것이 더 중요한 것 같아요."

세상에나……. 어떻게 이런 마음이 가능할 수 있을까? 마음에 되새기고, 되새겨야 할 가르침이었다.

사모님은 학교를 둘러보는 우리 부부에게 아직도 해결해야 할 과제가 많다고 하셨다. 우선 아직까지 정식 허가가 나지 않아 학생들은 이곳을 졸업하고 검정고시 과정을 거쳐 대학에 진학해야 하는데, 교사도 부족하고 교육 과정도 체계가 잡혀 있지 않아 더 많은 연구가 필요하단다. 이런 악조건에도 불구하고 '살아 있는' 교육이 이루어진다는 사실이 참으로 신기했다. 아이들을 향한 사랑으로 똘똘 뭉친 학교의 모든 관계자들의 헌신이 있었기에 가능한 일이리라. 부모의 마음으로 아이들을 대하는 이분들이야말로 어려운 환경에서 살아가는 아이들에게 최고의 인생 멘토일 것이다. 말이 아닌 행동으로 보여주는 훌륭한 멘토 덕분에 이곳의 아이들은 자신에게 주어진 삶을 더욱더 최선을 다해 살아야겠다고 다짐하고 또 다짐할 것이다.

✈

멕시코 시골마을의 학교를 떠나 미국을 여행하던 중, '익투스'에서 첫 졸업식이 열린다는 연락을 받았다. 졸업생 중 몇 명은 한국의 대학으로 유학을 가게 되었다고 했다. 그 소식을 전해들은 우리는 약속이나 한 듯이 박수를 치고 환호했다. 시간이 흘러 여행을 마치고 한국으로 돌아온 어느 날, 아이들이 한국에서 공부하고 있는 '익투스'의 친구를 만나러 간다고 했다. 이런 나쁜 녀석들, 엄마 아빠도 보고 싶은데 자기들만 보려 하다니. 어찌나 보고 싶던지 "집으로 데리고 오면 안 될까? 맛있는 밥 한 끼 해주고 싶은데……"라고 했더니 딸이 아쉬운 듯 말했다.

"아르바이트를 해서 집에까지 올 시간은 안 된대요. 다음에는 꼭 오라고 할게요."

언젠가 아이들이 집에 놀러오면 멕시코식 '토르티야' 요리를 만들어 줘야겠다. 한국에서 공부하는 동안 '우리 새끼'로 그 아이들을 품어주는 엄마가 되고 싶다.

우리
엄마 아빠는
'4차원 어른'

날마다 많이 웃게나.
해맑은 아이들에게 사랑을 받는 것

무엇이든 자신이 태어나기 전보다
조금이라도 나은 세상을 만들어 놓고 가는 것

자네가 이곳에 살다가 간 덕분에
단 한 사람의 삶이라도 더 풍요로워지는 것
이것이 바로 성공이라네.

랄프 왈도 에머슨의 「진정한 성공이란?」이라는 시다. 평소 좋아하는 시이기는 했지만 미국의 캠프장에서는 특히나 이 시가 자주 생각났다.
　남아메리카에서는 배낭을 메고 버스를 타고 다녔지만, 미국에서는 차를 렌트해 캠핑 생활을 시작했다. 영화 속에서나 보던 캠핑 여행이 현실에서 이루어진 셈이다. 그동안 전투적으로 지내온 우리 가족에게 캠프장의 여유로움은 여행의 또다른 묘미를 안겨주었다. 캠핑의 행복! 물론 캠핑이 마냥 편안한 것만은 아니었다. 그럼에도 불구하고 드넓은 아메리카 대륙을 차를 타고 누빌 수 있다는 것, 그리하여 온 가족이 함께 웃을 수 있다는 것만으로도 진정 성공한 여행이었다.

✈

여전히 인플루엔자가 기승을 부리는 상황. 더군다나 검열이 까다롭기로 소문난 미국의 공항을 통과해야 한다는 것이 괜히 사람을 주눅 들게 한다. 우리 가족이 마피아 조직도 아니건만, 지문이 짜르륵 촬영되는 순간 "저쪽으로 가실까요"라는 말과 함께 끌려가는 건 아닐까 하는 불안감이 엄습했다. 하지만 그건 순전히 나의 과도한 소심함에서 비롯된 우려였다. '가족여행'이라고 여행의 목적을 말하니 예상외로 친절하게 통과! 너무나 빨리 통과해서 어안이 벙벙할 정도였다. 공항 입구에서 렌트카 회사의 셔틀버스를 타고 가니 별다른 절차 없이 약간의 확인 작업을 거치고 차를 내주었다. 역시 예약을 하면 모든 것이 신속 정확하다.

"아빠, 할리우드 입구에 중국인이 운영하는 가장 저렴한 모텔이 있어요."

이번 여행에서 미국을 담당하기로 한 '꼼꼼이' 둘째의 안내에 따라 남편이 운전을 시작했다. 본격적인 미국 캠핑 여행을 위해 제일 먼저 들른 곳은 대형 마트였다. 그런데 분명 미국의 마트였음에도 불구하고 L.A라 그런지 우리 귀에 친숙한 한국말이 자주 들려왔다.

"엄마, 이거 사고 싶단 말이에요."

"이전에 산 것도 아직 그대로잖니. 안 된다고 했지?"

모자간의 대화도 완전 한국식이다.

미국 여행 동안 우리 가족의 따뜻한 보금자리가 되어줄 텐트를 사기로 했다. 그런데 세 아이가 계속해서 저렴한 물건만 고른다. 조금은 더 투자해도 될 것 같아 한마디 보탰다.

"그래도 우리 집이 생기는 건데, 좀더 좋은 텐트를 사면 안 될까?"

하지만 아이들의 결심은 변치 않았다. 여전히 한결같은 대답.

"그냥 들어가서 잠만 자면 되는데 굳이 돈을 들일 필요가 있나요."

이 아이들이 과연 우리 집 아이들이란 말인가? 여행이 이렇게 아이들을 바꾸어놓을 줄이야……. 결국 가장 저렴한 여름용 텐트를 살 수밖에 없었다. 방충망 구멍이 숭숭 나 있는 우리 집. 우리는 미리 적어둔 그 밖의 생활용품 몇 가지를 더 구입하고, 한국식 밥솥과 반찬거리를 사기 위해 한국 마트로 갔다.

"와~ 이게 미국이야? 완전 한국이구먼."

막내의 말이 맞았다. 수많은 한글 간판들, 슈퍼마켓에서 판매하는 상품에 덤으로 하나 더 붙은 물건, 무엇보다 한국말만 사용하는 사람들 등 L.A를 '서울 소(小)공화국'이라고 부르는 이유를 단번에 알 것 같았다. 어쨌든 미국 속의 한국, 한국 못지않은 한국을 누비며 밥솥과 된장, 고추장, 양은 냄비까지 구입하고 나니 그런대로 소박한 살림이 구비되었다. 렌트카와 배낭의 크기를 고려해 가장 간단한 필수품만 샀는데도 맘이 꽤 많이 놓인다.

"차도 있고, 잘 곳 걱정하지 않아도 되고, 밥도 해 먹으면 되고~"

마치 시집가는 새 신부가 살림살이 장만한 듯 첫째가 연신 싱글벙글이다.

다음날, 미국 서부 나들이에 나섰다. 텐트와 취사도구를 싣고 보니 마치 나들이 가는 기분이다. L.A를 벗어나 미리 예약해둔 코아(KOA) 캠핑장을 찾아가는데 날이 어둑어둑해진 후에야 간신히 도착했다. 역시 미국은 넓었다! 퇴근시간이 훨씬 지나 담당자가 없으면 어쩌나 걱정했지만, 사무실에 가니 문 앞에 예약한 서류와 안내도 등을 배치해놓았다.

"미국 사람들, 예약 문화가 확실하다고 하더니 정말 완벽하게 준비해 놓고 퇴근했네요."

둘째의 말처럼, 미국 사회가 신용사회라는 것을 알 수 있는 좋은 경험이었다. 덕분에 우리에게 주어진 자리를 쉽게 찾을 수 있었다. 주변을 둘러보니 텐트보다는 캠핑카가 훨씬 많았다. 그러나 텐트가 옹기종기 모여 있는 장소에도 전기시설과 식탁 등이 구비되어 있어 전혀 불편함이 없었다. 날은 어두웠지만 이 시설 덕분에 고슬고슬한 쌀밥을 해 먹을 수 있었다. 그렇게 미국에서의 캠핑 여행의 첫날밤이 행복하게 저물어갔다.

다음날 아침, 샤워를 마친 뒤 캠핑장을 둘러보고 온 남편이 감탄사를 연발했다.

"신기하기도 하지. 아침에 개를 데리고 산책을 하는 사람, 집처럼 꾸며진 캠핑카 등 신천지가 따로 없네."

그러고 보니 캠핑카 주변에 화단이 꾸며져 있는가 하면, 예쁘장한 야외 테이블도 갖추어져 있었다. 캠핑카에서 잠을 자고, 식사를 마친 후 자가용을 이용해서 다른 곳으로 여행을 하고 오는 듯했다. 그러니 당연히 이들의 여행은 여유만만, 넉넉함 그 자체였다. 이곳저곳 구경하느라 분주한 우리네 여행과 달리 캠핑카 주변에서 배드민턴을 치고, 책을 읽고, 음악을 듣고, 천천히 산책을 하는 등 그야말로 '휴식 같은 여행'이었다. 우리보다 앞선 그들의 여행 문화를 보노라니 우리까지도 마음이 느긋해졌다. 무엇보다 거대한 그랜드캐니언Grand Canyon의 품속에 쏙 들어앉은 텐트촌에서 바비큐를 먹으며 있는 폼 없는 폼 재는 재미가 제법 쏠쏠하다.

"미국 캠핑장 정말 마음에 든다. 어디를 가도 바비큐 시설이 완벽하구나."

국립공원 내 자리한 캠핑장에서 발견한 또하나의 사실은, 2달러를 넣으면 8분 동안 물이 나온다는 것이었다. 이 사실을 알게 된 '옥가네' 짠돌이들의 샤워법을 이 자리에서 공개하련다. 우선 남편과 두 아들이 한 팀, 나와 딸이 한 팀을 이룬다. 그리고 8분 동안 샤워 대결을 벌이는 것이다. 자고로 모든 경기에는 상품이 있어야 하는 법이므로, 샤워 대결에서 이긴 팀에게는 2달러를 덤으로 주기로 했다.

"엄마, 우리는 세 명이라서 너무 불리해요."

막내의 염려대로 우리 여자팀은 승리를 장담했다. 그런데 이게 웬일?

매번 특수부대 저리 가라 할 정도로 민첩하게 샤워를 마치고 나왔건만 예상과 달리 늘 남자들의 승리로 끝났다. 심지어 2분 안에 빨래까지 하고 나오는 것을 보곤 기겁을 했다. 알고 보니 일명 '2-3-8 작전', 즉 2달러로 세 명이 8분 만에 끝내는 작전 덕분이었는데, 우리 여자팀이 질 수밖에 없는 이유는 이러했다.

1) 먼저 옷을 벗고 좁은 샤워실로 들어간다.
2) 세 명이 머리에 샴푸를 칠한다.
3) 동전을 넣는다(동전을 넣는 순간 샤워기가 작동하기 때문).
4) 한 명씩 머리를 헹구는 데 30초, 먼저 헹군 사람은 몸에 비누칠을 한다.
5) 돌아가면서 몸을 씻는다. 한 명당 60초.
6) 그 사이에 물에 젖은 빨래에 비누칠을 하고 머리를 감으면서 발로 빨래를 밟는다.
7) 빨래를 헹구는 데 120초.
8) 마지막으로 30초 동안 여유 있게 몸을 헹군다.

이러니 우리가 질 수밖에……. 세 명의 남자가 똘똘 뭉쳐 발가벗은 채 특공작전을 수행한 걸 생각하면 지금도 깔깔깔 웃음이 터져나온다. '2-3-8 작전'으로 하나가 된 세 부자의 모습이란.

미국의 도로는 그야말로 끝없이 길게 뻗어 있었다. 그런데도 중간중간 휴게소는 거의 보이지 않고, 간혹 화장실만 있을 뿐이었다. 이 사실을 안 뒤로 우리는 아침밥을 먹는 동안 한 솥의 밥을 만들어 점심식사를 미리 준비했다. 가다가 배고프면 아무 데서나 먹기 위함이었다. 힘들게 운전하는 아빠를 위해 폭소만발 '컬투 쇼'를 다운받아 틀어준 둘째 덕분에 끝이 보이지 않는 미국 서부 여행길에 차 안에서는 히죽히죽, 까르르 웃음이 끊이지 않았다.

"와~ 진짜 여행 가이드북 표지와 똑같아요. 우리 저기에서 사진 찍어요!"

딸의 들뜬 목소리에 아빠가 급히 차를 멈춘다. 오던 길을 돌아보니, 정말 우리 손에 쥐어진 여행 가이드북 표지와 똑같은 길이 뻗어 있었다. 감동! 그렇게 우리는 뜻하지 않게 모뉴멘트 밸리 Monument Valley에서 멋진 사진을 남길 수 있었다. 대자연만이 안겨줄 수 있는 감동도 좋았지만, 이 좋은 풍경을 한 명의 예외도 없이 온 가족이 맘껏 웃으며 누릴 수 있다는 사실이 눈물 날 정도로 좋았다. 좋은 여행은 반드시 행복한 눈물을 동반한다고 하더니, 미국 서부 캠핑 여행에서 우리 가족이 그 눈물의 의미를 알게 된 것 같다.

긴 여행을 마치고 한국으로 돌아와 TV에 출연할 기회가 있었다. '여행중 부모님의 달라진 모습이 무엇이냐?'라는 질문에 둘째가 이렇게 대답했다.

"부모님이 종종 4차원으로 변하신 게 아닐까요? 사실 제가 4차원이거든요. 그래서 한국에서보다 여행중에 부모님과 엄청 친해진 것 같아요."

그래, 어쩌면 아이들이 부모에게 바라는 것은 그리 거창한 게 아닐지도 모른다. 여행 전에는 사춘기 특유의 쭈뼛쭈뼛하는 모습을 보였던 아이들이 여행 후에는 아무런 부담 없이 와락 안기는 이유를 잘 알 것 같았다. '단 한 사람의 삶이라도 더 풍요로워지게 하는 것이 진정한 성공'이라는 시인의 고백처럼, 진정 '성공한 부모'가 되는 길은 의외로

간단할지도 모른다. 아이들은 누구나 부모와 함께 웃기를 바란다. 그런데 많은 부모들이 그 사실을 모르고 있다. 심지어 알더라도 아이들이 자신들에게 먼저 다가오기를 바라고, 강요하는 듯하다. 자, 이제부터는 우리 부모들은 아이들에게 먼저 다가가자. 그리고 아이를 향해 먼저 웃어보자. '씨익' 하고, 4차원적으로 말이다.

드넓은 땅덩어리를 자랑하는 미국에서 우리 가족은
차를 렌트해 낭만으로 가득찬 캠핑 여행을 시작했다.
이곳저곳 구경하느라 분주한 한국에서의 여행과 달리
캠핑 여행은 '휴식 같은 여행'의 진수를 안겨주었다.
거대한 그랜드캐니언의 품속에 쏙 들어앉은 텐트촌에서
바비큐를 먹으며 있는 폼 없는 폼 잡아보던 그때가 지금도 그리워진다.
그렇게 온 가족이 함께하는 시간을 통해
우리 부부는 아이들에게 먼저 다가가고 먼저 웃어주는
'4차원 어른'이야말로 좋은 부모가 될 수 있음을 깨달았다.

다양성, 다문화, 그리고 열린 마음

　모든 여행자들의 로망, 뉴욕이다. 우리 가족이 뉴욕에 오다니. 이게 꿈인지 생시인지 살을 꼬집어보고 싶지만 어느새 우리는 타임스퀘어 거리 한복판에 서 있다. 한 회사가 이벤트로 사진을 찍어준다고 해서 가족사진을 촬영했는데, 잠시 후 그 사진이 스펙터클하게 도시를 가득 채우고 있는 전광판에 나온단다.
　"정말일까? 세계의 중심인 타임스퀘어 전광판에 가족사진이 나온다고?"
　어느새 거리에는 우리처럼 사진을 찍은 수많은 사람들이 전광판을 바라보고 기다리고 있었다. 드디어 타임스퀘어 전광판에 맨해튼Manhattan 거리를 오가는 사람들의 사진이 흘러나왔다.
　"과연 '다양한 인종의 보고'라는 말이 맞구나. 그동안 우리 가족이 여행 다닌 곳의 사람들이 모두 등장하는 것 같아."
　딸이 신기한 듯 중얼거린다. 그도 그럴 것이 전광판 화면만 보아도 남아메리카, 아프리카, 서구 유럽, 중동, 그리고 우리 가족을 비롯한 아시아까지 모든 인종의 사람들이 들어 있었다.

"어, 어! 우리가 나왔어요. 진짜로요!"

진짜다! 나도 모르게 박수가 나왔다. 타임스퀘어 전광판을 뚫어지게 쳐다보는데 둘째가 던진 엉뚱한 한마디.

"이제는 저렇게 다양한 사람들을 봐도 전혀 이상하지 않아요."

옳은 말이다. 유난히 '토종'을 따지는 한국에서 오랫동안 살 때는 알지 못했지만, 이곳 뉴욕의 한복판에서 우리 모습을 바라보니 둘째의 말처럼 여러 이방인 가운데 하나라는 생각이 든다. 미국이라는 나라가 우리에게 가져다준 소득이 있다면, 이 세상이 참으로 다양하다는 사실을 일깨워준 것이다. 실로 이곳의 사람들은 저마다 생김새도, 사는 방식도 달랐다. 당연히 삶의 가치관도, 그것을 실천하는 방식도 다양하기 그지없다. 그때마다 한국에서 내가 가르쳤던 아이들이, 우리처럼 자녀교육에 몰두하는 주변의 부모들이 생각났다. 혹시 우리는 이 넓은 세상 속에서, 이토록 다양한 생각을 가진 아이들을 하나의 기준으로만 바라보았던 게 아닐까? 어른들이 정해놓은 하나의 성공 공식을 꿈 많은 아이들에게 주입시키기 위해 무리수를 두는 것은 아닐까?

✈

사실 뉴욕은 오기 전부터 유난히 마음이 설렜던 곳이다. '여행의 성지'로 불릴 만큼 무수한 볼거리가 유혹하기 때문만은 아니었다. 그보다는 안티구아에서 만났던 실버 미션 봉사단의 어르신들이 이곳에 살고 계시기 때문이었다. 그중에서도 우리 부부가 작게나마 도움을 드린 의료팀의 계 선생님께서 뉴욕에 반드시 오라는 메일을 여러 번 보내주셨다.

"모든 실버 미션 봉사단이 옥 패밀리를 다시 만나고 싶어합니다. 뉴욕에 오면 꼭 연락주세요."

인자한 계 선생님의 모습은 왠지 근엄하고 부담스러울 것 같은 의사 선생님에게 익숙했던 우리에게 큰 감동으로 다가왔다. 어쩌다 우연히 봉사지에서 스쳐가는 객이었을 뿐인 우리 가족에게 미국에 돌아가신 후에도 변함없는 관심을 가져주시니 그저 고마울 따름이었다. 그분의 속 깊은 정이 우리 가족을 뉴욕으로 이끌었다고 해도 지나치지 않다.

선생님은 뉴욕에 도착한 우리 가족과 실버 미션 어르신들을 댁으로 초대했다. 그 많은 사람들을 하나하나 챙기며 대접하는 사모님과 선생님 덕분에 우리는 안티구아에서 만났던 어르신들을 다시 만나는 기쁨을 누렸다. 비록 몸은 이역만리 떨어져 있지만, 한국의 정情을 오롯이 가슴에 품고 살아가시는 분들과의 진솔한 만남이었다.

"우리 집에 머물면 좋을 텐데 우리 부부가 모두 병원을 가야 해서……. 미안해요."

세상에나. 전혀 미안해하실 일이 아닌데도 선생님 부부는 송구스러울 정도로 우리 가족을 챙겨주셨다. 우리 가족은 스태튼 아일랜드Staten Island에 자리한 김 목사님 댁에서 묵게 되었으니 전혀 걱정하지 마시라고 해도 집 나간 자식 걱정하시듯 미안해하신다.

마음이 따뜻해지는 만남을 뒤로하고 김 목사님 댁으로 이동했다. 김 목사님은 무보수로 목사직을 수행하시고, 평소에는 세탁소를 운영하고 계셨다.

"내일은 우리 세탁소에 한번 가볼래요?"

그거야 두말 하면 잔소리. 다음날 들른 세탁소에서 목사님 부부는 20명이 넘는 직원들과 함께 일을 하고 계셨다. 예순이 넘은 연세에도 불구하고 활력 넘치게 일하시는 모습이 보기에 참 좋았다. 하지만 한편

으로는 '그냥 주인으로 직원들에게 일을 시키며 편안하게 사실 만도 한데……'라는 생각이 들었다. 이런 내 마음을 아셨는지 목사님은 진솔한 말씀을 해주셨다.

"주인이 일을 잘 알아야 제대로 관리를 할 수 있거든요. 그래서 저희도 직접 일을 하는 거랍니다."

"아, 그러시군요. 직원들 대부분이 남미 사람들이네요. 표정이 유난히 밝아요."

"언제나 좋은 조건으로 일할 수 있게 하려고 노력하니 그런가보네요. 우리는 매년 여름이 오면 직원들을 고향으로 유급휴가를 보내줘요. 덕분에 우리는 항상 가장 늦게 휴가를 간답니다."

훗날 기업의 최고경영자가 꿈인 막내의 눈빛이 유난히 반짝거린다. 세탁소를 경영하시는 목사님의 철학에 감동을 받은 게 분명했다.

"목사님이 우리에게 아낌없이 대접해주시는 걸 보고 원래 돈이 많으시거나 같은 한국인이라서 그러시나보다 했거든요. 그런데 세탁소에서 일하는 사람들을 대하시는 모습을 보면서 참 많은 것을 배웠어요."

아직 어린 막내의 눈에도 함께 일하는 사람을 배려하는 목사님의 진심이 보였나보다. 하지만 막내가 겪은 충격은 겨우 시작에 불과했다. 목사님은 함께 장애인 병원에 가자고 하시더니 사모님께 뭔가를 물어보셨다.

"음식 주문은 다 했는가?"

"가는 길에 찾으면 돼요. 충분히 주문했어요."

목사님 부부는 2주마다 루즈벨트 아일랜드에 위치한 장애인 병원을 찾는다고 하셨다. 나는 그곳에 가시면서 음식을 챙기시는 이유가 궁금했다.

"그 병원에는 주로 흑인이나 남아메리카에서 온 장애인들이 많답니다. 그래서 갈 때마다 그들이 좋아하는 치킨이나 볶음밥 등을 마련하지요."

돈을 사용하는 기준! 성공한 사람과 그렇지 않은 사람의 차이는 바로 여기에서 나오는 듯했다. 돈을 바라보거나 사용하는 목사님 부부의 관점은 우리의 그것과 확연히 달랐다. 이분들은 늘 머릿속에 자신들이 땀 흘려 모은 돈이 세상에 어떤 경로로, 어떤 모습으로 흘러가는 게 좋을까를 늘 고민하고 계셨다.

자동차를 타고 한참을 가니 저 멀리 건너편에 유엔 본부가 보이는 아름다운 섬, 루즈벨트 아일랜드가 나타났다.

"어찌 보면 미국은 장애인 천국이라고 할 수 있어요. 이렇게 경치가 좋은 곳에 장애인을 위한 병원과 아파트가 있답니다."

병원의 규모도 대단히 컸지만, 그보다 더 놀라운 건 병원에 있는 사람들이었다.

"지금은 흑인과 남아메리카 사람들이 많지만, 이전에는 한국인도 많았답니다."

목사님은 이들 중 많은 사람들이 가난을 이겨내기 위해 어려운 일을 하다가 후천적인 장애를 갖게 되었다고 하셨다. 사지는 사라지고 얼굴과 몸통만 있는 사람, 손가락 하나 까딱하지 못한 채 침대에 누워 있는 사람 등 장애 정도가 극심한 사람들도 많았다. 2주마다 한 번씩 이들을 위해 봉사하시는 목사님 내외분이 존경스러웠다. 아무리 병원을 둘러보아도 친근한 한국인 하나 없는 상태에서 몸이 불편한 사람들을 내 몸처럼 돌보시는 두 분의 모습은 우리 가족에게 살아 있는 공부가 되었다. 그분들을 보고 있자니 단지 피부색만 달라도 거리감을 두었던 편협

한 나 자신이 부끄러워졌다. 목사님 부부는 사람의 겉모습이 다르다는 사실을 전혀 문제 삼지 않는 분들이었다. 무엇보다 지금 자신들의 선한 봉사가 어떤 대가로 돌아올지 전혀 바라지 않는 열린 마음을 갖고 계셨다. 그날 저녁, 막내가 남다른 결심을 내비쳤다.

"엄마 아빠, 저 이다음에 아프리카도 돕고, 남아메리카도 돕고 싶어요."

더 큰 세상을 본 막내가 드디어 사람을 사랑한다는 것의 귀중함을 알게 된 것 같다.

뉴욕에서의 모든 여정을 마치고, 유럽으로 건너가기 위해 목사님 차를 타고 공항으로 향했다. 주섬주섬 짐을 챙기고 인사를 드리는데, 목사님께서 일전에 우리가 부탁드렸던 벌금 관련 영수증을 담은 봉투를 주셨다. 미국에 들어와 렌터카를 타고 서부를 여행하는 도중, 미국의 교통체계에 서툴러 두 번의 범칙금을 받았던 적이 있다. 그러던 차에 동부로 넘어와서 어떻게 처리할지 몰라 목사님께 범칙금 통지서와 돈을 드리며 대신 납부해주십사 부탁드렸는데 그 영수증을 건네신 것이다.

"감사합니다. 바쁘신데 이런 부탁까지 드려서 정말 죄송했습니다."

남편이 마음 깊이 우러나는 감사의 인사를 드리며 영수증을 받았다. 그 순간, 목사님이 뜻밖의 말씀을 하셨다.

"봉투에 영수증과 돈도 같이 들어 있습니다."

의아해하는 우리에게 목사님이 말씀하셨다.

"나는 한국인이지만 미국인이기도 해요. 미국 여행을 처음 온 가족이 범칙금을 받았다면, 그것은 안내를 제대로 못한 미국 사람에게도 잘못이 있는 거겠죠."

멍하게 쳐다보는 우리를 향해 목사님이 웃으며 말씀하셨다.

"미국에 대해 좋은 인상을 품고 돌아가시게 해야죠. 그게 바로 제 임무 아니겠어요?"

비록 비행기 시간에 쫓겨 공항에서 목사님과 긴 시간을 보내지는 못했지만, 비행기에 몸을 실은 이후에도 그 말씀이 계속 뇌리에 맴돌았다. 한국의 정, 그리고 다양한 민족이 조화를 이루는 미국의 시민으로 당당하게 살아가시는 모습이 참으로 감동적이었다.

✈

우리 가족이 잠시 머물렀던 뉴욕에는 지금도 다양한 피부색을 지닌 사람들이 바쁘게 목적지를 향해 발걸음을 옮기고 있을 것이다. 여행을 떠나기 전까지, 나는 다양함을 긍정적으로 바라보기보다 괜히 복잡하고 난잡하게 느끼곤 했다. 그러나 '모자이크'와 같은 미국, 그중에서도 뉴욕의 다양함은 자유와 평화로움 속에서 그들만의 조화를 만들어가고 있었다. 목사님 부부의 감동적인 배웅을 받고 유럽으로 가는 비행기에서, 오늘날 많은 사람들이 '유목민'으로 살아가고 있다는 현실을 생생히 느낄 수 있었다. 맨해튼 거리에서 피부 색깔이 다른 사람들을 보아도 하나도 이상하지 않다는 아들의 말에서 알 수 있듯이 지금 우리는 '다문화'의 정체성으로 세계를 누비고 있는지도 모른다. 지금 우리나라도 197개국에서 100만 명의 다른 나라 사람들이 들어와 자신들의 삶을 영위하고 있다고 한다. 그러니 10년 정도가 지나면 우리나라에서 가장 중요한 가치 역시 '다양성'이 될지도 모른다. 우리 부부는 그 시간 속에서, 그 공간 속에서 우리 아이들이 다양성과 다문화의 가치를 온몸으로 깨닫고 열린 마음으로 살아가기 바란다. 바로 이 여행에서 우리가 겪고 배운 것처럼…….

Road 5.
Europe

가족, 그 아름다운 이름을 위하여

런던이 가르쳐준
세 가지 삶의 원칙

나는 우직한 산이며, 휴화산이다.
아내는 잔잔한 호수이며, 호숫가의 흔들리는 갈대다.
윤영은 무한한 하늘이며, 그 하늘을 자유롭게 날고 싶은 새,
은택은 듬직한 대지이며, 바람에 요동치며 자라는 나무,
은찬은 더 넓은 바다이며, 예기치 않게 몰아치며 격동하는 파도다.

여행이 중반을 넘어갈 무렵, 남편이 우리 가족을 표현해 지었다며 이 시를 들려주었다. "갑자기 무슨 시?" 하면서도 모두들 고개를 끄덕이고야 말았다. 시에서 보듯, 우리 가족 중 같은 성격을 가진 이는 한 명도 없다. 그러다보니 여행을 다니는 굽이굽이마다 우여곡절과 갈등이 많았다. 우리가 왜 이 고생을 사서 하는지 모르겠다며 아이들 몰래 고개를 저은 적도 한두 번이 아니었다. 그런데 남편의 시를 통해 왜 이 '여행'을 떠나야만 했는지 그 이유를 알 수 있었다. 이처럼 우리 가족이 모두 '다르기' 때문에, 그래서 이 시간을 통해 서로 '이해'해야 한다는 걸 깨달

은 것이다. 사실 여행을 통해 우리 가족이 이렇게 다르다는 사실을 알게 된 경우도 많았다.

나와 같은 생각이었을까. 남편은 마치 득도라도 한 듯 시를 낭독했다. 그러나 어디 가족 간에 서로 이해한다는 게 말처럼 쉬운 일이던가? 오히려 가족이기 때문에 작은 일 하나로 불편해지고, 상대방이 이기적으로 느껴지는 경우가 많았음을 고백하련다. 누가 그랬던가. 가정이란 영원히 공사중인 울타리라고. 그건 우리도 마찬가지여서, 특히 우직한 휴화산(남편)과 예기치 않게 몰아치며 격동하는 파도(막내)는 정반대의 기질을 보유한 자들답게 심심찮게 투쟁의 의지를 불태웠다. 한번 붙을 때면 임전무퇴의 자세로 치열하게 격돌했던 막내와 남편의 투쟁기! 아, 불안한 유럽 여행의 시작이었다.

✈

"이야~ 인간 네비게이션이 따로 없구나. 어떻게 지도 한 장으로 그렇게 안내를 할 수 있니?"

미국에서 렌트카로 여행하는 동안, 우리는 '미국 담당' 둘째 덕분에 그야말로 무난한 여행을 했다. 성격이 꼼꼼한데다 길눈을 타고난 둘째는 그야말로 실수가 없었다. 그리하여 우리 가족이 둘째에게 헌정한 별명은 '인간 네비게이션'. 남편도 세 아이 중 가장 자신과 닮은 둘째를 흐뭇하게 바라보곤 했다.

그런데 유럽 여행은 둘째와 정반대의 기질을 타고난 막내가 인도하기로 했다. 유럽 여행의 첫번째 행선지, 런던의 히드로 공항에 도착해 차를 렌트하자 막내는 자랑스럽게 앞자리를 떡하니 차지했다.

"앞자리는 유럽 담당인 내 차지! 자, 유럽은 저에게 맡기세요."

막내의 호언장담이 현실로 이어졌다면 좋았겠지만, 우리는 첫 번째 행선지인 캠프장을 찾기 위해 오후 내내 헤매고 말았다. 막내의 부실한 정보 수집도 문제였지만, 설상가상으로 차의 핸들과 도로 방향은 한국과 반대였고, 길은 좁고 들쑥날쑥……. 생전 처음으로 부닥친 영국에서 남편은 쩔쩔매며 운전을 해야 했다. 이런 남편 옆에서 막내가 투덜대기 시작했다.

"진짜 이상하네. 왜 있어야 하는 캠프장이 없냐고?"

방귀 뀐 놈이 성낸다고. 막내의 투정을 도저히 들어줄 수 없어 속사포처럼 퍼부었다.

"이게 뭐니? 달랑 한 가지만 조사해 놓고 준비를 다했다고? 항상 큰

소리만 치고……."

아까부터 아무 말이 없는 걸 보면 남편도 화가 단단히 난 모양이다. 우리는 날이 어둑어둑해진 후에야 겨우 한국인이 운영하는 게스트 하우스를 찾아갈 수 있었다. 일단 가면 모든 게 해결된다고 믿는 우리 막내! 물론 이런 성격의 사람은 문제 해결력이 높다는 장점도 있지만, 이처럼 주변을 당황스럽게 하는 경우도 적지 않다는 점에서 늘 걱정이 된다.

어쨌든 우리 가족은 유럽 도착 첫날부터 고생의 구렁텅이로 빠지고 말았다. 배짱이 좋다고 해야 하나, 독불장군이라고 해야 하나? 아무리 생각해도 심기가 불편하다.

오후 내내 힘든 운전을 한 남편은 저녁을 먹자마자 곯아떨어졌다. 나도 유럽 신고식 치고는 힘든 하루를 보낸지라 몸이 찌뿌드드해 침대에 누웠는데도 잠이 오지 않는다. 그러다 보니 괜시리 엉뚱한 고민만 밀려왔다.

"가족여행이요? 너무 부러워요!"

속 모르는 사람들은 이렇게 말하지만, 사실 반드시 그렇지만은 않았다. 서로 사랑하는 가족이니까 이해심이 저절로 생긴다고 생각하면 큰 오산. 오히려 가족이기에, 가족이라는 이유로 더욱 섭섭한 일이 한두 번이 아니었으니까.

"은찬이가 유럽 담당이라 정말 걱정이네."

내 말에 딸도 동의한다는 듯 고개를 끄덕인다.

다음날 아침, 아니나 다를까? 평소 화나면 말이 없어지는 남편은 여전히 불편한 심기를 감추지 않았다. 침묵으로 일관한 채 숙소를 나서는 아빠를 아이들과 내가 따라나서는데, 지하철 역 앞에서 남편이 갑자기 아이들에게 질문을 던졌다.

"오늘 일정이 어떻게 되니?"

모두들 막내에게로 눈길이 쏠린다. 그런데 막내는 태연히 말하길,
"이 여행 가이드북에 있는 대로 가면서 의논하면 되죠."
남편의 얼굴이 더욱 굳어진 걸 막내는 아는 걸까? 런던 브리지 역에 내린 남편은 이내 폭탄선언을 했다.
"지금부터 각자 여행을 하기로 한다. 어차피 이렇게 여행할 거라면 가족이 함께하는 게 무슨 의미가 있겠니?"
오늘 하루 동안 어디에서 무엇을 할 것인지 전혀 준비가 되어 있지 않은 데 대해 남편은 화가 잔뜩 난 모양이었다.
"그렇게 대충 준비해서 이 거대한 런던에서 뭘 보겠다는 거냐? 너희들이 태평인 건지 내가 예민한 건지 모르겠지만, 아빠는 도대체 이해가 안 된다."
남편의 말에 어제 저녁 게스트하우스에서 늦게까지 인터넷을 하던 아이들의 모습이 떠올라 나 역시 화가 치밀어올랐다.
"엄마도 그냥 숙소로 가련다. 아빠와 너희들 사이에서 얼마나 피곤한지 아니? 이렇게 계속 싸우든지, 볼 것 있으면 보고 오든지 알아서들 해."
그때까지 만사태평이었던 아이들은 사태의 심각함을 알았는지 뒤늦게 상황을 수습하려 했다. 하지만 이미 모든 것이 꼬일 대로 꼬인 후였다.
"자, 오늘 필요한 경비를 줄 테니 저녁에 숙소에서 보자."
세상에! 남편의 말에 아이들은 경비를 받자마자 전혀 두려움 없이 자기들끼리 길을 떠나버렸다. 그런 아이들을 쳐다보던 남편이 힘없이 말했다.
"여보, 이제 우리끼리 갑시다."
이제는 남편에게조차 대꾸하기 싫어 지하철 입구에 앉아 그냥 신문만 내려다보았다. 온통 영어로 빽빽하게 채워진 신문이 오늘 따라 더욱

재미없게 느껴졌다. 방금 전까지 아이들을 향한 원망이 매사에 왕꼼꼼이인 남편에게 다 옮겨가버렸다.

'어제 일은 어제로 끝내야지. 이렇게 온 가족을 불편하게 하는 건 무슨 심보람? 모든 사람이 자기처럼 꼼꼼히 준비해야 된다는 법이라도 있나?'

준비성 부족한 아이들과 그런 아이들을 못마땅해하는 남편 사이에서 시달리느니 어디론가 혼자 떠나고 싶다는 생각뿐이었다. 언젠가 드라마에서 '딱 1년만 가족과 떨어져 살고 싶다'며 오열하던 엄마의 심정이 마치 내 이야기처럼 느껴졌다. 그렇게 제자리에 앉아 신문만 뒤적이는 나를 멍하게 쳐다보던 남편도 체념한 듯 가버렸다.

'어? 이게 뭐야? 그렇다고 나를 혼자 두고 가다니……'

세상에. 아이들도, 남편도 모두 내 시야에서 사라졌다. 생판 모르는 런던의 전철역에 나 홀로 덩그러니 남은 것이다.

'칫, 나 혼자 다니라면 못 다닐 줄 알고?'

보란 듯이 멋지게 혼자 다니리라 다짐하고 일어섰지만, 내 손에는 여행 가이드북 한 권 없고, 심지어 숙소로 돌아가는 방법도 기억이 나지 않았다. 지금 내 수중에 있는 건 집으로 돌아갈 차비와 약간의 경비뿐. 게다가 날씨는 왜 이리 쌀쌀한지……. 모든 게 짜증스럽기 그지없었다. 차를 타고 이동할 자신은 없고, 혼자 우두커니 앉아 있다가 런던 브리지London Bridge만 오가기를 세 차례! 이제 더는 걸어 다닐 힘조차 없었다.

"에구, 내 신세야! 런던까지 와서 이게 무슨 꼴이람?"

다시 지하철역으로 돌아와 근처 가게에서 다이애나 비妃에 관한 페이퍼백을 사 들고 카페로 들어갔다. 눈앞에 글자가 있어 읽긴 읽지만 온전히 내용을 파악할 수 있는 것도 아니고, 애들 그림책 보듯 그림만 들여다보기를 수십 번. 오후 6시가 되어가니 마음 한구석이 불안해졌다.

'이러다 남편이나 애들을 만나지 못하면 숙소에 못 가는 거 아냐?'

불안한 마음에 처음 내렸던 지하철역 입구로 가보았지만, 지하철 문이 굳게 닫혀 있었다. 그저 밖에서 기다리는 수밖에. 바람은 점점 더 세게 불었고, 마음도 몸도 얼어버렸다. 그렇게 한참을 추위에 덜덜 떨면서 있는데 저 멀리 남편이 보였다. 남편은 사태를 짐작한 듯 웃으며 내 손을 잡아주었다.

"낮에 몇 번이나 왔었는데 어디 가 있었소?"

남편이 나를 찾으러 몇 번이나 이곳에 왔었단다. 갑자기 마음이 따뜻해졌다. 내색은 하지 않았지만 '남편이 진짜 안 오면 어떡하나?' 걱정했는데.

"아이들은요?"

남편은 이해가 안 된다는 표정으로 말했다.

"중간에 몇 번 만났지. 다들 신이 나서 다니던데?"

'신이 났다고? 이런 괘씸한 녀석들 같으니라고.'

내 얼굴을 빤히 쳐다보던 남편은 '그래도 나밖에 없지?'라는 표정을 지으며 내 손을 잡고 지하철로 향했다. 런던에 가면 런던 브리지 야경을 배경 삼아 피쉬 앤 칩스(생선과 튀긴 감자요리를 내놓는 영국의 전통음식)를 먹고 싶다는 내 꿈이 사라지는 것 같아 까맣게 칠해진 창밖만 무심히 바라보았다. 이런 내 마음을 눈치챈 것일까? 남편이 하루종일 굳게 닫혀 있던 내 마음의 문을 활짝 열어젖혔다.

"다음에 한번 더 오지. 런던에 와보니 그리 멀지도 않구먼."

✈

지구상에서 '가족'이라는 이름만큼, '사랑'이라는 단어만큼 아름답고 귀

중한 게 있을까? 그러나 현실 속의 가족이란 작은 외풍에도 쉽게 흔들리곤 한다. 학창시절, 운동회 때 반 아이들을 대표해 열심히 릴레이 경주를 하다가 신발 속에 든 작은 모래 한 알의 고통으로 인해 달리기를 포기하는 것처럼, 일단 작은 감정의 틈이 점점 벌어지면 커다란 고통을 감내해야 하는 게 가족이라는 공동체다. 그럼에도 불구하고 인간이라는 존재는 여전히 '가족'이라는 울타리를 향한 믿음을 지켜가며 영겁의 세월을 이어오고 있다.

    지금 혹시 가족 간의 불필요한 갈등으로 인해 자존심을 내세우며 전전긍긍하고 있는 이가 있다면 이것만은 알아두기로 하자. 세상에서 무엇과도 바꿀 수 없을 만큼 소중한 가족이라는 울타리를 지켜주는 세 가지 법칙은 서로 노력하는 것, 서로 배려하는 것, 먼저 이해하는 것임을······.

로마에서
세계사에
눈을 뜨다

"역사 이야기는 재미있지만, 역사 시험은 정말 싫어요."

어릴 적부터 이야기를 유달리 좋아했던 막내. 그러나 학교에서 치르는 역사 시험은 정말 지긋지긋하단다. 918년 태조 왕건의 고려 건국, 992년 국자감 설립, 1018년 귀주대첩, 1126년 이자겸의 난, 1251년 팔만대장경…….

"아니, 왜 숫자를 달달달 외워야 하죠?"

역사 공부를 할 때마다 이렇게 되묻는 아이에게 나는 나름대로 이유를 대며 설명해주곤 했다. 하지만 아이는 설득이 되기는커녕, 급기야 나중에는 좋아하던 역사 이야기마저도 싫어하게 되었다.

"교부철학, 시민혁명, 흑사병……. 이 많은 걸 어떻게 시대별로 외우라는 거야? 정말 재미없군. 그저 계속해서 몇 세기, 몇 세기……. 이건 세기가 아니고 새끼네 새끼, 미운 오리 새끼!"

막내뿐 아니라 위의 두 아이들도 점차 시험 기간이 되면 연도와 세기를 외워야 치를 수 있는 역사 공부에 극도의 알레르기 반응을 보이곤

했다. 그런 아이들이 '세계사'에 눈을 뜨기 시작했다. 지금도 땅만 파면 유물이 나온다는 나라, 이탈리아에서 만난 인기 만점 가이드 선생님 덕분이었다.

✈

네덜란드, 독일, 오스트리아, 스위스를 거치며 우리 가족은 점점 유럽의 매력에 빠져 들었다. 문화유산이면 문화유산, 전통이면 전통, 자연이면 자연 등 유럽은 모든 것의 극치를 보여주는 환상적인 공간이었다. 다만 어른인 우리와 달리 아이들은 여전히 여행 가이드북의 정보를 벗어나지 못한 채 단순히 보는 즐거움에만 빠져 있다는 것이 다소 아쉽기는 했다. 여행의 맥락을 알기에는 아직 어려서 그렇겠거니 하며 아쉬움을 달래고 있었던 즈음, 아이들에게 세계사의 눈을 번쩍 뜨게 한 계기가 있었다.

이탈리아 로마에 오기 전, 오스트리아에서 만난 남편 친구의 가족이 '이탈리아에 가면 그냥 다니지 말고 반드시 여행사의 투어에 참가하라'고 조언해주었다. 가격은 다소 비싼 편이지만 분명 그 값어치를 톡톡히 할 거라며 자신들이 했다는 투어를 추천해주었다. 우리는 반신반의하는 마음으로 바티칸 투어를 신청하고 집결 장소로 갔다. 우리 가족 외에도 한국인이 제법 많았다. 모처럼 우리나라 사람들과 함께 투어를 하니 아이들도 신이 난 것 같았다.

바티칸Vatican. 세상에서 가장 작다는 그 나라로 들어가기 위해 길게 늘어선 줄이 놀랍다. 가이드가 이어폰을 건네주며 몇 가지 주의사항을 전달한다. 그런데 가이드의 설명이 거의 예술이다. 우리가 그동안 학교에서 배웠던 세계사 공부와는 차원이 달라도 보통 다른 게 아니었다.

갖가지 세계사적 사실들을 마치 드라마처럼 각색하여 설명하기도 하고, 그림 속 작은 물건 하나에도 남다른 의미가 있다는 걸 가르쳐주었다. 우리 가족은 물론 함께 투어에 나선 모든 이들이 가이드의 설명에 빠져들고 있다는 것이 느껴졌다. 무엇보다 그림 하나하나가 이해된다는 게 신기하기 그지없었다.

"자, 저 그림을 보실까요? 오른쪽에 서 있는 분이 누군가요?"

모두 대답했다.

"베드로!"

잘 맞췄다며 칭찬을 한 가이드가 다시 물었다.

"그럼 이 사람이 베드로라는 근거는 무엇인가요?"

이번에도 많은 사람들이 대답했다.

"손에 들고 있는 열쇠 때문이에요."

그림에 문외한인 나조차 이렇게 쉽게 이해되는데 다른 사람들은 오죽하랴? 시간 가는 줄 모르고 온갖 명화를 감상하고 드디어 미켈란젤로의 대작 〈천지창조〉가 있는 시스틴 성당으로 발길을 옮겼다.

"이전까지 조각에 몰두하던 미켈란젤로가 어떻게 이런 그림을 그릴 수 있었을까요? 높은 천장에 그림을 그리기 위해 그의 온몸은 물감투성이가 되었고, 그 결과 피부병을 앓을 정도였답니다. 항상 고개를 젖히고 작업하느라 목은 기형처럼 뒤로 굳어버렸고, 한쪽 눈은 실명까지 했다고 합니다."

사실감 넘치는 가이드의 설명을 들으며 올려본 시스틴 성당의 천장벽화 〈천지창조〉는 과연 보고만 있어도 입이 떡 벌어질 정도의 대작이었다. 미켈란젤로의 초인적인 희생이 아니었다면 불가능했을 그림에 소름이 돋아났다. 저 높디높은 천장에 성경 속 명장면과 300명이 넘는 사

람들이 아직도 살아 움직이는 듯했다.

"사람의 힘으로 어떻게 저런 그림을 그렸을까요?"

딸도 놀랍다며 입을 다물 줄 몰랐다.

"사진은 찍으시면 안 됩니다. 플래시 불빛 때문에 그림 보존이 어렵거든요."

가이드의 안내에도 불구하고 지금 이 순간의 감동을 남기기 위해 사람들은 연신 셔터를 눌러댔다. 카메라의 플래시가 터질 때마다 미켈란젤로라는 위대한 거장에게 미안한 마음이 들었다.

다음날, 우리를 인솔하게 된 새로운 가이드는 유머러스한 입담과 열정이 넘치는 명가이드였다.

"저는 로마를 사랑해서 가이드가 된 사람입니다. 저는 한국인이면서

로마인이기도 하답니다."

무릎을 꿇고 앉아 우리와 눈을 마주치며 이탈리아의 기원부터 설명을 해준 그는 자신의 다리를 이용해 부츠 모양의 이탈리아 지도를 그리는 등 열정적이면서도 친절하게 우리의 여행을 도왔다. 길을 가다가 옛날 로마인들이 사용한 수도꼭지가 나오면 직접 물을 마시며 시범을 보이는 등 사전 준비도 철저했다.

"콜로세움Colosseum도 가이드의 설명이 아니었다면 그냥 돌덩이로만 보였을 것 같아요."

단순히 볼거리를 찾아 그 앞에서 사진만 찍고 오는 게 아니라, 제대로 된 설명을 듣고 역사 유적지를 확실히 이해한 후 찍는 사진은 확실히 달랐다. 지하 도시인 카타콤베Catacombe로 가는 길, 아들이 가이드에게 물었다.

"이렇게 설명을 잘하시려면 책을 엄청나게 읽어야 할 것 같아요."

가이드의 대답이 사뭇 진지하다.

"누군가를 사랑하는 것과 같아요. 사랑에 빠지면 그 사람에 대해 알고 싶어지잖아요? 저도 처음부터 로마를 잘 알았던 것은 아니에요. 다만 처음 여행을 왔을 때, 이곳이 마치 인류 역사의 깊은 뿌리처럼 느껴졌어요. 로마를 사랑하게 된 거죠. 그러다보니 자연스럽게 로마에 관한 책들도 읽게 되었어요."

카타콤베 입구에서 가이드의 설명은 다시 이어졌다. 그런데 반대쪽에서 신부님 한 분이 뚫어지게 바라보신다. 분위기가 좀 의아해서 사람들이 자꾸 그 신부님을 바라보자, 가이드가 빙그레 웃는다.

"사실 저분은 저를 별로 좋아하지 않는답니다. 대부분의 가이드들은 이곳에 와서 거의 20분 만에 투어를 마치고 나가거든요. 그런데 저만 한 시간 이상 걸리니까 좋아할 수 없죠. 한번은 항의까지 하셨다니까요."

보다 많은 관광객을 받고 싶은 마음의 그 신부님에게는 너무도 열정적인 한국 가이드가 눈엣가시였나보다. 우리가 찾은 이날도 한 시간 이상 카타콤베 구석구석을 상세히 설명해준 가이드 덕분에 역사의 현장에 초대된 듯한 기분이 들 정도였다. 어두컴컴하고 깊은 카타콤베에서 가이드가 재미있는 에피소드를 얘기해주었다.

"몇 년 전, 이곳에 한국 여행자들을 모시고 왔을 때 갑자기 정전이 되었답니다. 이 깊은 지하 무덤에서 말이죠. 그때 어떤 일이 일어났을까요?"

예상치 못한 질문에 모두들 답을 생각하고 있는데 가이드가 입을 열었다.

"그 짧은 순간에 '죽음'이라는 것을 실감했던 것 같아요. 실제로 오래 전 이곳에서 길을 잃어 죽은 사람도 있었으니까요. 모두들 우왕좌왕 정신을 차리지 못했어요. 나중에 불이 들어온 후에 보니 모두 지옥에 갔다 온 표정이더군요."

같이 온 여자친구를 버려두고 도망가려 했다는 남자, 지옥이 있다면 아마도 이런 곳일 것 같다며 다시 열심히 신앙생활을 해야겠다고 고백한 여자 등 별의별 사람들이 있었다고 한다.

"로마는 정말 잊을 수 없을 것 같아요."

일정을 마치고 캠핑장에 돌아온 아이들은 식사를 마치자마자 곧바로 유럽에 관한 책과 세계사 책을 펼쳤다.

"유럽 여행 동안 가장 즐거웠던 시간이었어요. '아는 만큼 보인다'는 말이 맞네요. 이럴 줄 알았다면 진작 공부 좀 할걸."

그날 밤, 아이들은 밤이 늦도록 텐트에서 로마에 관한 책을 읽으며 세계사에 푹 빠져들었다.

✈

"저도 언젠가는 꼭 가족과 세계일주를 하고 싶습니다. 멋진 여행 되세요."

로마 여행을 책임졌던 명가이드가 엽서에 직접 써준 글귀다. 로마를 누구보다 사랑하는 그의 열정이 소중한 엽서에 담겨 고스란히 전해진 것일까? 유럽 여행 내내 아이들은 세계사 책을 손에서 놓지 않았다.

"정말 재밌다. 한국에 돌아가면 가이드 선생님이 추천해주신 다른 책도 읽어봐야지."

세계사의 매력에 빠진 아이들은 그후 프랑스에서 진면목을 발휘해 우리 부부에게 파리의 역사를 생생하게 전달해주었다. 이 모든 게 이탈리아에서 만난 멋진 가이드 덕분이다. 여행을 마친 지금도 우리는 가끔씩 그분에 관한 얘기를 하며 고마움을 표하곤 한다.

"감사합니다. 로마 사랑 선생님!"

아들아,
내 말 좀
들어볼래?

"아이고 예쁜 내 새끼! 우르르 까꿍~"

아이들이 아기였을 때, 한 번이라도 더 눈을 맞추기 위해 '우르르 까꿍~'을 수없이 외쳤던 기억이 있다. 열심히 '까꿍'을 외치다 방긋 웃어주기라도 하면 온 세상을 다 얻은 것처럼 행복했다. 그러나 아이들이 점점 자라면서 아이와 눈을 마주치는 것을 대수롭지 않게 여기게 되었다. 심지어 아이가 질문을 하면 건성으로 대답하는 경우도 많았다.

"엄마 일하고 있잖니. 나중에 말해줄게."

어쩌다 아이와 눈을 마주치는 일이 생기기도 했지만, 그건 대부분 서로 대립하고 있는 상황의 일이었다.

"어디 버릇없이 엄마 눈을 똑바로 쳐다보는 거니?"

"엄마를 똑바로 보고 말해. 네가 잘못한 것 맞지?"

한국에서는 이런 행동을 하면서도 별다른 문제의식을 느끼지 못했던 내가 큰 충격을 받았던 사건이 있으니, 그건 바로 프랑스 쉬농소 성 Château de Chenonceau에서 만난 아버지들의 모습 때문이었다.

이탈리아에서 유럽 여행의 마지막 목적지인 프랑스로 가기 위해 남편은 바삐 차를 몰았다. 오늘따라 유난히 고개를 굽이굽이 넘어가는데, 프랑스가 아닌 모나코라며 차를 세운다. 모나코? 길 아래로 내려다보이는 해변에 자리 잡은 이 작은 도시가 국가라고?

"저 나라에서 박주영 선수가 뛰고 있잖아요?"

둘째의 말에 딸이 궁금함을 표한다.

"저렇게 작은 나라가 뭘로 먹고사는 거지?"

어느새 유럽 전문가가 된 막내가 친절하게 설명해준다.

"모나코는 바티칸 다음으로 작은 나라지만, 세계적으로 유명한 카지노가 다 모여 있는 곳이에요. 카지노 수입이 국가 수입의 90퍼센트를 차지할 정도니까요. 국민들도 세금을 거의 내지 않는 등 부자 나라로 유명하대요."

어느새 아이들은 다음 행선지를 미리 조사하고 의견을 교환하는 등 제법 진지한 여행자로 변해 있었다. 예습을 하면 수업이 재미있는 것처럼, 미리 공부하고 여행지를 찾았을 때의 즐거움을 만끽하게 된 것이다. 우리는 한 시간 남짓 드라이브하면서 사방에 카지노가 널려 있는 해변 도시를 둘러보았다. 배낭여행자인 우리에겐 그다지 의미 없는 여행지인 것 같아 그냥 한 바퀴 휙 둘러보고 올라오는데 막내가 엉뚱한 질문을 한다.

"아빠, 바티칸하고 모나코도 여행지에 포함시켜야 하지 않을까요? 분명 우리가 직접 두 발로 밟았으니까요."

역시 승부욕 강한 막내! 이탈리아 속의 바티칸과 모나코를 추가해 다녀온 나라를 하나라도 더 늘리려는 속셈이었다. 결국 다수결에서 4대 1로

　패해 여행지 리스트에 포함시키지 않기로 합의했지만, 막내는 여전히 미련을 버리지 못하는 눈치였다.
　그렇게 희희낙락하며 모나코를 지나 프랑스의 어느 시골에 도착해 캠핑장에 들어갔다. 텐트를 치고 있는데, 화장실을 다녀온 둘째가 말했다.
　"엄마, 신기한 장면을 봤어요. 서로 싸우던 꼬마들 중 한 아이가 울면서 오니까, 아빠로 보이는 남자가 무릎을 꿇고 앉아서 아이들의 얘기를 들어주는 거예요. 저기 좀 보세요."
　아들의 손이 가리키는 곳을 보니 한 아이는 울고 있고, 나머지 꼬마들이 상황 설명을 하는 중이었다. 그런데 정말 한 남자가 아이들과 눈높이를 맞추기 위해 무릎을 꿇고 진지하게 듣고 있었다. 멀리 떨어져 있어서 자세한 내용은 알 수 없었지만 남자는 연신 고개를 끄덕였고, 아이들은 저마다 한마디씩 하느라 분주한 듯 보였다. 아들에게도, 나에게도 낯설게 다가오는 풍경이었다.

다음날, 파리 근교의 투르Tours라는 작은 도시로 갔다. 이 작은 도시가 관광객으로 북적이는 이유는 프랑스를 대표하는 고성이 많기 때문이다. 장기 배낭여행자인 우리는 당연히 그 많은 성 가운데 한 곳만 보기로 했다. 당첨의 영광을 안은 곳은 바로 쉬농소 성.

"프랑스처럼 조상 덕을 보는 나라가 또 있을까? 이렇게 멋진 자연경관에 성을 만든 조상 덕분에 아직까지도 전 세계에서 관광객이 찾아오고 있으니……."

나의 질투 섞인 투덜거림이 무색하지 않게 쉬농소 성으로 들어가는 길은 저절로 걷고 싶은 마음이 들 정도로 아름다웠다. 얼마쯤 걸어 들어갔을까? 잠시 후, 물 위에 떠 있는 듯 아름다운 성이 그 자태를 드러냈다. 강기슭에 자리한 대부분의 성과는 달리 여인들의 슬픈 역사가 숨어 있는 쉬농소 성은 강 위에 지어졌다.

"여러분, 이 성의 주인들은 모두 여자였답니다. 성을 거쳐 간 여인만 여섯 명이나 된대요. 앙리 2세가 그의 애첩 디안에게 이 성을 주었지요. 그런데 왕이 죽자 왕비였던 카트린 드 메디치가 성을 빼앗고 디안을 쇼몽 성Château de Chaumont으로 쫓아냈대요."

여행을 위해 열심히 자료를 준비한 막내의 설명을 들으며 따라가니 곳곳에 중세시대의 아름답고 희귀한 물건들이 보관되어 있었다. 막내의 설명을 듣는다고 해서 중세 프랑스의 역사를 온전히 이해할 수는 없었지만, 이 성의 주인이었을 여성들의 초상화를 보며 성 안 곳곳을 둘러보았다.

"여보, 저 남자 좀 봐요."

남편의 놀란 듯한 목소리에 나도 모르게 반대편을 쳐다보았다. 남편은 인상적인 장면이라 여겼는지 사진을 찍겠다며 몰래 카메라 셔터를 눌렀고, 나 역시 한참을 바라보았다. 관광객들로 넘쳐나는 성 안에서 아버지로 보이는 한 남자가 아들을 위해 무릎을 꿇고 앉아서 설명을 해주고 있었다.

"아들아, 내 말 좀 들어볼래?"

아버지는 한 번도 아니고 매번 아들 곁에 쭈그리고 앉아 이렇게 양해를 구했다. 설명을 마치고 나서는 자리에서 일어나 아이의 손을 잡고 다시 다른 곳을 둘러보았다. 무심코 지나칠 수도 있었을 그 장면이 남편과 나에겐 참으로 인상적이었다. 마침 그 부자와 우리 가족의 동선이 같아서 관람을 마칠 때까지 함께할 수 있었다.

"어쩜 저렇게 아이를 배려할 수 있을까요?"

남편도 큰 감명을 받았는지 연신 고개를 끄덕였다.

"아이들이 자란 후에는 한 번도 저렇게 아이들을 대한 적이 없는 것 같아."

어디 남편뿐이랴. 나 또한 입이 열 개라도 할 말이 없다. 오랫동안 학교에 있었던 탓일까. 무의식적으로 명령하기를 좋아하는 우리에게 그 아버지와 아들의 모습은 신선한 충격이었다.

다시 성을 둘러보는데, 단체 관광객을 인솔하는 가이드가 색다른 관점으로 설명을 하고 있었다.

"이 성은 주로 여성들이 생활한 관계로 성 곳곳에 여성을 위한 장치가 있습니다. 가령 다른 성은 폭이 좁은 나선형 계단인 데 반해 이곳은 폭이 넓은 직선형 계단을 만들어 화려한 드레스를 입고도 여인들이 편리하게 이동하도록 했답니다."

그랬다. 가이드의 말을 듣고 여자의 입장에서 쉬농소 성을 보니 남다른 점이 한두 군데가 아니었다. 주방이 세르 강과 바로 연결된 것도 배에서 각종 음식 재료를 편리하게 운반할 수 있게 하기 위한 것으로 보였다. 한마디로 쉬농소 성은 성 앞에 조성된 아름다운 정원처럼 여성의, 여성을 위한, 여성에 의한 공간이었다. 그러나 그런 아이디어나 풍경보다 우리에게 더 큰 감동을 준 것은 자녀, 아니 자신보다 어린 이를 향해 어른이 베푸는 귀한 배려였다.

"아들아, 내 말 좀 들어볼래?"

여행을 마치고 돌아온 뒤, 쉬농소 성의 멋진 아버지가 생각나 막내에게 다가갔다. 그러자 막내가 기겁을 한다.

"엄마, 어디서 무슨 교육 받고 오신 거예요?"

아이와 눈높이를 맞춘다는 것, 아이와 함께한다는 것, 당연한 듯 지시하기보다 아이에게 먼저 양해를 구하는 것. 부모라면 누구나 머리로는 알지만 막상 생각보다 실천이 쉽지 않은 일이다. 아이들을 서서히 바뀌게 한 것처럼, 가족여행은 우리 부부의 모습도 조금씩 달라지게 했다. 더 나은 부모, 더 노력하는 부모로……

우리 집의
톰과 제리

경쾌한 음악만 흐를 뿐 대사는 없다. 그냥 두 마리의 동물이 쫓고 쫓길 뿐인데 만화를 보는 아이들은 폭소를 터트린다. 작은 쥐 한 마리는 연신 도망치고, 고양이 한 마리는 그 뒤를 쫓기에 여념이 없다. 앙숙처럼 싸우지만, 대부분 우리의 상식과 달리 고양이가 쥐 앞에서 완패를 당한다. "아~악~"하는 고양이의 비명 소리가 들리면 'The End'라는 자막이 나오고, 보는 이들은 모두 유쾌, 통쾌, 상쾌해진다.

  1970년대 '깐돌이'라는 이름으로 방영되었던 〈톰과 제리 Tom and Jerry〉라는 만화영화 이야기다. 조그마한 생쥐 제리에게 번번이 당하는 덩치 큰 고양이 톰. 둘은 천하의 앙숙이면서도 끈끈한 정이 있는 묘한 사이다. 그런데 우리 집에도 이런 톰과 제리가 있으니, 여행할 때는 물론 지금까지도 수없이 톰과 제리처럼 으르렁대지만 얄밉지 않은 두 아들이 그들이다.

사방이 아름다운 프랑스의 시골 캠핑장에서의 일이었다. 프랑스를 찾은 때가 8월 말이라, 밤에는 기온이 뚝 떨어졌다. 게다가 비는 왜 그리 자주 오는지……. 유럽 사람들의 텐트가 유난히 튼튼하고 큰 이유를 이제야 알 것 같았다. 그에 비해 우리 텐트는 여름용이라서 방수가 제대로 안 됐고, 무엇보다 얇았기 때문에 밤이면 오들오들 추위에 떨어야 했다.

유럽 여행의 마지막 목적지인 파리 입성을 앞두고 파리 남부에 위치한 몽생미셸Mont-Saint-Michel을 지나 길을 나섰다. 비는 내리고 어느새 날은 어둑어둑해지는데, 시내를 벗어나 표지판을 따라가고 따라가도 캠핑장은 나타나지 않았다. 그렇게 근 1시간을 헤맨 끝에 간신히 찾은 캠핑장에는 별 4개 표시가 붙어 있었다.

"캠핑장에도 등급이 있나?"

온 가족이 의아해하며 둘러보는데, 과연 지금까지 경험했던 미국과 유럽의 캠핑장 중 가장 멋진 곳이었다. 한쪽에는 청소년 골프 교실이 열리고, 큰 규모의 수영장과 공연장, 운동장, 근사한 식당 등 그야말로 최고급 시설을 갖추고 있었다. 당연히 이용료는 비쌌지만, 이제 와서 다른 곳으로 갈 수는 없는 일. 관리자로부터 텐트를 사용할 장소를 안내받고 걸어갔지만 워낙 규모가 크다보니 우리에겐 오히려 불편했다.

"대부분 캠핑카나 로지에 묵는 것 같아요. 텐트가 별로 보이지 않는데요?"

비는 주룩주룩 내리고, 그동안 텐트를 치고 걷는 일에 꾀가 난 아이들이 대충 형태만 만들더니 다 됐다며 손을 뗀다.

"아니, 비가 오는데 이렇게 허술하게 치면 어떡하니?"

나의 우려와 달리 아이들은 별 문제가 없다는 표정이다.

"요즘 계속 이렇게 해왔어요. 이 정도면 충분해요."

마음에는 들지 않았지만 그렇다고 닦달할 수만도 없는 일. 아이들은 저녁을 준비하고, 나는 그동안 밀린 업무를 보기 위해 로비에 있는 인터넷 룸으로 갔다. 로비와 캠핑장의 거리가 워낙 멀어서, 기왕 간 김에 모든 일을 처리할 생각이었다.

"1시간 정도면 저녁이 다 될 것 같아요. 그러니 그때까지 오셔야 해요."

로비로 와서 노트북으로 밀린 업무를 처리하는데, 한참 후에 둘째가 왔다.

"엄마, 아까 그 자리는 시설이 마땅치 않아서 다시 옮겼어요. 어서 가서 식사하세요."

둘째는 자기도 인터넷을 조금만 하고 싶다며 텐트를 다시 설치한 장소를 설명해주었다. 그러나 둘째가 말해준 장소를 도무지 찾을 수가 없어 30여 분을 헤매다가 다시 로비로 돌아왔다. 어쩔 수 없이 인터넷을 멈추고 나와 함께 길을 나서는 둘째가 걱정스런 표정을 지으며 하늘을 본다.

"비가 너무 많이 오네요. 밥 먹다가 그냥 밖에 놓고 왔는데."

이 녀석, 나를 데리러 왔다가 인터넷 욕심에 그냥 남아 있었던 거였구나.

"식구들이 있잖아. 설마 그대로 두었겠니?"

캠핑장에 와서 남편이 머물고 있는 텐트로 들어와 젖은 몸을 닦는데, 반대편 아이들 텐트에서 야단법석이 났다.

"다른 사람이 먹던 밥을 이렇게 해놓으면 어떻게 먹으라는 거야?"

"형은 엄마만 모시고 금방 온다고 했잖아. 그런데 왜 이렇게 늦은 거야? 비가 오는데 그대로 밖에 놔둘 수는 없잖아?"

며칠 전부터 사소한 일로 티격태격하던 두 놈이 결국 싸움을 벌이고 말았다. 당장 텐트 밖으로 나가 아이들을 '소집'했다. 씩씩거리며 나온 두 아들은 서로에게 원망의 눈빛을 교환하며 전투 자세를 취했다.

"너는 항상 다른 사람 생각을 안 하더라."

"그럼 형은 왜 혼자 인터넷을 한 거야?"

두 녀석이 주거니 받거니 옥신각신하는 사이, 갑자기 반대편 텐트에서 키 큰 남자가 씩씩거리며 나왔다.

"도저히 참을 수가 없네. 아직도 그런 사소한 일로 싸우다니!"

남편이었다! 남편은 눈 깜짝할 사이에 아이들의 텐트를 번쩍 들어 내동댕이쳐버렸다. 그렇지 않아도 빗속에 위태위태하게 서 있던 초라한 텐트는 휙 찌그러진 채 바닥에 나뒹굴었다. 워낙 순식간에 일어난 일이라 모두들 멍하게 서 있는데, 남편은 한마디 경고를 더 던지고는 텐트 안으로 들어갔다.

"명심해라. 부모 앞에서 싸우지 마라. 저기 다른 캠핑장에 가서 다시 텐트 치고 자든지 말든지 알아서 해라!"

아빠의 엄청난 분노에 찍소리 한 번 못한 아이들은 찌그러진 텐트를 복구하기 위해 끙끙거렸다. 때마침 더욱 거세진 빗줄기 속에서 한참을 아이들이 텐트와 씨름하고 있을 때, 어둠 속에서 "익스큐즈 미" 하는 소리가 들렸다. 모두들 목소리의 주인공을 찾아 두리번거리는데 딸아이가 찾아냈다.

"엄마, 앞에 흑인 아저씨 한 분이 계세요."

자세히 보니 컴컴한 어둠 속에서 점잖아 보이는 흑인 아저씨가 종이 봉투를 들고 서 계셨다. 인사를 나누자, 감자칩이 든 큰 봉투를 건네주신다.

"저녁에 가족이 먹으려고 샀는데 양이 너무 많아서요. 함께 드시죠."

얼떨결에 감사 인사를 드리고, 감자칩을 받아 대충 복구된 아이들 텐트로 들어왔다. 아이들은 말없이 고개만 숙이고 있었다.

"우리 같으면 옆에서 그런 일이 벌어졌을 때 시끄럽다고 항의를 했을 텐데, 오히려 우리를 위로하려고 일부러 감자칩을 들고 오신 것 같구나. 엄마는 더이상 관여하지 않을 테니 너희 스스로 오늘 일을 해결하려무나."

끝없는 침묵. 딸이 진행자를 자처하고 차근차근 문제를 풀어나갔다.

우선 첫 마이크는 둘째에게로 넘어갔다.

"넌 평소에도 다른 사람을 배려하지 않는 경향이 있어. 너에게 유리한 방향으로만 생각하지. 하지만 너만 피곤하거나 힘든 게 아니잖아."

둘째가 그동안 여행하며 품었던 불만을 표하자 막내도 입을 열었다.

"내 잘못은 인정해. 하지만 형은 늘 누나하고만 친하고 나를 무시하잖아. 그게 얼마나 섭섭한지 알아? 마치 왕따 당하는 것 같은 기분이란 말이야."

세 명이 주거니 받거니 세 시간 가까이 이야기를 이어나갔다. 다행히 서로 사과를 하고, 감자칩을 나누어 먹는 것으로 그날의 결전은 잘 마무리되었다.

✈

그후로 두 아들의 티격태격하는 모습이 사라졌다면 얼마나 좋을까? 두 살 차이밖에 나지 않는 혈기왕성한 두 사내 녀석들은 지금도 여전히 톰과 제리처럼 쫓고 쫓기는 싸움을 벌이고 있다.

"은찬아, 제발 옷 좀 옷걸이에 걸면 안 되겠니?"

매사가 깔끔한 둘째가 허물 벗듯 널려진 막내의 옷을 집어들며 일장 훈계에 나섰다.

"형, 남자가 그렇게 깔끔해서 좋을 게 없다."

여전히 아옹다옹하는 우리 집의 톰과 제리! 그러나 나는 믿는다. 그 시끌벅적한 시간 속에서 부모가 가르쳐줄 수 없는 배려와 화해를 배우고 있다는 것을. 그렇게 아이들은 하루하루 어른으로 자라고 있다.

우리 집 보스가
바뀌었어요

동방의 등불
일찍이 아시아의 황금 시기에
빛나던 등불의 하나였던 코리아,
그 등불 다시 한번 켜지는 날에
너는 동방의 밝은 빛이 되리라.
(중략)
내 마음의 조국 코리아여 깨어나소서.

일제 강점기 시절, 1929년 4월 30일자 동아일보에 실렸던 인도의 시인 타고르의 시다. 당시 타고르는 일본을 방문하고 우리나라에 들를 예정이었다. 그러나 너무 과로한 나머지 방한이 불가능해지자 대신 이 시를 써서 우리 민족에게 용기와 희망을 안겨주었다.

어린 시절의 타고르는 학교에서 이른바 왕따를 당해 제대로 적응하지 못했던 아이였다. 그러나 열한 살이 되던 해, 아버지와 함께 넉 달간 떠났던 히말라야 여행을 통해 타고르는 이후의 삶에 있어 매우 값진 경험을 쌓을 수 있었다. 상인 집안의 대를 이은 타고르의 아버지는 아들의 책임감을 키워주기 위해 여행 경비를 직접 관리하게 했다. 열한 살 소년에게 캘커타에서 서부 히말라야까지 이어지는 만만찮은 코스의 경비를 책임지게 한 것이다. 비행기는 물론 기차도 버스도 없던 시절의 여행이었음을 감안하면 어린 타고르에게 그 여행이 얼마나 혹독했을지 짐작이 가고도 남는다. 그러나 넉 달에 걸친 히말라야 여행은 훗날 그를 인도, 아니 아시아를 대표하는 시인이자 사상가, 교육가로 자리 잡게 한 밑거름이 되었다.

타고르의 이야기에서 알 수 있듯이, 여행은 아이들에게 자신도 몰랐던 내면의 힘을 발견하게 한다. 그리스의 휴양도시 산토리니Santorini 섬에서, 우리 집 둘째에게도 그런 계기가 찾아왔다.

✈

9월 중순, 터키 여행을 마치고 그리스 아테네Athene에 도착했다. 여행이 막바지로 치닫기 때문인지, 남편과 나는 조금만 움직여도 쉬이 지치기 시작했다. 이런 아빠와 엄마가 안쓰러웠는지, 아이들은 '다음 목적지로 그리스의 휴양지 산토리니가 어떻겠냐'며, 페리 표를 구입하는 등 일사천리로 일을 척척 진행해나갔다.

우리를 태운 페리는 8시간 후 산토리니에 당도했다. 말이 8시간이지 배 안에서 장시간 있다 보니 그야말로 그로기 상태가 되어버렸다. 이런 우리의 고충을 아는지 모르는지, 선착장에는 손님을 호객하려는 게스트하우스 주인들이 잔뜩 나와 있었다. 모두들 주인들과 협상을 마치고 한 팀 두 팀 떠나는데, 극도로 지쳐버린 나와 남편은 말할 힘조차 없어

구석에 주저앉고 말았다. 그때 둘째가 우리를 위로하듯 말했다.

"엄마 아빠는 쉬고 계세요. 저희들이 몇 군데 알아보고 정할게요."

아이들은 하프타임을 이용해 작전을 짜는 운동선수들처럼 이런저런 의견을 나누었다.

"지금처럼 손님이 많으면 가격을 비싸게 부를 게 틀림없어. 사람들이 어느 정도 빠져나가고 나면 그때 여유 있게 협상하자."

오랜 배낭여행을 통해 노하우를 터득한 걸까? 둘째의 제안이 제법 그럴 듯하다. 여행이 끝나갈 무렵, 부모의 건강이 썩 좋지 않다는 것을 안 뒤로 부쩍 책임감 있게 문제를 해결하려고 노력하는 것 같다.

"누가 보스입니까?"

한 아저씨가 우리에게 다가왔다. 물론 남편에게 거의 시선을 고정한 채로. 그러나 모든 게 귀찮아진 남편은 힘없이 둘째를 가리키며 "보스"라고 말했다. 세상에 이럴 수가. 그러자 아저씨는 둘째를 보스라고 깍듯이 예우하며 자신의 게스트하우스를 소개하기 시작했다. 처음에는 멋쩍어하던 둘째의 태도도 점점 변했다. 평소 숙소를 정할 때 가격을 협상하는 문제를 대부분 첫째나 막내에게 맡기던 둘째가 정말 보스처럼 협상을 이끌어간 것이다.

"우리는 이미 이곳에 다녀온 친구로부터 가격을 듣고 왔어요. 일단 처음에 우리에게 좋은 가격을 제시한 아주머니와 먼저 얘기 좀 해볼게요."

그러자 주인아저씨의 마음이 급해지는 듯했다.

"헤이, 보스. 그러지 말고 그냥 우리 집으로 오세요. 정말 잘해드릴게요."

페리에서 내린 사람들이 거의 떠나갔는데도, 아이들은 서두르지 않고 둘째를 중심으로 계속해서 가격을 협상해나갔다. 그때, 처음 우리에게 숙소를 소개했던 아주머니가 다가왔다. 나 같으면 땀을 뻘뻘 흘리며 애쓰는 아저씨를 봐서라도 대충 정할 것 같은데, 꼼꼼한 둘째는 두 곳의 지도를 비교하며 유심히 살피기 시작했다.

"이상하다. 아까 분명히 바닷가 방향 숙소라고 하셨잖아요. 지도를 보니 아닌 것 같은데요?"

아들의 말에 아저씨의 표정에 당황한 기색이 역력했다.

"아, 대부분 바닷가 방향은 비싼 호텔이고, 게스트하우스는 그곳에서 조금 더 걸어가야 해요."

주인장의 답변을 들으며 두 곳의 지도를 한참 동안 살피던 아들이 드디어 결정했다.

"저, 죄송하지만 저희에겐 이 아주머니 숙소가 더 좋은 것 같아요. 죄송해요, 아저씨."

아연실색. 둘째의 말을 옆에서 잠자코 듣고 있던 나는 그 아저씨의 눈을 마주치지 못할 정도로 민망하고 미안한 마음뿐이었다. 그런데 뜻밖에도 아저씨는 환하게 웃으며 말했다.

"괜찮습니다. 손님의 뜻에 따라야죠. 좋은 여행 되세요, 보스!"

둘째에게 흔쾌히 악수를 청하는 아저씨, 그리고 마지막까지 냉정하게 여러 가지 조건을 꼼꼼히 검토하며 숙소를 결정한 둘째. 두 사람의 모습은 그야말로 '쿨함' 그 자체였다. 그렇게 우리는 처음 제안했던 아주머니의 차를 타고 힘겹게 얻은 숙소에 도착했다. 차 안에서 남편이 기특한 듯 말했다.

"아들, 정말 멋진 보스였어!"

남편의 칭찬에 다른 아이들도 한마디씩 거들었다.

"형, 진짜 말 잘하더라. 나 같으면 그렇게 꼼꼼하게 살피지 못했을 거야."

"맞아, 여행이 우리를 협상의 대가로 만들어준 것 같아. 전 세계를 상대로 장사를 해도 될 것 같다니까."

그래, 너희들 말이 맞다. 서로를 격려하는 아이들의 모습도 기특했지만, 평소 유난히 말수가 적은 둘째의 어깨에 힘이 들어가 있는 모습이 우습기도 하고 대견기도 해서 웃음이 나왔다. 늦은 밤, 그 어느 곳보다 편안한 잠자리에 몸을 누인 남편의 표정이 너무도 행복해 보였다.

"정말 여행 오기를 잘한 것 같아. 아이들이 교과서에서 절대로 배울 수 없는 것들을 배우고 있으니 말이야."

"어디 아이들만 변했나요? 당신이나 나도 엄청 바뀌었잖아요. 요즘 당신은 예측 못한 상황이 닥쳐도 그다지 스트레스를 받지 않는 것 같던데요?"

남편이 쑥스러운 듯 허허 웃는다.

"열심히 계획을 짠다고 그대로 되는 게 아니라는 걸 안 거지. 나도 이제는 편안하게 살고 싶어. 용기와 배짱으로 한번 밀어붙여보려고. 그게 내가 사는 길이라는 걸 깨달았어."

아, 정말 남편은 변해 있었다. 그것도 많이……. 그동안 헉헉대며 힘겹게 지나온 적지 않은 세월이 헛된 것만은 아니라는 생각이 들었다. 우리 가족이 살아온 지난 시간, 그리고 우리 가족 한 명 한 명에게 변화라는 선물을 안겨준 여행 모두 행복한 감사로 찾아왔다.

✈

"어떻게 노벨상을 백인이 아닌 유색인종에게 줄 수 있단 말인가?"

오랫동안 이어온 서양인들의 편견을 보란 듯이 깨트린 인도의 시인 타고르. 정규학교를 거의 다니지 않은 타고르가 '인도의 등불'이라는 호칭을 얻게 되기까지는 여러 가지 원동력이 있었겠지만, 열한 살의 나이에 다녀온 히말라야 여행이 중요한 계기가 되었다. 누가 그랬던가. 자녀를 진정으로 사랑한다면 그들의 등에 배낭을 메어주라고. 한 살이라도 더 어릴 때 떠난 여행은 우리 아이들에게 학교가 가르쳐주지 못하는 새로운 세계를 선사한다. 그리고 아이들은 여행을 통해 스스로 자라는 법을 배운다.

산토리니에서
가족여행 365일을
기념하다

다리 부상을 당한 전직 해병이 판도라 행성의 나비족이 사는 곳에 죽은 형을 대신해서 들어간다. 시간이 흐를수록 점점 그들과 같은 마음을 품게 되고, 자원개발을 목적으로 행성을 침공한 침략자들에게 맞서 판도라를 지켜낸다. 바로 영화 〈아바타〉의 줄거리다. 우리에게 3D 세상의 황홀함을 안겨준 이 영화의 감독은 그 유명한 제임스 캐머런. 놀라운 건 그가 영화를 구상하는 데에만 무려 14년이 걸렸고, 영화를 만드는 데에도 4년의 시간을 쏟았다는 것이다.

'판도라 행성처럼 신비스러운 곳이 있을까?'

극장에서 영화를 보고 나온 후에도 판도라의 경이로운 풍경이 눈앞에 어른거렸다. 영화는 환상과 현실을 혼동하게 만들 정도로 깊은 여운을 남겼다. '만약 세상에 유토피아가 있다면 영화 속 판도라 행성과 같지 않을까?'라는 생각이 들 정도였다.

이런 나에게 영화 〈아바타〉처럼 놀라운 감동을 안겨준 곳이 있었다. 가족여행을 떠난 지 어느덧 1년. 그 365일의 시간을 자축했던 환상의 섬 산토리니가 바로 그곳이다.

✈

여행지를 직접 가보면 사진으로 볼 때와 다른 모습에 실망하는 경우가 종종 있다. 그러나 사진보다 더욱 멋진 곳을 만나는 경우에는 땀을 뻘뻘 흘리며 찾아온 보람을 만끽하게 된다. 그리스 산토리니가 바로 그런 곳이다. 하늘에서 내리쬐는 햇볕조차 신비롭고 매력적인 곳, 어디를 찍어도 멋진 작품이 탄생하는 곳, 백색과 청색의 고혹적인 아름다움에 누구나 영화 속 주인공이 되는 곳, 전 세계 신혼부부들이 꿈의 허니문 장소로 첫 손가락에 꼽는 곳. 바로 그곳에 우리 가족이 오게 된 것이다.

붉은 초승달 모양의 산토리니 섬은 지금으로부터 수천 년 전에 일어났던 거대한 화산 폭발로 만들어졌다고 한다. 섬의 절벽에는 파란 대문을 가진 하얀 집들이 다닥다닥 붙어 있는데, 엽서나 CF에서 볼 때도 황홀했지만 실제로 마주하고 보니 풍경 하나하나에 마음을 빼앗길 수밖에 없을 정도로 아름답기 그지없었다. 무엇보다 오랜 여행으로 심신이 지친 우리 가족에게는 유토피아 같은 휴식과 행복을 안겨준 곳이었다. 마을 아래로 보이는 바다를 바라보니 모든 시름이 사라지고 마음이 맑아졌다.

"이 바다가 '에게 해'로구나."

남편은 저 멀리 햇살에 빛나는 에게 해의 아름다움을 극찬했다. 『그리스인 조르바』를 쓴 카잔차키스라는 작가는 "죽기 전에 에게 해를 여행하는 행운을 누리는 사람은 복이 있다"라고 말했다는데, 이렇게 에게 해를 바라보고 있노라니 그의 말이 결코 거짓이 아니었음을 알 수 있었다.

"카잔차키스의 말처럼, 우리는 정말 복 받은 가족이네요."

아름답기로 소문난 산토리니에서도 가장 아름다운 마을은 북서쪽 끝에 모여 있는 이아Oia 마을이다. '해지는 마을'이라는 애칭이 말해주듯이, 서쪽으로 지는 노을이 세상에서 가장 아름다운 곳이다. 이곳에 도착한 첫날 저녁, 노을을 바라보며 걷는 기분은 그야말로 최고였다. 위를 올려다보니 많은 사람들이 절벽 위에 자리한 레스토랑 테라스에 앉아 저녁을 먹으며 노을을 감상하고 있었다.

"내일 저녁에는 저곳에서 노을을 바라보면 어떨까요?"

"나도 그러고 싶은데, 애들이 비싸다고 안 가려고 할 것 같은데?"

처음 여행을 떠날 때는 '짠돌이' 부모를 원망하던 아이들이 이제는 우리보다 더한 자린고비가 되어 있었다.

"우리가 집을 떠나온 지도 어느덧 1년이 넘었어요. 당신이 아이들에게 그동안 수고했으니 칭찬하는 의미로 한턱 낸다고 하면 좋아하지 않을까요?"

다행스럽게도 아이들은 우리의 제안을 흔쾌히 받아들였다. 우리 가족의 지난 1년을 자축하는 시간을 기다렸다는 듯 대환영이었다.

다음날, 마치 성대한 파티에 초대받은 것처럼 모두들 예쁘게 차려 입고 어제 점찍어둔 식당을 찾았다. 고급 레스토랑답게 친절한 직원의 서비스를 받으며 자리에 앉으니 기다렸다는 듯이 노을이 붉게 물들기 시작했다.

"역시 가끔씩 이렇게 분위기를 내야 한다니까요. 여기에서 보니 노을이 어제보다 훨씬 더 예쁜 것 같아요."

딸이 아름답게 변해가는 노을을 보며 감탄사를 연발했다. 마치 봄날 짧은 시간에 흐드러지게 피었다가 이내 지고 마는 벚꽃처럼 노을은 최고의 아름다움을 뽐낸 뒤 금세 사라지고 말았다. 그러나 우리 가족의

얼굴에 피어난 행복이라는 이름의 미소는 좀처럼 시들 줄 몰랐다.

"당신, 그리고 너희들. 정말 1년 동안 너무 애썼다. 아마 아빠 혼자였다면 도저히 이렇게 할 수 없었을 거야. 너희들도 힘든 적 많았지?"

남편의 말에 기다렸다는 듯이 아이들도 돌아가며 감사를 표했다.

"아빠랑 참 많이 싸운 것 같아요. 지금 생각하면 우습기 그지없는데 말이에요."

막내의 말처럼 여행 중간중간 일어났던 사건 사고들이 아름다운 기억으로 되살아났다. 한 사건 한 사건을 끄집어낼 때마다 배를 잡고 깔깔대며 웃었다. 그때는 사건이었던 것들이 돌아보니 모두 추억이었다.

"엄마! 아빠! 정말 감사해요. 처음에는 불평했지만, 지금은 그저 감사하다는 마음만 들어요."

딸의 말을 둘째가 이어받았다.

"아빠, 여행을 마치고 나면 책을 쓰신다고 했잖아요. 우리도 함께 쓰는 건가요?"

책 얘기가 나오자 막내도 서둘러 관심을 보였다.

"우리가 돕는다면 인세를 나눠주실 거죠?"

아직 한 줄도 쓰지 않은 책을 두고 인세 분배를 의논하며, 우리 가족은 잔뜩 김칫국을 들이켰다. 그렇게 한참 동안 책에 어떤 내용을 담을지를 놓고 이야기하는데, 첫째가 다른 데로 화제를 돌렸다.

"엄마, 이집트 여행을 마치면 영어 공부를 하게 해주시면 안 돼요? 세계여행을 하다보니 정말 언어의 필요성을 느끼게 됐어요."

그러자 이번에는 여행을 마치고 각자 생각해둔 어학 공부로 주제가 옮겨갔다. 지금은 너무도 자연스러운 가족의 대화가 여행 전에는 연중행사나 다름없었다니 그저 신기할 따름이었다. 갑자기 눈물이 핑 돌았다. 여행을 떠나기 전까지는 상상조차 할 수 없었던 일들이 '현실'이 되다니……. 서로 눈길 한 번 마주치지 않고 자기 일만 하던 아이들, 의견이 조금만 달라도 쾅 하고 문을 닫으며 자신의 방으로 들어가버린 아이들, 그런 아이들과 도저히 말이 통하지 않는다며 속을 끓이던 우리 부부. 언젠가부터 남편과 나는 아이들을 포기한 채 뒤죽박죽 엉켜버린 현실을 받아들여야 했다. 그런데 지금 내 눈앞에 펼쳐진 풍경은 꿈인지 생시인지 의심스러울 정도로 변해 있다. 마치 뽕나무 잎이 변하여 푸른 바다가 되었다는 '상전벽해桑田碧海'처럼 서로 농담을 섞고 하하 호호 웃음꽃을 피우며 대화하는 아이들의 모습, 그런 아이들과 일일이 눈을 맞춰가며 얘기를 경청하고 따뜻하게 이끄는 남편의 모습은 보는 것만으로도 기쁨이 넘쳐흐른다. 세상에서 가장 아름다운 우리 가족을 말없이 바라보고 있는데, 둘째가 엉뚱한 제안을 한다.

"엄마와 아빠는 이곳에서 하룻밤 더 주무시고 쾌속정을 타고 오세요. 저희는 숙박비도 아낄 겸 내일 야간 페리를 타고 가려고요."

이틀 뒤에는 산토리니에서 다시 아테네로 돌아가야 하는데, 아이들은 내일 밤 11시에 떠나는 야간 페리를 타겠다는 것이다.

"8시간이나 다시 배를 타려고? 올 때도 힘들었잖니. 그냥 다 같이 쾌속정 타고 가자."

그러나 녀석들은 부모의 반대 의견을 미리 예상이라도 한 듯 막내의 입을 통해 걱정하지 말라며 우리를 다독인다.

"저희는 끄떡없어요. 오늘 이렇게 맛있는 걸 먹었으니 경비도 절약해야죠."

✈

다음날, 아이들은 야간 페리를 타러 먼저 숙소를 나섰다. 무거운 배낭을 메고 걸어가는 아이들의 뒷모습을 보는데 가슴이 뭉클해졌다.

"우리 아이들, 훌쩍 자란 것 같지 않아요? 마치 마법의 묘약을 먹은 것처럼 말이에요."

내 말에 동의하듯 남편이 아이들을 향해 큰소리로 외쳤다.

"얘들아! 내일 아침에는 배에서 내려 꼭 아침을 사 먹어야 한다. 알았지?"

남편의 말이 응원가로 들렸는지, 돌아서서 손을 흔드는 세 아이의 모습. 나는 그동안 산토리니가 세상에서 가장 아름다운 곳인 줄 알았다. 그러나 지금은 아니다. 그림 같은 산토리니의 이아 마을보다 훨씬 더 멋진 풍경이 있었으니, 그건 바로 우리 가족이었다.

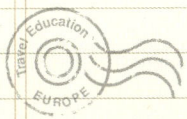

그림 같은 산토리니의 이아 마을에서 우리 가족은 어느덧 1년을 맞이한 가족여행을 자축하는 근사한 시간을 가졌다. 저물어가는 노을을 바라보며 우리 가족의 얼굴에 피어난 행복이라는 이름의 미소는 좀처럼 시들 줄 몰랐다. 여행 중간중간 일어났던 사건 사고들이 아름다운 기억으로 되살아났다. 무엇보다 여행을 마치고 각자 생각해둔 계획들을 말하는 아이들의 모습은 눈물이 핑 돌 정도로 감동적이었다. 서로 눈길 한 번 마주치지 않고 자기 일만 하던 아이들, 그런 아이들과 도저히 말이 통하지 않는다며 속을 끓이던 우리 부부가 이렇게 달라졌다는 사실이 믿기지 않았다. 그 어떤 여행지보다 아름다운 풍경은 바로 우리 가족이었다.

예전의 우리가 아니잖아요

"어이쿠, 추워라. 몸이 덜덜 떨리네."

"가을비치곤 상당히 추운데요. 게다가 우리는 전부 여름옷인데."

이집트까지의 모든 여행 일정을 마치고 계획에 없었던 미국행을 택했다. 아이들에게 영어를 공부할 기회를 주고, 길고 길었던 여행을 차분하게 정리하고 싶었다. 미국에 도착한 때는 10월 9일. 1년 반 동안 여름 날씨에 적응된 우리에게 미국의 초가을 바람은 마치 혹독한 시베리아 날씨처럼 느껴졌다.

4개월간의 미국 생활은 떠돌이 배낭여행과는 전혀 다른 변화를 가져다주었다. 처음 여행을 계획할 때만 해도 이렇게 미국에 정착해 살림을 하며 살 거라고는 생각지 못했는데, 막상 하고 보니 편안함과 안락함이 좋았다. 그러나 양지가 있으면 음지가 있는 법. 배낭을 메고 세계일주를 할 때는 미처 생각지도 못한 또다른 도전이 우리를 기다리고 있었으니…….

"정말 감사해요. 바쁘신데 이렇게 모든 준비를 다 해주시고……."

백악관이 있는 미국 워싱턴 D.C Wasington D.C에서 차로 한 시간 거리의 메릴랜드 Maryland 마을! 사방으로 아름드리나무와 잔디가 펼쳐진 전원주택처럼 아름다운 곳. 이 멋진 곳으로 우리 가족이 올 수 있었던 것은 어학원을 운영하시는 허 대표님 덕분이었다. 멕시코의 '익투스'에서 알게 된 허 대표님은 우리 가족의 마지막 미국 생활에 큰 도움을 주신 분이다. 몇 개월 동안 지낼 집의 대여를 손수 알아봐주시고, 저렴한 가격으로 본인의 학원에서 공부까지 할 수 있도록 배려해주셨기 때문이다. 워낙 다른 사람에게 베푸는 것이 천성이신 분이기도 했지만, 너무 많은 신세를 진 것 같아 여행을 마친 지금도 그저 감사할 따름이다.

허 대표님 소개로 우리에게 방을 빌려주신 분은 이곳으로 이민 오신 지 30년이 넘은 교민이셨다. 이분 역시 우리에게 따뜻한 호의를 베풀어주셨다.

"필요한 게 있으면 뭐든지 이야기하세요. 지난번 신문에 소개된 기사를 보고 만나고 싶었는데, 이렇게 인연이 되어 같이 지내게 되어 기뻐요. 그나저나 대단하세요. 온 가족이 이렇게 긴 시간 동안 여행을 하다니, 게다가 학교라는 안정된 직장을 버리고……."

지난 7월, 이곳에 여행 왔을 때 미주 한국일보에 우리 가족이 소개된 적이 있었는데 그 기사를 보셨단다.

"사실 몇 명이 방을 렌트하겠다고 왔었는데, '옥 패밀리'가 온대서 세를 안 주고 기다렸답니다. 그러니 편안하게 내 집처럼 지내세요."

뜻하지 않게 결정한 마지막 미국에서의 정착생활은 주변 사람들의 이러한 도움으로 별다른 어려움 없이 보낼 수 있었다. 그러나 한국으로 돌아갈 시간이 가까워질수록 새로운 고민이 생기기 시작했다. 학원을 오가며 영어에 푹 빠져 지내던 막내가 물꼬를 텄다.

"신기해요. 한국에서 배운 문법으로 설명하라면 못하겠는데, 이곳에 와서 공부하니 영어가 쏙쏙 들어와요."

막내의 말이 끝나기 무섭게 딸도 진지한 표정으로 덧붙였다.

"아빠, 저희들이 미국에서 공부할 방법은 없을까요? 정말 이런 환경에서 제대로 공부하고 싶어요."

미국에서 오래 생활해온 주변분들도 아이들을 위해 조언을 아끼지 않으셨다.

"옥 패밀리 아이들을 보니 또래들과는 생각하는 게 달라요. 이런 아이들이 미국식 교육을 받으면 자신의 재능을 온전히 발휘할 겁니다."

나 역시 아침부터 늦은 밤까지 공부에 몰두하는 아이들을 보니, 조금만 밀어주면 자신들의 미래를 충분히 설계할 수 있을 것 같다는 생각에 마음이 흔들렸다. 그런데 남편은 엉뚱한 얘기만 했다.

"아빠 생각은 다르단다. 난 오히려 한국에 돌아가서 너희들이 스스로 뭔가를 해보는 게 낫다고 봐. 그리고 나중에 확실한 진로가 정해지면 그때 공부해도 전혀 늦지 않을 거야."

남편의 단호한 태도가 못내 섭섭했다.

"아니, 아이들이 저렇게 공부하고 싶다는데 방법을 알아볼 수도 있죠."

그러나 남편은 나의 성화에 못 이겨 몇 가지 알아보는 시늉만 할 뿐 좀처럼 뜻을 굽히지 않았다. 대신 매일 시간을 내어 아이들과 앞으로의 진로를 놓고 대화를 시작했다. 그렇게 한 달을 넘게 함께 고민하는 사이에 아이들이 스스로 해답을 찾아갔다.

"그동안 여행한 것을 생각하니 전 세계가 결국 함께 돌아가는 것 같아요. 아프리카와 남아메리카에서는 우리나라의 옛날 모습을 본 것 같고, 미국과 유럽을 생각하면 앞으로 우리나라도 저렇게 되겠구나 하는 생각이 들어요."

둘째의 말에 막내도 자신의 느낌을 말로 풀어냈다.

"아빠 말씀처럼 나중에 우리가 활동할 세상에서는 학벌보다 실력이 더 중요할 듯해요. 모두 그런 건 아니지만 한국의 많은 아이들이 부모님 재산을 자신의 것처럼 여기는 게 잘못됐다는 걸 이번 여행에서 알았어요."

다른 형제들보다 경제관념이 뛰어난 막내다운 발언에 이어 딸이 두 동생의 의견을 모아 총평을 내놓았다.

"솔직히 미국에서 공부하고 싶은 생각은 지금도 남아 있어요. 그러나 더 중요한 것은 우리가 하고 싶은 일을 찾았다는 거예요. 저희들 힘으로 한번 해볼게요. 이 넓은 세상을 보여주신 것만으로도 저희는 부모님께 감사드려요."

아, 이 아이들이 내 뱃속에서 세상에 나온 아이들이 맞단 말이냐! 처음에는 미국에서 공부를 시키지 못하는 게 마냥 아쉬웠는데, 막상 아이들의 말을 듣고 나니 뭔가 알 수 없는 기대감으로 가슴이 뛰었다. '가슴이 시키는 일'을 찾겠다는 아이들을 보노라니 지난 1년 6개월의 여행이 피가 되고 살이 되는 값진 공부였다는 걸 다시 한번 확인할 수 있었다.

드디어 한국으로 돌아갈 날이 결정되었다. 설날을 앞둔 2월로 귀국 날짜가 정해졌다. 남편은 귀국 전에 한 가지 남은 일정이 있다고 했다.

"엄마와 아빠는 L.A에서 유대인 교육 지도자 과정을 이수해야 한단다. 그러니 2월 첫 주에 L.A로 가야 할 것 같아."

유대인 교육 지도자 과정은 우리 부부가 예전부터 공부하고 싶었던 것인데, 때마침 2월 초에 L.A에서 개최된다는 메일이 도착했다는 것이다. 다른 지역에 있었다면 일부러 미국까지 와야 했을 텐데 하늘이 준 기회라는 생각이 들었다. 그러자 아이들이 뜻밖의 제안을 내놓았다.

"그럼 저희는 먼저 한국으로 가면 안 될까요?"

1년 6개월을 함께 여행했는데 먼저 들어가겠다고? 남편은 아이들의 발상이 이해가 안 된다는 듯 물었다.

"가족이 함께 세계일주를 했는데, 기왕이면 같이 마무리하는 게 낫지 않을까?"

남편의 말에도 일리가 있었다. 그런데 둘째가 구체적인 이유를 조목조목 대며 우리를 설득했다.

"숙소와 식비를 들여가며 L.A에 있을 필요는 없을 것 같아요."

딸도 동생의 의견에 동의한단다.

"저희에겐 친구들도 소중하잖아요. 그런데 엄마 아빠도 아시다시피 친구들이 이번에 졸업을 하니, 졸업식에 꼭 참석해 축하해주고 싶어요."

막내도 나름의 이유가 있었다.

"한국에 가면 곧바로 검정고시 준비를 해야 하잖아요. 그래서 부모님이 오시기 전까지 친구들을 만나고, 설날 지나자마자 바로 공부하려고요."

이 녀석들, 귀국 후의 생활까지 오랫동안 구상해오고 있었구나.

"대신 저희들만 먼저 왔다고 하면 할아버지와 할머니께서 분명 걱정하실 테니 집에서 알아서 밥 해 먹으면서 지내다가 부모님이 오시면 함께 인사드리러 가요."

아이들의 치밀한 논리에 우리는 아무런 반박을 할 수 없었다. 그렇다고 아이들을 무작정 따로 보낼 수만은 없어서 아이들을 향해 마지막 카드를 들이밀었다.

"그럼 너희들이 한국에 가서 지낼 계획서를 자세히 써서 제출하려무나. 무엇을 하고, 구체적으로 어디서 어떻게 지낼 것인지……."

그러나 이런 내 말이 억지에 불과하다는 걸 알게 되기까지는 채 몇 초도 걸리지 않았다. 세 녀석들이 동시에 외쳤다.

"아유~ 엄마, 우리를 아직도 모르시겠어요? 예전의 우리가 아니잖아요!"

✈

"엄마! 아빠! 저희 무사히 잘 도착했어요. 그러니 걱정 마시고 일주일 후에 만나요."

이렇게 반가울 수가. 전화가 없는 우리 부부를 위해 아이들은 한국에 도착하자마자 메일을 보냈다. 아이들을 먼저 보내고 일주일 동안 L.A에서 유대인 교육 지도자 과정을 공부하는데 이상할 정도로 걱정이 들지 않았다. 남편도 이런 내가 신기한지 물었다.

"집에 전화라도 해볼까? 걱정이 안 되남?"

남편의 질문에 싱긋 웃었다.

"예전의 아이들이 아니잖아요!"

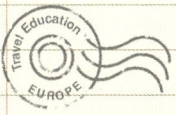

1년 6개월의 가족여행을 마치고 드디어 한국으로 돌아갈 날이 정해졌다.

때마침 우리 부부가 오랫동안 기다려온 유대인 교육 지도자 과정이 열려 L.A로 가게 되었다. 그런데 아이들이 엉뚱한 제안을 내놓았다.

숙소와 식비를 들여가며 L.A에 있느니 먼저 한국으로 들어가겠다는 것이다.

처음에는 만류했지만, 귀국 후의 생활을 치밀하게 준비해둔 아이들에게 두 손 두 발 다 들 수밖에 없었다. 여행을 마친 아이들은 더이상 예전의 아이들이 아니었다.

epilogue

가족 안에 잠든
거인을 깨워라

깊은 산속에서 나무꾼이 겨울에 쓸 땔감을 준비하고 있었다. 그러나 아무리 열심히 도끼로 나무를 내리쳐도 나무는 꿈쩍도 하지 않았다. 그때 마침 길을 지나던 나그네가 나무꾼에게 말했다.

"도끼를 새로 갈아서 나무를 베면 훨씬 더 잘 되지 않을까요?"

나무꾼은 헉헉거리는 목소리로 나그네를 쳐다보지도 않고 말했다.

"도끼를 갈 시간이 어디 있습니까? 쉬지 않고 나무를 해도 제대로 안 되는데……."

나무꾼의 얘기는 곧 우리 가족의 이야기였다. 우리도 그랬으니까. 그저 열심히 달리면 되는 줄 알았고, 그래서 쉴 틈도 없이 달렸다. 녹다운이 되는 것 같은 느낌이 들던 어느 날, 잠시 멈춰 서서 숨을 고를 수 있는 기회가 주어졌다. 지나고 보니 그것은 인생에서 가장 큰 축복이었다.

사실 처음에는 내심 불안했다. 도끼를 갈기 위해 나무를 베는 것을 멈추면 경쟁에서 지는 줄 알았다. 그런데 지금은 훨씬 많은 나무를 벨 수 있는 연마된 도끼를 든 기분이다. 참으로 신통방통한 법칙이 아닐 수 없다. 삶에 있어서 속도보다 '방향'이 중요하다는 걸 온몸으로 깨달게 된 계기였다.

잠시 멈춰 서서 숨을 고르니 지나온 길을 돌아볼 여유가 생겼고, 앞으로 가야 할 방향이 제대로 보였다. 어느 시인의 고백처럼 새로운 힘도 얻었다.

강을 건너고, 비를 피하는 법을 스스로 배웠고,
무엇보다 마음을 여는 법을 배웠다.
때로는 그것이 고통을 가져다줄지라도.
삶이 단순히 생존하는 것 이상임을 알게 되었다.

✈

"아이들의 대학은 어떻게 하실 건가요?"

긴 가족여행을 마치고 한국에 돌아와 가장 많이 받은 질문이다.

우리는 그때마다 한결같이 이렇게 대답했다.

"대학 진학보다는 자녀독립 프로젝트를 먼저 하게 하려고요."

우리 가족이 여행을 통해 깨달은 '자녀독립 프로젝트'란 자녀가 20세 전후에 부모로부터 신체적·경제적·정신적으로 독립하기 위해 미리 준비하는 것을 말한다. 물론 처음에는 아이들이 대학을 가지 않는다는 것에 대해 주위의 염려가 많았다. 게다가 여기는 지구상에서 교육열이 둘째가라면 서러운 한국이 아니던가. 그러나 주변의 걱정과 달리 여행을 통해 세상의 참된 매력을 직접 확인한 아이들은 더 담담했다. 이미 '자립'에 성공한 세 아이는 모두들 스스로, 자신의 힘으로 해보고 싶다고 했다.

"세계를 둘러보니 학벌보다는 실력, 학력보다는 능력이 훨씬 중요하다는 걸 알았어요. 이제 저희들의 적성을 찾았으니 스스로 해볼게요."

그래서일까? 다소 힘들어 보이는데도 아이들의 눈빛은 살아 있다.

"저는 올해 18살, 고등학교 2학년 나이입니다. 공식적인 최종 학력은 중학교 1학년이고요. 그렇다고 문제아는 아닙니다. 중학교 2학년 중간 시절부터 1년 반 동안 세계 33개국을 여행했습니다. 저는 고졸 검정고시까지 마쳤지만 바로 대학에 갈 생각은 없습니다. 한국은 부모가 주는 돈으로 대학에 가는 걸 당연시하죠. 하지만 저는 제 힘으로 돈도 벌고, 하고 싶은 공부가 확실해지면 그때부터 본격적인 학업을 할 예정입니다."

올해 고등학교 2학년 나이인 막내가 직장에 제출한 자기소개서의 일부분이다. 막내는 고졸 검정고시를 마치고 세무회계에 관한 기초 자격증을 취득한 뒤 세무회계 사무실에서 일하고 있다. 딸은 병원 코디네이터와 피부관리사 자격증을 취득하고 피부관리실에서 일하며 비만관리사 공부를 준비하고 있다. 둘째는 컴퓨터 디자인 설계CAD 자격증을 따고 충주에 있는 폴리텍 4대학에 진학해서 컴퓨터 응용 기계설계를 전공하고 있다. 세 아이 모두 부모의 도움 없이 스스로 각자의 길을 개척하고 있다. 물론 다음 단계의 학업과 진로를 계획하는 것도 아이들 몫이다.

막내는 세무회계 사무실에서 실무경험을 쌓고 회계사와 세무사 시험을 준비하고, 나중에 경영을 배워 훌륭한 CEO가 되고 싶단다. 둘째는 폴리텍의 컴퓨터 기계설계 과정을 공부한 뒤 현장에서 수년간 경험을 쌓고, 그뒤에는 일하면서 공부할 예정이다. 딸은 비만관리사 과정을 마치면 병원에서 실무 경험을 쌓아 건강에 관한 토털서비스 사업을 해보겠단다. 그리고 나서 해외시장으로 진출하겠다는 당찬 계획을 갖고 있다. 학사 과정은 독학사와 학점은행, 그리고 사이버 대학으로 마칠 예정이며, 그뒤 공부가 더 필요하다고 느껴지면 대학원에 진학해 본격적으로 공부하고 싶다고 한다.

우리 부부의 삶에도 변화가 찾아왔다. 안정된 교단을 제발로 뛰쳐나와 아이들과 여행을 다녀온 경험이 흔치 않아서인지 여기저기서 강의 요청이 쇄도하고 있다. 강의에 나가보면 얼마나 많은 이 땅의 부모들이 자녀 걱정으로 노심초사하는지 알 것 같아, 성심성의껏 우리 가족의 경험을 전해주기 위해 노력하는 중이다.

얼마 전 강의를 하러 갔던 자리에서 막내가 이런 말을 했다.

"제 나이에 이런 말씀을 드리는 게 좀 뭣하긴 하지만, 제가 직접 돈을 벌어보니까 돈을 번다는 게 그렇게 쉬운 일이 아니더라고요. 그래서 지금은 한 푼의 돈이라도 가려서 쓰고 있습니다. 돈 쓰는 게 겁난다는 걸 알게 된거죠."

앞으로 세 아이의 미래가 어떻게 펼쳐질지 확실히 알 수는 없다. 그러나 분명한 건, 아이들이 어떤 고난이 닥치더라도 능히 이겨낼 것이라는 믿음이 생겼다는 것이다. 충주로 공부하러 떠난 둘째 아들을 떼어놓고 오면서도 걱정이 되지 않는 걸 보면 우리 부부도 어느덧 '강한 부모'가 된 것 같다.

"이제부터 뭘 해서 먹고살 건가요?"

여행을 마친 후 우리 부부가 가장 많이 받은 또다른 질문이다.

우리 부부는 올해 쉰이 되었다. 지천명의 나이. 흰 머리카락도 꽤 생겼고, 이제는 가까운 곳의 글씨도 잘 보이지 않는다. 여행을 마치고 들어온 뒤 1년 동안 생각지 않았던 많은 일들이 진행되었지만, 아이들이 자신의 길을 잘 찾아주어서 안심하고 우리 부부의 길을 준비할 수 있었다.

'가정과 교육 세움터!'

고백하건대 오랫동안 교단에 있었기에 아직도 아이들만 보면 가슴이 뛴다. 당장이라도 교실에서 학생들을 가르치고 싶은 게 솔직한 심정이다. 그러나 긴 여행을 하는 동안 가정과 자녀교육에 대해 수많은 고민의 시간을 가질 수 있었다. 그 과정에서 우리 부부는 '새로운 교육'을 실천하고 싶다는 바람이 들었다.

무엇보다 여행은 '엄마'로서 나의 지난 모습을 되돌아보게 했고, 엄마의 판단력이 한 가정의 행복과 자녀의 미래를 좌우한다는 것을 깊이 깨닫게 해주었다. 그래서 한국에 돌아와서 부모 교육을 테마로 공부를 했고, 그 과정에서 부모 교육을 위한 새로운 방향을 설정할 수 있었다. 강사 자격을 취득하기까지는 꽤나 힘들었지만, 확실한 목표가 있었기에 밤을 새워가며 새로운 공부에 매달렸다.

남편은 나와 다른 성향을 가진 탓에 결혼 생활 20년 동안 갈등도 많았다. 그런데 여행을 하는 동안, 이런 경험을 살려 같은 고민을 하는 사람들을 도와줄 수 있다는 자신감을 얻었다. 귀국 후 서로 다른 기질로 힘들어하는 부부를 돕는 일을 하겠다고 결심한 남편은 1년 동안 기질과 성격에 관련된 교육 강사 자격증을 따기 위해 그 어느 때보다 열심히 공부했다.

이렇게 우리는 '가정과 교육 세움터'라는 새로운 공간에서 어려움에 처한 많은 가정을 돕고자 한다. 우리 부부는 비록 작은 힘이지만 갈등에 처한 부부들을 돕고, 아이들에게 새로운 진로를 인도할 수 있도록 최선을 다할 것이다.

✈

'가족 안에 잠든 거인을 깨워라.'

여행을 떠나기 전 우리 가족의 모습은 지금 생각해도 가슴을 쓸어내려야 할 정도로 심각했다. 하루하루가 위기의 나날이었다. 여행을 떠날 때만 해도 우리 가족에게 변화가 찾아올지 반신반의했던 것이 사실이다. 마음속으로만 품었던 숱한 희망들이 이처럼 현실이 되어 우리 가족 앞에 나타날 거라고는 꿈에도 생각지 못했다.

여행은 우리 가족을 하나로 묶어주었다. 가족의 마음이 하나가 되니 그동안 찾지 못했던 길이 열렸다. 비록 아직도 완전히 완성되지는 않았지만, 가족이 힘을 모아 함께 만들어간다고 생각하니 얼마나 든든한지 모른다. 우리 가족에겐 믿음이 있다. 세상의 그 어떤 힘들고 어려운 일이 찾아오더라도, 가족이 함께한다면 얼마든지 할 수 있을 것이라는 믿음. 바로 그 순간, 가족 안에 잠든 거인이 비로소 잠을 깨고 위대한 역사를 만들 수 있다.

"도끼를 갈 시간이 어디 있습니까? 쉬지 않고 나무를 베어도 제대로 안 되는데……."

지금, 우리의 가정을 한번 둘러보자. 아마 대부분은 잘 들지 않는 도끼를 신줏단지 모시듯 간수하고 있을 것이다. 심지어 이 도끼가 잘 드는지 안 드는지조차 모르는 가정도 적지 않을 것이다. 날이 무뎌진 도끼를 연마하는 방법은 생각보다 간단하다. 그건 가족을 위한 격려의 한마디일 수도 있고, 우리 가족이 선택한 가족여행일 수도 있고, 잠깐 동안의 미소나 가볍게 등을 토닥이는 것일 수도 있다.

이 땅의 모든 가족이 잠시 '쉼'을 찾기를 소망한다. 잠시 쉬어 가기로 결정하고, 그 안에서 가족을 돌아보고 주변을 돌아보는 몸짓들이 많아지기를 바란다. 두 눈을 딱 감고 '후~욱' 하고 숨을 쉬면 그동안 느끼지 못했던 여유가 찾아올 것이고, 가족 안에 잠든 거인을 깨울 수 있는 방법이 보일 것이다. 누구나 그런 힘을 갖고 있다는 것, 그 힘이 '가족'을 다시 세울 수 있다는 것을 깨닫는 순간, 우리 인생은 달라질 것이다.

부록

자녀교육 십계명

1계명

부부가 포옹을 할수록 자녀는 행복해진다

아이들 문제를 놓고 남편과 허심탄회하게 의논하기 시작했던 1년은 그동안 함께 살아온 20년보다도 많은 이야기를 나눈 시간이었습니다. 서로를 알아가고 좋아하던 연애 시절의 열정과는 달랐지만, 같은 곳을 바라보며 함께 문제를 해결하려는 마음이었습니다.

"이제야 부부가 하나라는 의미를 알 것 같소."

남편의 말처럼 우리 부부는 한마음이 되었습니다. 아이들도 부모의 변화를 곧바로 알아차린 듯했습니다.

"엄마 아빠의 웃는 모습을 보니 너무 좋아요."

부모가 한마음을 품자 가정에 큰 변화가 생겼습니다. 우선 아이들이 부모의 눈치를 보지 않고 편안한 상태에서 자신들의 생각을 표현하게 되었습니다. 부부가 서로 사랑하는 모습에서 아이들은 정서적 안정감을 갖게 됩니다. 이런 변화 속에서 우리 부부는 이론상으로는 알았지만 현실에서는 무감했던 법칙을 깨달았습니다.

'부모가 포옹을 많이 할수록 자녀는 행복해진다.'

이 단순한 문구가 바로 자녀교육 제1법칙입니다. 아이를 안기 전에 부부가 먼저 환한 웃음으로 서로를 안아주는 건 어떨까요? 아이 앞에서 "여보, 안아주세요!"라고 말한다면 아이는 사랑을 표현하는 법을 배우게 될 것입니다. 아이에게 안정감을 가져다주고, 건강한 사랑을 표현하는 모델이 되는 부모는 자녀가 행복한 인생을 살아가는 자양분이 될 것입니다.

자, 오늘부터 시작해볼까요? 자녀에게 "엄마 아빠, 사랑해요!"라는 말을 듣고 싶다면, 아이가 건강한 사랑을 나누며 살기를 원한다면, 아이를 안기 전에 내 짝을 먼저 안아줍시다. 사랑하는 자녀들의 장래를 위한 가장 확실한 비법은 바로 여기에 있습니다.

2계명

아이들의 '끌림'을 활용하라

아이들에게 자신감 넘치는 삶을 살게 하고 싶은가요? 그렇다면 아이가 '나는 할 수 있다'는 생각을 갖게 만드는 경험을 차곡차곡 쌓게 해야 합니다. 우리 가족이 인도를 여행할 때의 일입니다. 인도 여행을 마친 아이들이 한국에 있는 친구들의 선물을 사기 위해 3일간 재래시장으로 출동한 뒤, 마지막 날 개선장군처럼 돌아왔습니다.

"엄마! 이것 좀 보세요! 제가 원하는 가격으로 사는 데 성공했어요."

아이들은 침을 튀겨가며 자신들의 무용담을 늘어놓았습니다.

"아빠, 인도 상인도 이익을 보지 못하고 파니까 결국 화를 내던데요?"

세상에서 가장 유들유들하기로 소문난 인도 상인이 화를 내다니……. 자신들에게 꼭 필요한 일이기에 누가 시키지 않아도 열정적으로 매달린 아이들이 산전수전 겪은 인도의 상인들을 화나게 한 것입니다. 사실 처음에는 3일이라는 결코 짧지 않은 시간을 기다리는 동안 '아이들이 괜히 쓸데없는 짓을 하는 게 아닌가'라는 생각을 했습니다. 그러나 그것이 부모의 잘못된 생각이라는 걸 깨닫기까지는 그리 오랜 시간이 걸리지 않았습니다. 아이들이 열정을 다해 매달리는데 왜 부모의 눈에는 쓸데없는 짓으로 보일까요? 아이들은 능히 할 수 있는데 왜 부모는 하지 못할 거라는 생각을 하는 걸까요?

그건 아마도 세상의 부모들이 오로지 '결과'만 중시하기 때문일 것입니다. 그러나 아이들은 부모가 생각하는 것보다 훨씬 더 강합니다. 지금부터는 '우리 아이가 잘할 수 있을까'하는 조바심을 벗어던지세요. 부모의 걱정은 바이러스처럼 전염되어 아이를 움츠러들게 합니다. 그러나 아이의 '끌림'을 지지하고 기다려주면 가슴속에 숨어 있는 무한한 잠재력이 활짝 날개를 펼 것입니다. 자신이 좋아하는 일에서 성취감을 느끼게 하는 것, 그것이 바로 자녀의 날개를 꺾지 않고 저 넓은 하늘을 마음껏 날게 하는 원동력입니다.

3계명

자녀교육은
속도보다 '방향'이다

　아프리카의 초원에서의 사파리 투어는 지금도 잊히지 않습니다. 한가로이 거니는 기린, 커다란 덩치의 코끼리가 각자의 영역에서 평화를 누리는 모습은 우리 가족에게 '평안함'이 무엇인지 가르쳐주었습니다. 세차게 내리던 빗줄기와 그 뒤에 하늘에 영롱하게 걸린 무지개, 그리고 사파리에 도착한 첫날 만났던 사자까지……. 아프리카 초원에서의 시간은 바쁘게 달려온 우리의 삶을 돌아보게 만들었습니다. 모든 게 느리고, 그래서 좀처럼 변하지 않는 듯 무심해 보이는 자연 속에서 우리 가족은 '느림'의 가치를 깨달았습니다. 답답한 듯 보이는 그 느림의 속도 속에서 자연은 아름답고 올곧게 자라고 있었습니다. 아프리카의 대자연은 우리에게 이렇게 말하는 듯했습니다. 이곳에 오길 잘했다고, 이곳에서 잠깐이나마 그동안 헉헉대며 살아온 지난 삶을 돌아보라고, 페달을 밟을수록 바빠지기만 했던 우리의 삶을 다시 생각해보라고…….

　자녀교육도 마찬가지입니다. 자녀교육에서 가장 중요한 건 속도가 아니고 '방향'입니다. 한창 뛰어놀아야 할 나이임에도 '스펙'을 쌓기 위해 무거운 가방을 메고 각종 학원을 돌아다녀야 하고, 특목고 입학을 위해 온갖 선행학습으로 분주한 아이들이 지천인 세상. 인터넷을 켜면 자녀교육에 관한 각종 정보들이 쏟아지고, 그것을 따라가다 이내 지치고 마는 부모들이 바로 우리의 모습이라는 사실은 많은 것을 생각하게 합니다.

　우리는 왜 자녀교육에 있어 속도를 줄이지 못하는 걸까요? 우리는 왜 학교 선생님의 말보다 옆집 아주머니의 말에 더 믿음을 갖는 걸까요? 우리는 왜 내 아이를 옆집 아이와 비교하며 불안해하거나 안심하는 걸까요? 이제부터는 자녀의 인생에서 가장 중요한 것은 속도가 아닌 방향이라는 것을 잊지 말기로 합시다. 우리 자녀들이 빠르게 달리기보다 올바른 방향을 바라보며 차근차근 나아갈 수 있게 하려면 부모의 여유 있는 태도가 필요합니다.

자녀의 실수를
기회로 삼아라

　우리 가족은 배낭여행에서 여러 가지 우여곡절을 겪어야 했습니다. 그중 대표적인 것은 대중교통이 없는 아프리카의 보츠와나-나미비아 국경을 통과하기 위해 시도했던, 이틀 반에 걸친 험난한 모험이었습니다. 목적지에 도착하자 둘째가 어깨를 쩍 벌리며 말했습니다.
　"대한민국에서 보츠와나-나미비아 국경을 두 발로 걸어서 통과한 가족은 우리가 처음이 아닐까요?"
　여행 초보자 가족의 좌충우돌 시간이었지만 모험을 성공적으로 끝냈다는 뿌듯함에 모두의 얼굴이 환해졌습니다. 이처럼 모험은 불쑥불쑥 찾아오는 인생의 문제들을 헤쳐갈 수 있는 힘을 가져다줍니다.
　이것은 자녀교육에서도 마찬가지입니다. 우리는 흔히 자녀에게 도전 의식을 길러주기 위해 특별한 프로그램을 강요하는 경향이 있습니다. 그러나 그보다는 작은 일이라도 스스로 실천하게 함으로써 성취감을 갖게 해야 합니다.
　무엇보다 가장 중요한 것은 자녀가 실패했을 때 부모의 태도입니다. 주변을 보면 아이들이 실수할 때 아이보다 부모가 더 안타까워하는 것을 보곤 합니다. 그런데 이런 부모의 모습을 보고 자녀들은 용기를 잃게 됩니다. 아이들이 실수를 할수록 부모는 격려를 아끼지 않아야 합니다.
　"괜찮아. 실수하면 좀 어떠니? 오늘 실수는 먼 훗날의 성공을 위해 맞은 면역주사라고 생각하렴."
　우리 아이들의 잠재력은 실로 대단합니다. 비록 어른의 눈으로 보면 실수에 실수를 거듭하는 철부지라 해도, 토닥토닥 다독이면 아이들은 다시 우뚝 일어설 것입니다. 모험과 도전, 그리고 그로 인한 실패는 우리 아이들의 또다른 도전이 시작되는 출발점입니다.

5계명

아이들에게 자신의 일을
스스로 선택하게 하라

　마추픽추를 가기 위해 3,500미터 고지의 페루 쿠스코를 갔을 때의 일입니다. 그곳에서 우리 가족은 자전거로 세계일주를 하고 있는 한국의 청년을 만났습니다. 고산증으로 잦은 설사와 두통에 시달리는 우리와 달리 그 학생은 두 아들에게 자전거로 마추픽추를 가보자고 제안을 할 정도로 멀쩡했습니다. 두 아들도 나 홀로 자전거 여행을 하는 형의 모습이 믿음직스러웠는지 일말의 주저함 없이 손으로 브이 자를 그리며 힘차게 페달을 밟았습니다. 처음에는 아이들이 걱정스러워 만류하던 우리 부부도 아이들의 의사를 존중하기로 했습니다.

　아이들과 떨어져 지낸 3박 4일 동안 우리 부부는 '염려'라는 녀석과 숱하게 싸워야 했습니다. 아이들을 미지의 세계로 떠나보낸 듯한 기대감과 염려스러움, 대견하면서도 불안한 마음이 동시에 밀려왔습니다. 그러나 이건 순전히 기우에 불과했습니다. 두 아들은 부모가 생각한 것보다 훨씬 씩씩하고 강했습니다. 나흘 뒤, 비에 홀딱 젖은 생쥐가 되어 나타난 녀석들은 부모 곁에 있을 때보다 훨씬 주도적인 삶의 주인공이 되어 있었습니다. 비록 중간에 포기하고 싶을 정도로 힘든 여행이었지만, 스스로 선택한 결정이었기에 불평하기보다 극복하고자 하는 의지로 가득했던 시간이었음을 두 아들은 알고 있었습니다.

　"내일부터는 절대 안 깨울 거야. 지각하든 말든 너희들 마음대로 해!"

　이 땅의 부모라면 매일 아침마다 아이들과 이렇게 실랑이를 벌일 것입니다. 그러나 얼마 지나지 않아 아이 걱정에 다시 아이를 깨우는 자신을 발견하게 되고, 이런 날들이 반복되면 아이는 점점 부모의 말을 무심히 흘려듣게 됩니다.

　그러나 여행하는 동안, 우리 부부는 텐트를 치거나 힘든 일을 해야 할 때면 아이들로 하여금 스스로 규칙을 정하게 했습니다. 집에서와 달리 아이들은 신기하게도 자신이 정한 규칙을 지키고자 최선을 다했습니다. 3박 4일, 그것도 한국이 아닌 쿠스코에서 마추픽추까지 이르는 자전거 트래킹이었지만, 아이들은 본인이 선택한 것이라는 이유만으로 씩씩하게 완수했습니다.

　지금부터는 아이들에게 '자신에게 주어진 일을 스스로 계획하고 해보라'고 하는 건 어떨까요? 비록 어른의 눈에 아이의 계획이 조금 부족해 보여도 스스로 해내도록 믿음의 눈으로 지켜보는 건 어떨까요? 지나치게 똑똑한 부모보다 조금은 무관심한 부모가 낫다는 말이 맞다는 걸 우리 부부는 여행을 통해 깨달을 수 있었습니다.

부모의 권위를 버리고
아이들과 친구가 되어라

　볼리비아의 소금사막 탐험을 마치고 돌아오는 길. 우리 가족은 너무도 아름답고 신기한 이곳을 떠나는 게 아쉬워 가족사진을 찍었습니다.
　"엄마 아빠, 다 함께 펄쩍 뛰어오르는 모습을 찍어보아요."
　녀석들의 제안에 온 가족이 일치단결해 몇 번을 뛰어보았지만 좋은 사진을 남기는 게 쉽지 않았습니다.
　"아, 엄마가 늦었어요. 다시 갈게요!"
　마치 영화촬영을 하듯 "레디, 고!"를 외치며 동시에 뛰어 오르기를 수십 번. 3,600미터가 넘는 고지에서 뛰어 오르기를 반복하다보니 호흡이 가쁘고 쉽게 지쳤지만, 마음만큼은 어린 시절로 돌아간 듯 즐거웠습니다. 잠시 후, 사진을 확인한 아들이 함성을 질렀습니다.
　"와우! 성공이에요! 드디어 해냈어요."
　그 한마디에 우리 가족은 약속이나 한 듯 모두 얼싸안고 덩실덩실 춤을 추며 한마음이 되어 기쁨을 함께했습니다. 가족이 무언가를 위해 함께 노력하고 이루어 나간다는 것이 얼마나 기쁜 일인지 온몸으로 깨닫는 순간이었습니다.
　부모라면 누구나 아이들이 자신의 속내를, 심지어 비밀까지도 말해주길 원합니다. 그러려면 우선 아이들과 친해져야 합니다. 어릴 적부터 사소한 즐거움과 추억들을 자주 공유하면서 아이들과 가까워지도록 노력해보세요. 만약 아이가 어느 정도 자랐다면 아이의 관심사를 최대한 수용해주고 긍정적으로 지켜보고 있다는 믿음을 안겨주어야 합니다.
　"여행을 하면서 엄한 줄로만 알았던 아버지에게서 4차원스러운 엉뚱한 면을 발견하게 되었어요. 부모님은 모르셨지만, 제가 친구들 사이에서는 4차원으로 통하거든요. 아버지의 그런 모습을 보며 '내가 아버지를 닮았다'는 걸 느낄 수 있었고, 한결 친근해지더라고요. 그뒤로는 사소한 일도 아버지와 나눌 수 있었어요."
　우리 집 아들의 말입니다. 아버지의 권위 있는 표정보다 허물없는 너털웃음이 아이들과 대화의 물꼬를 트는 마중물이 될 수 있습니다.

7계명

부드러운 동기 부여가 아이들의
잠자는 능력을 깨어나게 한다

멕시코를 여행하는 동안 우리 집 아이들은 어느 교포분이 운영하는 원단 가게에서 일할 기회가 있었습니다. 딸은 원단을 재단하고, 두 아들은 판매와 수금을 맡았지요. 미국에서는 한 교민분의 세탁소에서 일을 배우기도 했습니다. 아이들은 한국에서라면 절대로 하지 않았을 일을 그야말로 신명나게 해냈습니다. 이유는 하나! 바로 낯선 이국땅에서 피땀 흘려 사업을 일군 분들의 인생 역정을 직접 확인했기 때문입니다.

여행을 통해 우리 부부는 팔을 잡아끄는 것 같은 강제적인 지시보다 팔꿈치로 툭 치는 것 같은 부드러운 동기 부여가 더 좋은 결과를 가져온다는 것을 알았습니다.

"제발 공부 좀 해라. 이리 와! 엄마랑 계획부터 세워보자."

시험기간이 되면 저는 이렇게 아이들을 붙들고 씨름을 했습니다. 아이들은 엄마가 세운 완벽한 계획표에 수긍하는 듯 보였지만 시험 결과는 늘 좋지 않았습니다. 강제로 잡아당기니 부모의 생각대로 따라오는 것 같았지만, 어느 순간 툭하고 튕겨나가기 일쑤였습니다.

"엄마, 공부가 정말 재미있어요. 하루에 10시간을 공부했는데도 더 하고 싶어요."

세상에! 여행을 마친 딸에게서 처음으로 이런 말을 들었습니다. 남아메리카 여행을 마치고 아이들은 향후 이 지역이 '기회의 땅'이 될 것을 직감하고 마치 '공부의 신'처럼 스페인어 공부를 열심히 했습니다. 누가 시켜서 혹은 어쩔 수 없이 해야 해서가 아닌, 스스로 하고 싶기에 열정적으로 공부하는 모습. 이번 여행이 우리 아이들에게 남겨준 최고의 선물은 바로 이것입니다.

"엄마는 내가 태어나기 전부터 나를 공부시키기 위해 치밀한 계획을 세운 사람 같아요. 내가 절대로 빠져나갈 수 없는 괴물처럼 말이에요."

하루에 다섯 개의 사교육을 받는다는 어느 초등학생의 고백입니다. 당신은 어떤 부모인가요?

8계명

미래를 내다보는
통찰력을 길러주어라

"신기하네. 우리나라에는 이미 사라진 필름 카메라가 아프리카에서는 왜 이리 인기가 많은 거죠?"
"미국의 저 시스템이 조만간 한국에서도 통하겠지요?"
"오늘 외국에서 온 관광객을 가이드하고 왔어요. 이제는 피부 색깔과 언어가 달라도 두렵지 않아요. 이제는 한국에서만 일을 하는 시대는 지난 것 같아요."

전 세계를 여행하면서 아이들은 자연스럽게 앞으로 세상이 어떻게 변화할지를 예측하게 되었습니다. 무엇보다 자신들이 사회에 진출하게 될 10년 후의 사회 변화를 깊이 고민하게 되었습니다. 여행을 마치고 한국에 돌아와 대학을 가지 않고 자신의 적성에 맞는 직업을 선택한 것도 이 때문입니다. 외국인을 대하는 태도도 많이 달라졌고, 다문화 사회를 바라보는 인식도 여행을 떠나기 전보다 한결 성숙해졌습니다.

만약 우리가 20~30년 후 세상이 어떻게 변할지를 이미 알고 있다면 어떻게 될까요? 아마 지금처럼 학교 공부에 목숨을 걸지는 않을 것입니다. 정확히 알 수는 없지만 세상을 직접 만나는 것만으로도, 그리고 여러 가지 책과 정보를 통해 다가올 미래를 어느 정도 예견할 수 있습니다. 그러니 이제부터라도 지금 눈에 보이는 것을 좇기보다 우리 아이들이 어른이 되어 활동할 20~30년 후를 함께 고민하면 어떨까요?

불과 20년 전만 해도 우리는 휴대전화의 존재를 모른 채 살았습니다. 그러나 지금은 이른바 스마트폰이 세상을 만들어가는 세상을 살고 있습니다. 이렇게 모든 것이 변화하는 세상 속에서 유독 '교육'만이 우리 부부가 교사를 시작한 1980년대와 전혀 달라지지 않은 것 같아 왠지 씁쓸합니다.

9계명

아이의 '다름'을
인정하고 받아들이라

　인간 네비게이션인 꼼꼼이 둘째와 '어떻게든 목적지에 가기만 하면 된다'고 외치는 배짱 두둑한 막내, 사람 만나는 것을 좋아하는 딸과 하루종일 집에만 있어도 괜찮은 남편. 우리 가족의 성향은 이처럼 무척 다르고 다양합니다.
　그래서인지 다투기도 꽤 많이 다퉜습니다. 가족이라는 존재에 부담과 스트레스를 느낀 딸이 여행중 혼자 탈출을 시도하려 했는가 하면 영국에서는 서로 뿔뿔이 흩어져 다니기도 했고, 터키에서는 '이 여행, 도저히 못 하겠다. 이제 포기하고 한국으로 돌아가자'며 길 한복판에서 싸우기도 했습니다. 모두가 상대방을 탓하며 눈을 부라릴 때는 정말 화가 나고 속상했지만, 이제는 눈빛만 봐도 서로 이해가 되니 그 싸움이 헛된 것만은 아니었던 것 같습니다.
　'싸움→화해→이해→용납'의 과정을 거치며 가족은 진정한 하나가 됩니다. 가족이어서 무조건 이해가 된다면 얼마나 좋을까요? 자식이니까 무조건 부모 말을 잘 들어준다면 얼마나 기쁠 것이며, 내 뱃속에서 나온 자식들이 모두 자신의 일을 잘해나간다면 그것처럼 행복한 일이 사실 또 어디 있을까요? 하지만 우리가 발 딛고 사는 이 현실에서 그런 일이 일어날 가능성은 극히 낮습니다.
　'내 뱃속에서 나온 자식인데 도대체 누굴 닮아 저럴까?'
　내 아이지만 도저히 이해되지 않는 경우는 살면서 수시로 발생합니다. 하지만 '서로 다르다는 것'은 불편한 게 아니라 아름다운 것임을 깨닫기 위해서는 부모와 아이가 함께하는 시간이 절대적으로 필요합니다. 서로의 일과 공부에 바빠 함께 있지 못하는 것보다, 싸우더라도 함께하는 시간을 자주 갖는 것이 중요합니다. 서로 부대끼고 싸워야만 화해하는 법도 배울 수 있고, '다른 것'은 '틀린 것'이 아님을 알게 되기 때문입니다.
　싸우고 화해하는 과정을 거치며 점차 서로를 이해하고 용납하기 위해서는 가족 모두가 함께하는 시간이 적지 않게 필요하지만, 그 시간을 보낸 뒤에는 아이의 '다름'을 인정하게 됩니다. 그 '다름'은 그 아이만의 경쟁력이 될 것이고, 세상은 그렇게 서로 '다른' 존재들이 모여 하모니를 이룰 때 아름다워질 것입니다.

10계명

부모의 믿음이 넘어진 아이를
다시 일으켜 세운다

여행을 떠나기 전까지, 아이들이 성적표를 받아오는 날은 곧 날카로운 신경전이 벌어지는 날이었습니다.

"엄마는 네가 최선을 다했다고 믿어. 괜찮아."

"에이, 말씀은 그렇게 하시지만 속마음은 그렇지 않으시잖아요."

성적표를 받아온 아들에게 괜찮다고 말하니 아들은 정곡을 찌르며 반격을 해왔습니다. 순간 저는 속내를 들킬까봐 다시 변명하듯 얼버무렸습니다.

"아니야. 엄마는 결과보다 네가 열심히 하는 과정을 중요시해. 그런데 열심히 하다보면 잘하게 되는 것 아닐까?"

결국, 진짜 마음을 들키고 말았습니다. 아들은 이미 예상했다는 듯 원망 섞인 눈빛으로 나를 바라보더군요.

부모교육을 하다보면, 엄마들은 아이들이 대해 항상 아쉬움이 많은 듯이 말하곤 합니다.

"우리 애는 왜 매사에 자신감이 없는지 모르겠어요. 하고 싶은 게 하나도 없나 봐요."

처음에는 이렇게 모든 문제의 원인이 아이에게 있는 것처럼 말하던 부모들도, 교육을 받으면서부터는 그 원인이 자신에게 더 많다는 것을 발견하게 됩니다.

자신감이란 무엇이고, 또 어떻게 길러지는 것일까요? '자신감'은 스스로를 믿는 긍정의 힘이 마음에 있을 때 생기고, '하고 싶은 일'은 자신의 가슴을 뛰게 하는 에너지가 있을 때 발견할 수 있습니다. 그런데 그런 아이로 커주기를 간절히 바라면서도 우리는 아이의 기를 팍팍 꺾어버리는 말과 행동을 예사로 하곤 하지요.

아무리 심한 역경과 좌절을 겪어도 그것을 딛고 일어서는 사람들이 있습니다. 이렇게 시련을 이겨내고 다시 제자리로 돌아오는 힘을 '회복탄력성'이라고 합니다. 심리학에서는 주로 시련이나 고난을 이겨내는 긍정적인 힘을 의미하지요.

시련을 행운으로 바꾸는 이 회복탄력성은 철저하게 자신을 지지하고 믿어주는 한 사람, 무조건적으로 자신을 사랑해주는 한 사람이 있을 때 생겨난다고 합니다. 자녀에게 있어 그 '한 사람'은 누구일까요? 이미 우린 모두 그 답을 알고 있습니다. 바로 우리 아이의 엄마와 아빠라는 것을……

옥 패밀리 545일 세상 학교 이야기
세상이 학교다, 여행이 공부다
© 박임순 2011

초판 1쇄 인쇄   2011년 6월 10일
초판 9쇄 발행   2016년 3월 25일

지은이   박임순

펴낸이, 편집인   윤동희
기획   장윤정
기획위원   홍성범
디자인   최윤미
제작처   한영문화사

펴낸곳   (주)북노마드
출판등록   2011년 12월 28일 제406-2011-000152호

주소   04003 서울시 마포구 월드컵로 12길 45(서교동 474-8)
문의   010.4417.2905
전자우편   booknomadbooks@gmail.com
페이스북   /booknomad
트위터   @booknomadbooks
인스타그램   booknomadbooks

ISBN   978-89-546-1510-5 03810

* 이 책의 판권은 지은이와 (주)북노마드에 있습니다.
  이 책 내용의 전부 또는 일부를 재사용하려면 반드시 양측의 서면 동의를 받아야 합니다.

* 이 도서의 국립중앙도서관 출판예정도서목록(CIP)은
  서지정보유통지원시스템 홈페이지(http://seoji.nl.go.kr)와
  국가자료공동목록시스템(http://www.nl.go.kr/kolisnet)에서 이용하실 수 있습니다.
  (CIP 제어번호: CIP2011002152)

www.booknomad.co.kr

북노마드